Prud'hommes
Se défendre pour gagner

Brigitte Vert
Spécialiste du droit du travail

Avec la collaboration de

Juliette Pappo
Avocate au barreau de Paris
Chargée d'enseignement à l'IGS
Conseillère prud'homale

25e édition

2025

prat éditions

Les mots suivis d'un astérisque vous indiquent un terme figurant dans le lexique.

Direction éditoriale : Anne-Laure Marie
Édition : Elvane Sahin
Relecture-correction : Nawshaba Imambaccus
Composition : Marine de Percin
Crédits photos : © Paty Wingrove - Fotolia.com

206, boulevard de la République
92210 Saint-Cloud

ISBN 978-2-8095-1961-7
ISSN 1272-4955

Vous êtes en conflit avec votre employeur et vous souhaitez le poursuivre en justice. Vous avez un différend avec un autre salarié et vous voulez vous défendre…

Le conseil de prud'hommes peut être votre voie de recours.
Mais comment vous y prendre pour défendre vos droits et gagner ?
Faut-il prendre un avocat ? Quel est le coût à prévoir ? Serez-vous remboursé en cas de victoire ? Comment préparer votre dossier ?...

Cet ouvrage vous présente de façon claire et précise **toutes les étapes d'une procédure** devant les juridictions prud'homales :
- tout ce qu'il faut savoir avant d'engager un procès ;
- à qui vous adresser ;
- comment se déroulera le procès ;
- comment faire exécuter une décision ;
- quels sont vos recours…

Un dictionnaire recensant **les principaux litiges** soumis aux conseils de prud'hommes vous permettra de **faire le point sur votre situation et vos droits** :
- paiement des heures supplémentaires ;
- licenciement ;
- harcèlement moral ;
- clause de non-concurrence…

Dans chaque cas, nous vous conseillerons et vous apporterons, dans un langage accessible, toutes les réponses juridiques et pratiques dont vous avez besoin pour défendre au mieux vos intérêts.

Anne-Laure Marie
Directrice Prat Éditions

LISTE DES ABRÉVIATIONS

AGS : Assurance de garantie des salaires
C. civil : Code civil
C. commerce : Code du commerce
C. travail : Code du travail
Cass. ass. plén. : Cour de cassation (Assemblée plénière)
Cass. soc. : Cour de cassation (Chambre sociale)
Cass. crim. : Cour de cassation (Chambre criminelle)
CPC : Code de procédure civile
CPP : Code de procédure pénale
CPRI : Commissions paritaires régionales interprofessionnelles
CSE : Comité social et économique
DDETS : Direction départementale de l'emploi, du travail et des solidarités
DREETS : Direction régionale de l'économie, de l'emploi, du travail et des solidarités
PACS : Pacte civil de solidarité
T. confl. : Tribunal des conflits
SAUJ : Service d'accueil unique du justiciable

Table des matières

Les conseils de prud'hommes : présentation

➤ Mis en place au début du XXe siècle, les conseils de prud'hommes sont une juridiction originale : ils sont à la fois une juridiction d'exception et paritaire, composée de membres désignés sur la base de l'audience des organisations représentatives des salariés et d'employeurs tous les 4 ans.

➤ Les conseillers, qui ne sont pas des professionnels du droit mais des salariés et des employeurs désignés par leurs pairs, sont répartis au sein des cinq sections comprenant un bureau de conciliation et d'orientation et un bureau de jugement chargés de trancher le litige.

Le conseil de prud'hommes : une juridiction originale

Apparu au xIe siècle, le terme « prud'hommes » désigne aujourd'hui une juridiction originale composée de salariés et d'employeurs qui depuis 2018 sont désignés par les organisations syndicales suivies de leur nomination officielle.

Quand ont-ils été créés ?

Le terme « prud'hommes » (hommes preux) servait au Moyen Âge à désigner des personnes de bon conseil, et des juridictions corporatives avaient déjà porté le nom de « conseil de prud'hommes » sous l'Ancien Régime.

Mais c'est à Lyon qu'est né le véritable ancêtre de nos prud'hommes modernes, institué par la loi du 18 mars 1806. Il ne s'agit alors que d'une instance disciplinaire composée en majorité de fabricants du textile. Il faut attendre 1848 pour que cette institution devienne une juridiction paritaire. Le second Empire revient sur cette conquête républicaine en instaurant la désignation du président et du vice-président par le pouvoir exécutif (loi du 1.7.1853).

Les lois du 7 février 1880, du 11 décembre 1884 et surtout celles du 15 juillet 1905 et du 27 mars 1907 renforcent cette juridiction et lui façonnent un visage proche de celui qu'on lui connaît aujourd'hui.

Il faudra cependant attendre la loi du 18 janvier 1979 pour que les conseils de prud'hommes soient généralisés à l'ensemble du territoire français et que les conseillers soient enfin dotés d'un statut leur assurant une formation, le droit à des absences pour remplir leur fonction et une protection contre les licenciements.

Qui sont les conseillers prud'hommes ?

L'originalité de cette juridiction réside dans le fait que ses membres ne sont pas des professionnels du droit, mais des salariés et des employeurs nommés conjointement par le garde des Sceaux et le ministre chargé du Travail, tous les 4 ans, pour chaque conseil de prud'hommes et section, sur proposition des organisations syndicales et professionnelles. Il s'agit également d'une juridiction paritaire, sauf en départage, composée d'autant de salariés que d'employeurs. Ces spécificités la dotent d'atouts considérables : on a affaire à une vraie justice de proximité, rendue par des personnes ayant un sens pratique et surtout une parfaite connaissance du milieu du travail et des usages professionnels.

Il est prévu pour les parties la possibilité de contester les jugements prud'homaux devant des juridictions composées de magistrats professionnels : les cours d'appel et la Cour de cassation. Cette dernière juridiction suprême de l'ordre judiciaire français est chargée de contrôler le bien-fondé des décisions en droit et d'interpréter la loi. C'est elle qui donne les lignes directrices que suivront les juridictions pour juger les futurs litiges qui leur seront soumis. Les juges prud'homaux peuvent également solliciter l'avis de la Cour de cassation avant de statuer sur une demande soulevant une question de droit nouvelle (art. 1031-1, CPC).

À NOTER

La déontologie des conseillers Le Code du travail précise que les conseillers prud'hommes doivent exercer leurs fonctions avec indépendance, impartialité, dignité et probité, et de façon à exclure tout doute légitime à cet égard. Ils sont tenus au secret des délibérations et ne doivent pas mener d'action concertée de nature à arrêter ou entraver le bon fonctionnement des juridictions en cas de renvoi ou d'examen d'un dossier (art. L. 1421-2, C. travail).

L'organisation des conseils de prud'hommes

Il existe au moins un conseil de prud'hommes dans le ressort de chaque tribunal judiciaire. Chacun est composé de cinq sections disposant d'un bureau de conciliation et d'orientation et d'un bureau de jugement. Une formation de référé traite les affaires urgentes.

Comment sont-ils répartis ?

Depuis le 15 juillet 1980, les prud'hommes couvrent l'ensemble du territoire national.
Il existe en effet au moins 1 conseil dans le ressort* de chaque tribunal judiciaire. Le nombre minimal de conseils est donc égal à 181. Dans les faits, il est plus important puisque plusieurs conseils de prud'hommes peuvent être créés dans le ressort d'un même tribunal judiciaire, en cas de nécessité d'ordre géographique, économique ou social (art. L. 1422-1, C. travail). Il existe aujourd'hui 210 conseils de prud'hommes, répartis sur l'ensemble du territoire français.
Chaque conseil est institué par décret en Conseil d'État, sur décision du ministre chargé du Travail. Ce décret fixe le siège et le ressort du conseil (art. R. 1422-2 et R. 1422-3, C. travail).
Les aérodromes dont l'emprise s'étend sur le ressort de plusieurs conseils de prud'hommes peuvent être rattachés par décret au ressort de l'un de ces conseils. Ainsi, l'aéroport de Roissy est rattaché au conseil de prud'hommes de Bobigny.

Comment sont-ils organisés ?

› Les conseillers

Les conseils de prud'hommes sont composés à parts égales de salariés et d'employeurs (art. L. 1421-1, C. travail), nommés tous les 4 ans, sur proposition des organisations syndicales de salariés et professionnelles d'employeurs, en fonction de l'audience syndicale pour le collège salarié et de l'audience patronale pour le collège employeurs.
Les sièges attribués aux diverses organisations syndicales et professionnelles dans chaque conseil de prud'hommes pour la période 2023-2025 ont été fixés par l'arrêté du 14 mars 2022 (*Journal officiel* du 20.3.2022).

› Les sections

Les conseillers sont répartis au sein de sections. Chaque conseil est divisé en cinq sections :
- encadrement ;
- industrie ;
- commerce et services ;

- activités diverses ;
- agriculture.

Cette dernière section n'existe pas dans tous les conseils.

Chaque section comprend un nombre égal d'employeurs et de salariés, le Code du travail fixant un minimum de 3 conseillers employeurs et 3 conseillés salariés (art. R. 1423-1, C. travail). Le nombre de conseillers à nommer dans les différentes sections pour chaque conseil est fixé par décret (art. L. 1423-2, C. travail).

Chacune des sections est chargée de traiter les litiges intervenant dans les entreprises relevant de la branche d'activité concernée ou impliquant un cadre pour la section de l'encadrement, comme nous le verrons plus loin.

› Les chambres

Dans les conseils importants, plusieurs chambres peuvent être instituées au sein d'une même section.

Chaque chambre comprend au moins 4 conseillers employeurs et 4 conseillers salariés (art. R. 1423-8, C. travail).

La constitution des chambres est décidée par le premier président de la cour d'appel, sur proposition de l'assemblée générale du conseil de prud'hommes.

Chaque chambre peut se spécialiser dans certains types de litiges (congés, licenciement...).

Par ailleurs, lorsqu'une section comporte plusieurs chambres, l'une d'elles assure le traitement des conflits relatifs aux licenciements économiques (art. L. 1456-1, C. travail). En pratique, cette disposition est rarement appliquée.

› Le bureau de conciliation et d'orientation

Chaque section – ou chaque chambre – comprend au moins un bureau de conciliation et d'orientation composé d'1 conseiller salarié et d'1 conseiller employeur (art. L. 1423-13, C. travail).

La présidence revient alternativement au salarié et à l'employeur selon un roulement établi par le règlement intérieur de la section ou de la chambre concernée (art. R. 1454-7, C. travail).

Les audiences du bureau de conciliation et d'orientation ont lieu au moins une fois par semaine sous réserve d'un nombre suffisant d'affaires. Elles ne sont pas publiques (art. R. 1454-8, C. travail).

› Le bureau de jugement

Chaque section – ou chaque chambre – comprend au moins un bureau de jugement composé en principe de 2 conseillers salariés et 2 conseillers employeurs (art. L. 1423-12, C. travail). C'est la composition de droit commun.

Dans certaines hypothèses, le bureau de jugement peut siéger en formation restreinte à 2 (1 conseiller salarié et 1 conseiller employeur) ou en formation à 5 (formation de départage).

La présidence des audiences est assurée alternativement par le président et le vice-président du bureau ou en cas de défaillance par un conseiller désigné comme suppléant en assemblée de section (art. L. 1423-12, C. travail).

› La formation des référés

Chaque conseil comprend également une formation de référé, commune à l'ensemble des sections. La formation de référé est compétente en cas d'urgence, s'il existe un différend qui ne se heurte à aucune contestation sérieuse.
Quand elle siège, la formation des référés est composée d'1 conseiller employeur et d'1 conseiller salarié. L'un des deux assure la présidence de l'audience.

› La formation de départage

La formation de départage est composée d'un juge départiteur (juge du tribunal judiciaire) et de 4 conseillers voire moins en l'absence de certains d'entre eux.
Elle se réunit :
- lorsqu'en délibéré, il y partage de voix entre les conseillers du bureau de jugement ou de la formation des référés ;
- si les parties le demandent ou si la nature du litige (complexe) le justifie. Dans ces hypothèses, le renvoi par le bureau de conciliation et d'orientation devant la formation de départage peut être ordonné.

› Le greffe

Le greffe est assuré par des fonctionnaires du ministère de la Justice sous l'autorité d'un directeur de greffe. Ce service est chargé de l'accueil du public et du travail administratif (réception des demandes, expédition des jugements…).
Le directeur de greffe prépare également le projet de budget du conseil (art. R. 1423-39, C. travail) et gère les crédits alloués. Le greffier assiste aux audiences pendant lesquelles il prend des notes. Il tient à jour les dossiers et les registres, dresse les actes et les procès-verbaux. C'est lui, enfin, qui est chargé de mettre en forme les décisions rendues (art. R. 1423-41, C. travail).
En principe, chaque conseil de prud'hommes comporte un greffe (art. R. 1423-36, C. travail). Ce principe connaît une exception : depuis 2020, lorsqu'un conseil de prud'hommes a son siège dans la même commune que le siège d'un tribunal judiciaire ou d'une chambre de proximité, le greffe du tribunal judiciaire comprend, d'une part, le greffe de cette juridiction, et d'autre part, le service du greffe du conseil de prud'hommes, dans des conditions propres à garantir le bon fonctionnement du conseil de prud'hommes. À noter que les conseils de prud'hommes importants en termes de volume d'affaires gardent des agents du greffe sur place.

Comment fonctionnent-ils ?

› Les assemblées

Chaque année, au mois de janvier, le conseil se réunit en assemblée générale, en assemblée de section et éventuellement en assemblée de chambre, sous la présidence du doyen d'âge.
Chaque assemblée élit un président et un vice-président. En pratique, les salariés et les employeurs élisent chacun un de leurs membres qui sera président ou vice-

président. La fonction est déterminée selon un principe d'alternance : une année le président sera le membre élu par les employeurs et l'élu des salariés sera alors vice-président ; l'année suivante, le président sera l'élu des salariés et le vice-président, l'élu des employeurs (art. L. 1423-3 à L. 1423-6, C. travail).
C'est également en assemblée générale que le conseil de prud'hommes prépare son règlement intérieur dans les 3 mois qui suivent l'installation de la juridiction.
Ce règlement fixe notamment le calendrier et les horaires des audiences.
Les juges départiteurs peuvent demander à assister à l'assemblée générale.

À NOTER

Le Conseil supérieur de la prud'homie C'est un organisme consultatif composé de 23 membres :
– 5 représentants de l'État : 2 du ministère de la Justice, 2 du ministère du Travail et 1 du ministère de l'Agriculture ;
– 11 représentants des salariés et 11 représentants des employeurs désignés par les organisations syndicales représentatives au niveau national (art. R. 1431-4, C. travail).
Il est chargé d'effectuer des études sur l'organisation et le fonctionnement de la justice prud'homale et peut être appelé à formuler des avis et des suggestions pour les améliorer.
Il est également consulté sur les projets de loi relatifs à cette juridiction (art. R. 1431-1 à R. 1431-3, C. travail).

› Les frais de fonctionnement

Le local est fourni par le département (conseil départemental) ou par la commune (art. L. 1423-14, C. travail).
Les dépenses de personnel et de fonctionnement (frais d'entretien, de chauffage, d'éclairage et de gardiennage, vacations et remboursements des frais des conseillers…) sont à la charge de l'État (art. L. 1423-15, C. travail).

SCHÉMA DE L'ORGANISATION D'UN CONSEIL DE PRUD'HOMMES

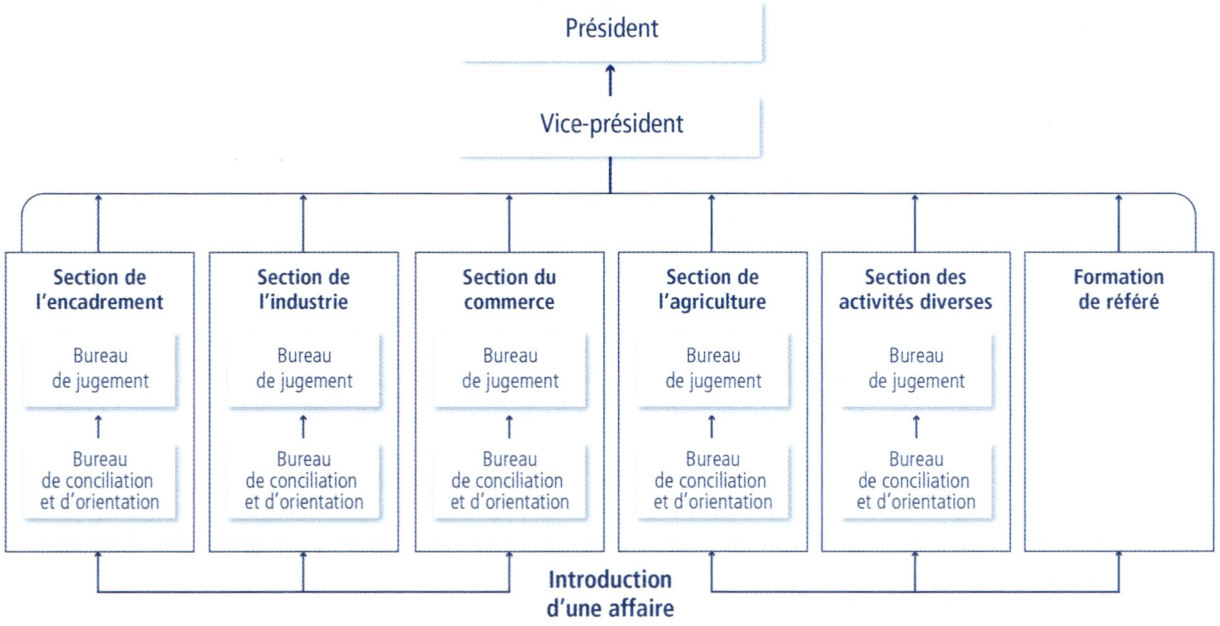

Ce qu'il faut savoir avant d'engager un procès

➢ **Le procès prud'homal constitue un recours ultime. Il est toujours préférable d'essayer de régler un conflit à l'amiable.**

➢ **Si aucune solution ne se dessine par ce biais, vous pourrez alors envisager d'avoir recours aux prud'hommes. Mais, là encore, pas question de se lancer tête baissée dans un procès sans avoir pris auparavant conseil, si possible, auprès d'un spécialiste en la matière.**

Comment faire valoir vos droits auprès de votre employeur ?

Vous êtes en conflit avec votre employeur. Adressez-lui vos réclamations et essayez de trouver un compromis avant de saisir les prud'hommes.

Établissez un dialogue avec votre employeur

Personne n'apprécie d'être mis au pied du mur, sans préalable. Si vous avez un reproche à formuler à votre employeur, commencez donc par établir avec lui le dialogue le plus franc et courtois possible.

Présentez votre demande à la personne compétente, comme votre supérieur hiérarchique dans un premier temps. Peut-être pourra-t-il intervenir personnellement devant le responsable ayant un pouvoir de décision en la matière.

Si vous faites partie d'une entreprise d'au moins 11 salariés, vous pouvez vous adresser à un représentant du personnel. Celui-ci est en effet habilité à présenter à l'employeur les réclamations individuelles des salariés. Dans les entreprises plus petites, il est possible de prendre contact avec votre commission paritaire régionale interprofessionnelle.

Avant de présenter vos doléances, assurez-vous que vous êtes dans votre bon droit (en prenant, si besoin est, des renseignements auprès de conseils juridiques avisés) et préparez bien vos arguments. Munissez-vous des justificatifs nécessaires (textes de loi, convention collective*...). Essayez de rester calme pour ne pas envenimer les choses ou même vous mettre en tort. Faites cependant preuve d'assez de fermeté pour démontrer que vous êtes résolu à mener cette affaire jusqu'au bout. En clair : ne menacez pas immédiatement votre employeur de le poursuivre aux prud'hommes, mais faites-lui comprendre que vous êtes bien décidé à le faire, si nécessaire...

MON CONSEIL

À l'amiable Si le litige qui vous oppose porte sur un intérêt financier (prime, indemnité, pourboire...), demandez-vous dès maintenant si vous n'avez pas intérêt à tenter un règlement amiable (voir page suivante). Selon le vieil adage qui veut qu'« un tiens vaut mieux que deux tu l'auras », il peut être préférable de faire un petit sacrifice sur le montant de la somme qui vous est due (ou que vous pensez pouvoir obtenir) plutôt que de vous engager dans une procédure lourde et, à ce stade du conflit, encore hasardeuse.

En cas d'échec de cette négociation préalable, vous pouvez alors passer à la vitesse supérieure en envoyant à votre employeur une lettre recommandée avec avis de réception lui rappelant ses obligations et lui fixant un délai pour s'y conformer. Cette trace écrite vous servira de preuve lors de votre action prud'homale.

MON CONSEIL

Ne tardez pas ! N'attendez pas trop longtemps pour réclamer un droit. Passé un certain temps, la prescription* risque de s'appliquer. Au bout de 3 ans vous ne pourrez plus, par exemple, contraindre votre employeur à vous régler les heures supplémentaires qui vous sont dues même en ayant recours aux prud'hommes.

Tentez un règlement amiable

Plusieurs solutions sont à votre disposition pour tenter de régler à l'amiable le désaccord qui vous oppose à votre employeur : la transaction, reconnue depuis longtemps et deux nouvelles possibilités ouvertes aux litiges en droit du travail par la loi n° 2015-990 du 6 août 2015, dite « Loi Macron » :
- la médiation conventionnelle ;
- et la procédure participative.

Le recours au règlement amiable peut vous permettre d'éviter les longueurs, le coût et les aléas d'un procès prud'homal. Seul impératif : votre employeur doit être d'accord pour y avoir recours. Vous ne pouvez pas l'y contraindre (la réciproque étant également vraie).

Il est possible de faire homologuer l'accord par le conseil de prud'hommes afin de lui donner force exécutoire*. La demande doit être présentée devant le bureau de conciliation et d'orientation par requête* des deux parties ou de l'une d'entre elles, avec l'accord de l'autre.

› La transaction

La transaction est un contrat par lequel les parties terminent une contestation née ou préviennent une contestation à naître (art. 2044, C. civil).

En droit du travail, un salarié et son employeur peuvent avoir recours à une transaction afin de régler ou de prévenir toute contestation consécutive à l'exécution ou à la rupture du contrat de travail.

Lorsqu'elle a pour objet de régler les conséquences financières de la rupture du contrat de travail, la transaction ne peut intervenir qu'à partir du moment où cette rupture est devenue définitive, que ce soit par démission, licenciement ou mise à la retraite. En cas de licenciement, la transaction doit intervenir après que le salarié ait reçu sa lettre de licenciement en recommandé avec avis de réception (Cass. soc., 29.5.1996) même si l'effet de la rupture est différé du fait de l'acceptation d'un contrat de sécurisation professionnelle par le salarié (Cass. soc., 31.5.2011). Une transaction conclue avant que le salarié ait reçu sa lettre de licenciement, voire le jour même (Cass. soc., 18.5.1999), peut donc être annulée. Il est également possible de conclure une transaction après une rupture conventionnelle du contrat de travail. Mais, dans ce cas, celle-ci doit :

- intervenir postérieurement à l'homologation de la convention par la DDETS ;
- avoir pour objet de régler un différend relatif, non pas à la rupture du contrat, mais à son exécution, sur des éléments non compris dans la convention (paiement d'une prime, d'heures supplémentaires, par exemple).

Ces règles ayant été instituées dans l'intérêt du salarié, lui seul a le pouvoir d'exiger l'annulation d'une transaction. Un employeur ne peut donc pas demander l'annulation d'une transaction (Cass. soc., 28.5.2002).

Bien que l'écrit ne soit pas une condition de validité de la transaction (Cass. soc., 29.2.1984), il est toutefois vivement recommandé d'établir un contrat écrit en bonne et due forme, signé des deux parties et précisant tous les termes de l'accord afin d'éviter les contestations ultérieures (voir le modèle *Accord transactionnel*, p. 199).

Pour être valable, la transaction doit :
- avoir été obtenue avec le consentement libre et éclairé du salarié. Si celui-ci a signé sur la base d'informations mensongères fournies sciemment par l'employeur ou sous sa contrainte, la transaction n'est pas valable ;
- avoir pour but de régler un litige effectif ou potentiel. En l'absence de désaccord ou si la rupture du contrat de travail ne prête à aucune contestation, par exemple, la transaction n'a pas lieu d'être ;
- comporter des concessions réciproques de la part des deux parties.

Généralement, le salarié renonce à poursuivre son employeur en échange d'une compensation financière. Il n'est pas exigé que les concessions soient d'égale importance de part et d'autre pourvu qu'elles soient réelles.

Ainsi, un salarié licencié pour faute grave peut s'engager à renoncer à contester ce motif auprès des prud'hommes et l'employeur, en contrepartie, à renoncer à se prévaloir de la faute grave, c'est-à-dire de la privation de l'indemnité de licenciement et du préavis (Cass. soc., 5.2.1992).

À l'inverse, si le licenciement n'a pas été prononcé pour faute grave, la renonciation de l'employeur à se prévaloir d'une faute grave ne constitue pas une concession valable (Cass. soc., 27.3.1996).

Si la transaction est juridiquement valable, le salarié ne peut plus poursuivre son employeur devant le conseil de prud'hommes pour les faits censés être réglés par la transaction.

La renonciation à poursuite ultérieure concerne donc uniquement le litige réglé par la transaction. Un salarié a été autorisé à poursuivre son employeur pour une discrimination intervenue durant l'exécution de son contrat de travail bien qu'il ait signé une transaction pour régler un litige lié à la rupture de ce contrat (Cass. soc., 24.4.2013).

En revanche, si la transaction n'est pas valable (vice de consentement, absence de concessions réciproques…), le salarié peut demander au conseil de prud'hommes d'annuler la transaction. Il n'est alors plus lié par ses engagements et peut poursuivre son employeur pour le litige en question.

La transaction peut très bien intervenir également au cours d'un procès prud'homal, au moment de la conciliation ou même après, mettant ainsi fin au procès.

› La médiation conventionnelle

La médiation conventionnelle s'entend de « tout processus structuré, par lequel deux ou plusieurs parties tentent de parvenir à un accord, en dehors de toute procédure judiciaire en vue de la résolution amiable de leurs différends, avec l'aide d'un tiers (le médiateur), choisi par elles qui accomplit sa mission avec impartialité, compétence et diligence » (art. 1530, CPC).

On peut choisir comme médiateur un professionnel du droit (avocat, commissaire de justice – ex-huissier) mais ce n'est pas obligatoire. N'importe quelle personne physique ou morale, indépendante des parties, peut être choisie à condition de :

- ne pas avoir fait l'objet d'une condamnation, d'une incapacité ou d'une déchéance inscrite sur le bulletin n° 3 du casier judiciaire ;
- posséder, par l'exercice présent ou passé d'une activité, la qualification requise eu égard à la nature du différend ou justifier d'une formation ou d'une expérience adaptée à la pratique de la médiation (art. 1533, CPC).

Mieux vaut s'adresser à une personne ayant de bonnes bases en droit du travail (défenseur syndical, conseiller prud'homme, représentant du personnel, par exemple). Il existe par ailleurs des professionnels de la médiation exerçant de manière indépendante ou au sein de cabinets.

MON CONSEIL

Pour vous aider à trouver un médiateur *ad hoc*, vous pouvez consulter l'annuaire en ligne de la Fédération française des centres de médiation ou la contacter en ligne sur le site www.ffcmediation.org.

Les constatations du médiateur et les déclarations recueillies au cours de la médiation ne peuvent être divulguées aux tiers ni invoquées ou produites dans le cadre d'une instance judiciaire ou arbitrale sans l'accord des parties.

À NOTER

Quand faire une médiation conventionnelle ? La médiation conventionnelle peut intervenir aussi bien avant qu'au cours d'un procès prud'homal.

Il ne faut pas confondre la médiation conventionnelle avec la médiation judiciaire qui est, elle, obligatoirement proposée par le juge en cours de procès.

› La procédure de convention participative

La procédure de convention participative permet aux parties de régler à l'amiable un différend qui n'a pas encore été porté devant un tribunal (art. 2062, C. civil). Elle peut également avoir lieu au cours du procès afin de mettre en état le dossier.

Le salarié et l'employeur qui désirent y recourir doivent rédiger une convention précisant son terme, l'objet du différend, les pièces et informations nécessaires à sa résolution et les modalités des échanges ainsi que les noms, prénoms et adresses des parties et de leurs avocats. Elle précise également la répartition des frais entre les parties lorsque l'une d'elles bénéficie de l'aide juridictionnelle. À défaut, les frais de procédure sont partagés par moitié (voir le modèle *Convention de procédure participative*, p. 203).

La convention est conclue pour une durée déterminée pendant laquelle les parties, assistées de leur avocat, vont tenter d'arriver à un accord. Tant que la convention est en cours, il est interdit de porter le litige devant le conseil de prud'hommes. En revanche, si l'une des parties n'exécute pas les actes prévus dans la convention, l'autre partie peut engager une procédure devant la juridiction compétente. De même, il reste possible de demander au tribunal des mesures provisoires ou conservatoires en cas d'urgence.

Si les parties parviennent à un accord total, l'acte, signé par leurs avocats, a force probante.

En cas d'accord partiel, les parties peuvent saisir le conseil de prud'hommes pour faire homologuer les points d'accord et trancher les points sur lesquels aucun compromis n'a été trouvé.

Si aucun accord n'a été trouvé, le litige peut être porté devant le conseil de prud'hommes. Cette tentative de règlement préalable du litige ne dispense pas de la phase de conciliation prud'homale. Votre affaire sera donc portée devant le bureau de conciliation et d'orientation qui effectuera une nouvelle tentative de règlement amiable.

Il est précisé que la prescription* est interrompue dès la conclusion de la convention de procédure participative et jusqu'au terme de celle-ci.

MON CONSEIL

Conciliation ou procédure participative ? La procédure participative est très proche de la procédure de conciliation devant le conseil de prud'hommes. Elle vous coûtera plus cher (vous devrez régler des frais d'avocat) mais peut se révéler, par là-même, plus efficace : l'avocat, rémunéré, consacrera certainement plus de temps à votre affaire et aura plus à cœur de vous aider à régler votre litige que les conseillers du bureau de conciliation et d'orientation régulièrement débordés par l'engorgement des tribunaux.

À NOTER

L'aide juridictionnelle Il est possible d'obtenir l'aide juridictionnelle pour couvrir les frais liés à une procédure participative ainsi qu'à une transaction lorsque l'on a eu recours à un avocat.

Saisissez le conseil de prud'hommes

Bien entendu, ces quelques conseils préliminaires ont moins de raison d'être en cas de litige portant sur les causes ou les conséquences d'un licenciement. Dans ce cas, en effet, la rupture est déjà « consommée » avec votre employeur et vous pouvez vous permettre, sans appréhension, d'aller droit au but, c'est-à-dire directement devant le conseil de prud'hommes. Ce n'est pas par hasard si,

huit fois sur dix, les litiges portés devant cette juridiction concernent les suites de la rupture d'un contrat de travail.
Dans 80 % des affaires provenant de salariés ordinaires, la demande est liée à la rupture du contrat de travail. Dans ce cas, le litige porte à titre principal le plus souvent sur la contestation du motif personnel de la rupture du contrat de travail. Les contestations des motifs économiques de licenciement sont rares : 1,5 % de ces litiges (Références Statistiques Justice, 2023).

À NOTER

Les clauses contractuelles de conciliation Certains contrats de travail comportent une clause prévoyant une procédure de conciliation en cas de litige survenant entre le salarié et son employeur. Ce type de clause empêche-t-il le salarié de saisir directement le conseil de prud'hommes ? Non. La jurisprudence est très claire en la matière, estimant que, « en raison de l'existence en matière prud'homale d'une procédure de conciliation préliminaire et obligatoire, une clause du contrat de travail qui institue une procédure de conciliation préalable n'empêche pas les parties de saisir directement le juge prud'homal de leur différend » (Cass. soc., 5.12.2012).

À quels interlocuteurs autres qu'un avocat vous adresser pour obtenir de l'aide ?

Même si vous êtes persuadé de votre bon droit, mieux vaut recueillir l'avis de conseils juridiques compétents avant de vous lancer dans l'aventure prud'homale. Il faut savoir, en effet, que chaque litige est unique.
Même si vous avez consulté les textes de loi et pris connaissance de la jurisprudence rendue dans une affaire semblable, peut-être avez-vous négligé le détail qui, dans votre cas, fait toute la différence. Ou bien encore ignorez-vous l'astuce qui vous permettra d'arriver plus vite à vos fins.
Les pistes que nous vous présentons ci-après ne sont donc pas à négliger.

Les inspecteurs du travail

On sait généralement que les inspecteurs du travail ont pour mission de contrôler l'application du droit du travail dans les entreprises (art. L. 8112-1, C. travail), mais on oublie souvent qu'ils ont également pour rôle de prévenir les conflits individuels du travail et de contribuer à leur conciliation amiable.
Dans ce cadre, il faut savoir qu'il leur est possible de régler directement certains problèmes. Ils peuvent ainsi :
- refuser le licenciement d'un salarié protégé ;
- exiger le retrait ou la modification des dispositions d'un règlement intérieur contraires à la loi ;
- saisir le juge des référés pour qu'il ordonne la mise hors service, l'immobilisation ou la saisie de matériel, voire la fermeture temporaire d'un atelier ou d'un chantier, en cas de risque d'atteinte à l'intégrité physique des salariés.

Ils disposent d'un droit de visite dans les entreprises et peuvent, à ce titre, vérifier la qualité des repas servis dans une cantine, que des salariés ne sont pas employés « au noir », que les règles d'hygiène et de sécurité sont bien appliquées (extincteurs, aération des locaux, W.-C., etc.) et même décider d'interrompre l'activité de l'entreprise en cas de danger grave et imminent (risques de chutes, d'ensevelissement sur un chantier, dépassement des valeurs limites d'exposition à une substance dangereuse…).
Les inspecteurs ont le droit de prélever des matières qui leur semblent suspectes aux fins d'analyse (art. L. 8113-3, C. travail).
Enfin, ils peuvent exiger que l'employeur leur présente les registres et documents qu'il est légalement dans l'obligation de tenir : double des bulletins de paie, registre du personnel, registres médicaux, registres des accidents bénins… (art. L. 8113-4, C. travail) et contrôler également l'identité et l'adresse des personnes présentes dans l'entreprise (art. L. 8113-2, C. travail).

S'ils constatent des infractions, ils peuvent notifier un avertissement à l'employeur, voire dresser un procès-verbal qui sera transmis au procureur de la République pour d'éventuelles poursuites ultérieures (art. L. 8113-7, C. travail).
Les inspecteurs du travail peuvent également rédiger un rapport et le transmettre à la DRIEETS qui peut alors infliger une amende administrative à l'employeur. Cette procédure s'applique en cas de manquements aux dispositions relatives aux durées maximales du travail, aux repos, au SMIC*, aux salaires conventionnels et aux conditions d'hygiène, de sécurité, de restauration et d'hébergement. Ils peuvent également infliger directement une amende pour non-respect de l'interdiction de fumer dans les entreprises.
Vous pouvez toujours leur demander leur avis au sujet du litige qui vous oppose à votre employeur. Votre inspecteur du travail vous dira si votre demande est bien ou mal fondée, quelles démarches vous devez entreprendre pour faire valoir vos droits, quelles sont vos chances d'aboutir si vous entamez une action auprès des prud'hommes…
Il pourra même contacter votre employeur, si vous le désirez, pour tenter de le convaincre de vous accorder ce qu'il vous doit.

MON CONSEIL

Le secret professionnel Nous ne saurions trop vous conseiller, donc, de contacter votre inspecteur du travail avant d'entamer une action. Sachez que vous ne risquez rien en le faisant : les inspecteurs du travail sont tenus au secret professionnel et aucune des informations que vous leur communiquerez ne sera divulguée. La Cour de cassation a d'ailleurs précisé que le fait de « dénoncer » son employeur à l'inspecteur du travail ne saurait constituer une cause de licenciement à condition, bien entendu, d'agir dans le seul but de protéger ses intérêts et ceux de l'entreprise, et non dans l'intention de nuire (Cass. soc., 14.3.2000).

Les inspecteurs du travail siègent au sein de chaque direction régionale de l'économie, de l'emploi, du travail et des solidarités (DREETS). Le nom, l'adresse et le numéro de téléphone de l'inspecteur du travail compétent doivent être affichés dans l'établissement par votre employeur (art. D. 4711-1, C. travail). Leurs coordonnées sont également disponibles sur le site Internet https://dreets.gouv.fr.

ATTENTION

Des conseils généraux S'il peut vous donner des conseils généraux sur l'étendue de vos droits, votre inspecteur du travail ne vous aidera pas, en revanche, à élaborer votre dossier en vue de votre procès.

Les syndicats professionnels

La raison d'être des syndicats est la défense des salariés : défense collective de la profession en premier lieu certes, mais également défense individuelle de chaque salarié confronté à un problème dans sa vie professionnelle.

Vous pouvez obtenir auprès des organisations syndicales des renseignements généraux d'ordre juridique et pratique sur l'étendue de vos droits, le bien-fondé de votre demande, les textes (loi, jurisprudence*, convention collective*) auxquels vous pouvez vous référer, etc. Adressez-vous à un délégué syndical, s'il en existe dans votre entreprise. À défaut, sachez que les organisations syndicales proposent des permanences juridiques (renseignez-vous auprès de leurs unions départementales).
Les syndicats peuvent également assister ou représenter les parties devant les conseils de prud'hommes et la cour d'appel. En effet, chaque grande organisation syndicale nomme des personnes spécialement formées pour remplir cette fonction : les défenseurs syndicaux.
Les coordonnées des défenseurs syndicaux figurent sur une liste arrêtée par le préfet que vous pouvez consulter auprès des conseils de prud'hommes, des DREETS ou de la cour d'appel (art. L. 1453-4, C. travail).

À NOTER

Avocat ou défenseur syndical Si vous ne prenez pas d'avocat, vous devrez obligatoirement vous faire représenter par un défenseur syndical si vous (ou votre employeur) faites appel de la décision du conseil de prud'hommes.

À NOTER

Le statut des défenseurs syndicaux Les défenseurs syndicaux salariés disposent du temps nécessaire à l'exercice de leurs fonctions, dans la limite de 10 heures par mois dans les entreprises de 11 salariés et plus (art. L. 1453-5, C. travail).
Le temps passé hors de l'entreprise pendant leurs heures de travail pour l'exercice de leur mission est assimilé à une durée de travail effective pour la détermination des droits aux congés payés, aux prestations d'assurances sociales et aux prestations familiales ainsi qu'à l'ancienneté. Ces absences sont rémunérées par l'employeur qui est, ensuite, remboursé par l'État (art. L. 1453-6, C. travail).
Ils peuvent s'absenter pendant 2 semaines tous les 4 ans pour les besoins de leur formation (art. L. 1453-7, C. travail).
Enfin, ils bénéficient des droits reconnus aux salariés protégés en cas de rupture de leur contrat de travail (art. L. 1453-9, C. travail).

Dans certains cas, les syndicats peuvent même engager le procès et le mener à votre place (voir *Les syndicats*, p. 41).

L'aide à l'accès au droit

Les conseils départementaux de l'accès au droit sont présents dans chaque département. Ils travaillent en étroite collaboration avec l'État, les collectivités locales (départements, mairies…), les professionnels du droit (ordre des avocats, chambre des notaires, des commissaires de justice…) et les associations de défense spécialisées.

D'après l'article 53 de la loi du 10 juillet 1991, leur mission consiste à :
- informer les personnes sur leurs droits et les orienter vers les organismes chargés de la mise en œuvre de ces droits ;
- aider dans l'accomplissement de toute démarche en vue de l'exercice d'un droit ou de l'exécution d'une obligation de nature juridique ;
- organiser des consultations juridiques ;
- assister à la rédaction et à la conclusion des actes juridiques.

Pour connaître les coordonnées du conseil de votre département, adressez-vous à la préfecture ou au tribunal judiciaire.

À NOTER

Des renseignements payants Les renseignements fournis dans le cadre de l'aide à l'accès au droit ne sont pas gratuits. Mais une partie de ces frais peut être prise en charge par le conseil départemental de l'accès au droit en fonction de vos ressources.

Allô service public

Le numéro de téléphone 39 39 (+ 33 (0) 1 73 60 39 39 depuis l'étranger) est joignable du lundi au vendredi (voir les horaires d'ouverture sur le site www.service-public.fr).

Ses opérateurs peuvent répondre à vos questions concernant un problème de droit, une démarche à accomplir, mais également sur la législation et la réglementation du travail. S'il s'agit d'une question simple, vous obtiendrez immédiatement une réponse personnalisée. En cas de question plus complexe, vous serez redirigé vers un informateur spécialisé ou l'administration à même de traiter votre demande.

Vous pouvez également trouver des réponses en ligne sur le site www.service-public.fr/particuliers/vos-questions.

Les contrats de protection juridique

Si vous avez souscrit un contrat de protection juridique auprès d'un assureur, vous pouvez également bénéficier à ce titre de conseils, d'une assistance et éventuellement des services d'un avocat pour vous défendre.

Votre assurance prendra en charge les frais de justice et les honoraires d'avocat (avocat de la compagnie de protection juridique ou votre propre avocat), dans les limites fixées par les clauses de votre contrat. Vous pouvez toujours choisir votre avocat.

ATTENTION

Pas d'aide juridictionnelle L'aide juridictionnelle n'est pas accordée lorsque les frais couverts par cette aide sont déjà pris en charge au titre d'un contrat d'assurance de protection juridique (art. 5 de la loi du 10.7.1991). Aussi, si vous disposez d'un tel contrat mais que les frais exposés ne sont pas pris en charge, vous devez joindre à votre demande d'aide juridictionnelle une attestation de non-prise en charge. En cas de prise en charge partielle, vous devez joindre un justificatif précisant le montant des plafonds de garantie et de remboursement des frais couverts (art. 34 du décret du 19.12.1991).

Le Défenseur des droits

Si vous vous estimez victime d'une discrimination, vous pouvez vous adresser au Défenseur des droits :
- par voie électronique, en remplissant le formulaire sur le site Internet www.defenseurdesdroits.fr ;
- par l'intermédiaire d'un délégué du Défenseur des droits : ces délégués assurent des permanences dans divers points d'accueil répartis au plus près de chez vous (préfectures, sous-préfectures, maisons de justice et du droit) ;
- par courrier (sans affranchissement) à l'adresse suivante : Défenseur des droits, Libre réponse 71120, 75342 Paris Cedex 07. Votre courrier doit être dûment motivé et accompagné des pièces justificatives nécessaires.

À NOTER
Si vous avez une question à poser avant d'engager cette démarche, vous pouvez contacter les services du Défenseur des droits par téléphone au 09 69 39 00 00 du lundi au vendredi de 8 h 30 à 19 h 30.

Le Défenseur des droits peut également se saisir d'office, sous réserve que la victime en soit avertie et ne s'y soit pas opposée, ou être saisi par l'intermédiaire d'un parlementaire ou d'une association de lutte contre les discriminations déclarée depuis au moins 5 ans.
Le Défenseur des droits dispose de pouvoirs étendus. Il peut ainsi :
- procéder à la résolution amiable du conflit entre les deux parties ;
- proposer à l'auteur des faits, une transaction prévoyant notamment le versement d'une amende d'un montant maximum de 3 000 € (15 000 € s'il s'agit d'une personne morale) et, s'il y a lieu, l'indemnisation de la victime. Cette transaction doit être homologuée par le procureur de la République ;
- intervenir au cours d'un procès prud'homal. La HALDE (autorité à laquelle le Défenseur des droits s'est substitué) a ainsi été autorisée à présenter ses observations devant la cour d'appel (CA Aix-en-Provence, 8.3.2007) et devant la Cour de cassation (Cass. soc., 2.6.2010) pour soutenir des salariés qui s'estimaient victimes d'une mesure discriminatoire de la part de leur employeur.

Les commissions paritaires régionales interprofessionnelles (CPRI)

Ces commissions, mises en place depuis le 1er juillet 2017, assurent la représentation des salariés et des entreprises de moins de 11 salariés qui, du fait de leur taille, sont dépourvues de représentants du personnel.

Les CPRI sont composées de salariés et d'employeurs, à part égale, désignés tous les 4 ans par les syndicats et les organisations professionnelles d'employeurs.
Elles sont chargées d'informer et de conseiller les salariés et les employeurs des TPE sur les dispositions légales ou conventionnelles qui leur sont applicables.
Elles peuvent également, avec l'accord des parties, faciliter la résolution des conflits individuels ou collectifs n'ayant pas encore donné lieu à la saisine d'une juridiction.
Renseignez-vous auprès d'un syndicat ou de votre DREETS pour connaître les coordonnées de la CPRI de votre région.

À NOTER

Exception Les CPRI ne se chargent pas de la représentation des entreprises relevant d'une branche ayant mis en place une commission paritaire régionale, ou départementale exerçant les mêmes attributions.

Le recours à un avocat est-il obligatoire ?

L'assistance d'un avocat devant les conseils de prud'hommes n'est pas obligatoire, mais fortement conseillée.
Devant la cour d'appel, vous devez obligatoirement être représenté par un avocat ou un défenseur syndical.
Devant la Cour de cassation, la présence d'un avocat spécialisé est obligatoire. Ses honoraires sont élevés, mais vous pourrez peut-être bénéficier de l'aide juridictionnelle.

Devant le conseil de prud'hommes

› L'avocat n'est pas obligatoire

Une des caractéristiques de la procédure en matière sociale consiste dans le fait que l'assistance d'un avocat n'est pas obligatoire. En effet, vous pouvez être assisté ou représenté devant le conseil de prud'hommes par :
- les salariés ou les employeurs appartenant à la même branche d'activité ;
- les défenseurs syndicaux ;
- le conjoint, le partenaire lié par un pacte civil de solidarité ou le concubin ;
- un avocat.

Vous n'êtes donc pas obligé d'avoir recours à un avocat pour vous défendre à ce stade de la procédure.
Cependant, vous pouvez avoir intérêt à consulter un avocat avant d'engager votre action. Celui-ci pourra vous donner son avis et des conseils utiles sur la meilleure façon d'agir.
Cette consultation préalable ne vous engagera pas dans des frais trop importants : les avocats pratiquent un tarif horaire compris en général entre 100 et 450 € HT. Ayez soin de vous faire préciser si le tarif proposé s'entend HT ou TTC. Dans le premier cas, il vous faudra, en effet, ajouter 20 % au prix annoncé.

À NOTER

Les permanences juridiques Certains barreaux organisent des séances de consultations gratuites. D'autres peuvent donner des consultations payantes sur rendez-vous. Renseignez-vous auprès du tribunal judiciaire, à la mairie de votre domicile ou bien encore consultez le site Internet www.annuaires.justice.gouv.fr/annuaires-12162/annuaire-des-permanences-juridiques-21770.html. Si vous habitez à Paris, dans les Hauts-de-Seine, la Seine-Saint-Denis ou le Val-de-Marne, vous pouvez contacter SOS AVOCATS au 0825 393 300 du lundi au vendredi, de 19 h à 23 h 30.
Ces consultations ne durent généralement qu'une quinzaine de minutes, mais ce petit quart d'heure peut vous permettre de savoir si vous avez ou non intérêt à porter votre litige auprès des prud'hommes.

Si votre affaire est complexe ou bien si vous craignez de vous défendre seul, nous vous conseillons vivement de recourir à l'assistance d'un avocat. Ceci ne vous empêchera pas d'assister aux audiences, mais votre avocat plaidera votre cause devant les juges et effectuera toutes les formalités en votre nom : requête* de saisine du conseil de prud'hommes, assignation* de votre adversaire, communication des pièces, plaidoirie, recours…
Votre avocat pourra également assurer votre représentation, c'est-à-dire se présenter à votre place devant les juges.

À NOTER

Plus de chances de gagner son procès ! Le rapport du ministère de la Justice sur « le droit du travail en perspective contentieuse » souligne l'influence positive de l'assistance des salariés dans les procès prud'homaux. Un salarié qui se défend seul gagne en effet son procès dans 23,40 % des cas. Ce chiffre s'élève à 57,7 % pour les salariés assistés d'un avocat ou d'un défenseur syndical. De plus, les jugements obtenus sont beaucoup plus avantageux (indemnisation plus importante) pour les salariés assistés.
Il faut savoir également que votre employeur, lui, aura généralement recours à l'assistance d'un avocat. Si vous vous défendez seul, la partie peut donc être inégale.

› Comment choisir un avocat ?

Si vous décidez de prendre un avocat, vous devez choisir un avocat qui connaît et maîtrise bien le droit social. Il est préférable de prendre un avocat qui a l'habitude de plaider devant les conseils de prud'hommes.
Vous pouvez prendre un avocat appartenant à n'importe quel barreau* français (leur compétence territoriale* est totale). Vous pouvez cependant avoir intérêt à choisir un avocat proche du conseil de prud'hommes qui traitera votre affaire afin d'éviter des notes de frais et de déplacement trop importants.
Il n'y a pas de « truc » infaillible pour détecter si vous êtes en présence d'un « bon » avocat. Il faut savoir cependant qu'un bon avocat, comme un bon médecin, cherchera d'emblée à collecter le plus d'informations possible. Si l'avocat que vous rencontrez vous pose beaucoup de questions dès votre première entrevue, vous demande des explications, cherche à éclaircir certains points qui lui semblent obscurs, vous demande des pièces, c'est plutôt bon signe. Il s'intéresse vraiment à votre affaire et semble prêt à s'y investir.
Ensuite, votre avocat se doit d'être présent à toutes les étapes de la procédure. S'il semble passif, qu'il ne vous donne pas de nouvelles, ne vous informe pas du travail qu'il accomplit, n'hésitez pas à le relancer ou à en changer à tout moment.
Enfin, vous jugerez la qualité de votre avocat sur la qualité du dossier* qu'il établira pour votre affaire : un bon dossier doit réunir le plus de pièces justificatives possible, être logique et cohérent, et il doit s'en dégager une solution juridique (textes ou décisions de jurisprudence* sur lesquels l'avocat s'appuiera pour établir sa plaidoirie*).
De votre côté, vous devez également assumer votre défense. Ce n'est pas parce que vous avez pris un avocat que vous devez vous décharger entièrement de votre affaire. Si vous souhaitez qu'il vous aide efficacement, vous devez également

l'aider en retour. En premier lieu, vous vous devez de lui dire la vérité. Il est inutile – et même dangereux – d'essayer de lui cacher certains éléments du dossier. Votre avocat n'a pas pour mission de vous juger mais d'assurer votre défense. De plus, il est tenu par le secret professionnel : aucune des informations que vous lui confiez ne pourra être dévoilée sans votre consentement. Ainsi, si votre affaire comporte des points faibles (vous avez vous-même manqué à l'une de vos obligations, vous vous êtes mis en tort vis-à-vis de votre employeur d'une façon ou d'une autre), faites-le-lui savoir afin qu'il soit à même de parer les coups en cas de riposte de votre adversaire.
Les avocats ne peuvent être tenus responsables du fait qu'un de leurs clients perd son procès. Ils sont toutefois tenus d'accomplir toutes les diligences utiles à la défense de leurs intérêts et sont investis d'un devoir de compétence. Un avocat a ainsi été reconnu coupable pour n'avoir pas fait valoir devant les juges une évolution jurisprudentielle acquise depuis 1 an et qui aurait permis à un salarié de gagner son procès (Cass. civ., 14.5.2009).
Si vous n'êtes pas satisfait des services de votre avocat, vous pouvez toujours en changer en cours de procès, sans avoir de justification à fournir. L'ancien avocat transmettra l'intégralité de votre dossier au nouveau, à condition toutefois que vous ayez réglé les honoraires du premier avocat. Déontologiquement, un avocat ne peut accepter un dossier provenant d'un confrère qui n'a pas été payé.

Devant la cour d'appel

Pour tous les appels introduits depuis le 1er août 2016, vous ne pouvez plus vous défendre seul. En effet, vous devez obligatoirement vous faire représenter :
- soit par un défenseur syndical ;
- soit par un avocat.
Les avocats n'ont pas à justifier d'un mandat pour assurer votre défense. En revanche, les défenseurs syndicaux doivent justifier d'un pouvoir, délivré postérieurement à la date de la décision attaquée et avant l'expiration du délai d'appel.

Devant la Cour de cassation

› Le recours à un avocat spécialisé est obligatoire

Si vous désirez contester devant la Cour de cassation une décision rendue par un conseil de prud'hommes ou une cour d'appel, vous devez obligatoirement prendre un avocat au Conseil d'État et à la Cour de cassation (surnommé plus simplement « avocat au conseil »*). Il en est de même si le pourvoi en cassation est mené par votre adversaire.

› Qui sont les avocats aux conseils ?

Ce sont des avocats spécialisés dont les aptitudes professionnelles ont été validées par un jury composé de magistrats du Conseil d'État et de la Cour de cassation, d'un professeur de droit et d'avocats aux conseils.

Les avocats aux conseils ont le monopole de l'assistance et de la représentation des justiciables devant la Cour de cassation. Vous ne pouvez donc pas prendre un avocat qui ne fait pas partie de cet ordre.

› Quel est leur rôle ?

Votre avocat au conseil* se chargera de rédiger et de transmettre votre pourvoi au greffe de la Cour de cassation. C'est également lui qui rédigera votre mémoire* et le transmettra à votre adversaire. Bien entendu, il plaidera également votre cause lors de l'audience au cours de laquelle la Cour de cassation examinera votre affaire.
Les avocats aux conseils ont également, en amont, un rôle de conseiller. Avant de prendre votre dossier en main, cet avocat vous dira si votre pourvoi à des chances d'aboutir favorablement et il n'hésitera pas à vous dissuader si celui-ci est voué à l'échec. Il rentre en effet dans ses attributions d'éviter la multiplicité des pourvois, préjudiciable au bon fonctionnement de la Cour de cassation.

ATTENTION
Des honoraires élevés Revers de la médaille : les honoraires des avocats au conseil sont élevés (compter environ 4 000 € HT). Ces frais peuvent être pris en charge par l'aide juridictionnelle si vos ressources ne vous permettent pas d'y faire face.

› Où les trouver ?

Les avocats aux conseils sont beaucoup moins nombreux que les avocats « ordinaires » puisqu'on n'en dénombre actuellement qu'une centaine, tous domiciliés à Paris ou dans les villes limitrophes.
Ils sont regroupés dans un ordre professionnel qui leur est propre : l'ordre des avocats au Conseil d'État et à la Cour de cassation : 5, quai de l'Horloge, 75001 Paris (Tél. : 01 43 29 36 80). Vous pouvez vous renseigner directement à cette adresse pour avoir les coordonnées d'un avocat *ad hoc*. Si vous étiez assisté d'un avocat au cours du procès, vous pouvez lui demander de saisir pour vous l'avocat au conseil avec lequel il a l'habitude de travailler.
Vous pouvez également vous connecter sur le site Internet : www.ordre-avocats-cassation.fr qui diffuse en ligne un « trombinoscope » de tous les avocats au conseil.

À NOTER
Un avocat commis d'office Si l'aide juridictionnelle vous est accordée, le président de l'ordre pourra désigner d'office l'avocat au conseil* chargé de vous défendre.

Combien coûte un avocat ?

N'hésitez pas à parler argent avec votre avocat. « Combien est-ce que ça va me coûter ? » est même la première question à lui poser.
Il faut savoir que les avocats appliquent trois types de facturation :

- soit une rémunération forfaitaire qui fixe un prix global pour le traitement de l'ensemble du dossier (cette solution est réservée aux procédures les plus simples) ;
- soit une tarification qui prévoit une rémunération forfaitaire assortie d'un pourcentage selon le résultat obtenu (si vous gagnez votre procès, votre avocat vous demandera donc un bonus).

Attention : une tarification entièrement fixée en fonction du résultat obtenu est interdite ;
- soit une rémunération au temps passé, basée sur un taux horaire.

MON CONSEIL

La convention d'honoraires Depuis le 8 août 2015, les avocats doivent obligatoirement conclure, par écrit, une convention d'honoraires avec leurs clients avant de lancer la procédure.

Celle-ci précise le montant et les modalités de détermination des honoraires ainsi que les divers frais envisagés. Tout au long de sa mission, l'avocat doit informer régulièrement son client de l'évolution du montant de ces éléments.

Si vous trouvez les honoraires trop élevés, vous pouvez, avant d'avoir signé la convention d'honoraires, en discuter avec votre avocat. Les honoraires des avocats étant libres, vous pouvez essayer de les faire baisser, voire établir un échéancier prévoyant un paiement fractionné.

Des frais de fonctionnement peuvent s'ajouter aux honoraires : ouverture du dossier, téléphone, photocopies, déplacements…

Votre avocat peut vous demander une provision sur les honoraires et une provision sur les frais qu'il sera amené à engager, et ceci dès l'ouverture du dossier.

À NOTER

L'aide juridictionnelle Vous pouvez bénéficier de l'aide juridictionnelle si votre revenu fiscal de référence et votre patrimoine mobilier et immobilier ne dépassent pas les plafonds suivants :
– revenu fiscal de référence : 12 712 € ;
– patrimoine mobilier : 12 712 € ;
– patrimoine immobilier : 38 133 €.

Si l'un des 3 plafonds est dépassé, vous ne pourrez pas bénéficier de l'aide juridictionnelle. L'aide juridictionnelle sera totale ou partielle. Dans cette dernière hypothèse, un complément d'honoraires sera à verser à l'avocat désigné à l'aide juridictionnelle. Il est à déterminer avec lui en fonction de l'importance de vos revenus et de la composition de votre foyer fiscal.

Sachez que vous aurez toujours la possibilité de contester les honoraires qui vous seront réclamés à la fin du procès (dépassement injustifié, faute de l'avocat durant le procès…). Pour ce faire, vous pouvez :
- soit saisir préalablement le Médiateur national de la consommation de la profession d'avocats par courrier envoyé au 180, boulevard Haussmann, 75008 Paris ou directement sur son site Internet : https://mediateur-consommation-avocat.fr ;
- soit saisir directement le bâtonnier de l'ordre auquel votre avocat appartient.

Le conseil de prud'hommes est-il compétent pour régler votre litige ?

➤ Le chemin que vous devrez emprunter pour entamer une action prud'homale va s'avérer long et sinueux. Il est donc indispensable de partir du bon pied afin d'éviter des pertes de temps inutiles.

➤ Pour ce faire, il faut que vous vérifiez d'abord que le litige qui vous oppose à votre employeur relève bien du conseil de prud'hommes.

➤ Alors seulement, vous pourrez présenter votre demande en toute sérénité et vous préparer à affronter les diverses phases de la procédure.

Pour quels litiges pouvez-vous saisir le conseil de prud'hommes ?

Le conseil de prud'hommes est seul compétent pour connaître :
– des litiges qui s'élèvent à l'occasion de tout contrat de travail soumis aux dispositions du Code du travail entre les employeurs ou leurs représentants et les salariés qu'ils emploient ;
– des différends et litiges des personnels des services publics quand ils sont employés dans les conditions du droit privé ;
– des différends et litiges nés entre salariés à l'occasion du travail.

Un litige individuel

Les conseils de prud'hommes sont compétents pour connaître un litige individuel qui s'élève à l'occasion d'un contrat de travail.

A contrario, les conseils de prud'hommes ne sont pas compétents pour les conflits d'ordre collectif. On ne peut donc leur demander de trancher des différends concernant :

- un litige entre un employeur et un syndicat de salariés ou les représentants du personnel agissant dans le cadre de leurs fonctions ;
- un conflit collectif (demande d'augmentation de salaire généralisée, négociation d'une convention collective* ou de fin d'une grève…).

Ceci ne signifie pas que le conflit ne doit concerner qu'un salarié. Plusieurs salariés, voire l'ensemble des salariés d'une entreprise, peuvent saisir individuellement le conseil de prud'hommes pour un même conflit.

Exemple : en cas de *lock-out*, chaque travailleur de l'entreprise peut individuellement réclamer devant le conseil de prud'hommes une indemnité représentant le salaire correspondant à la durée de fermeture de l'entreprise.

Les demandes individuelles, lorsqu'elles sont identiques, peuvent même être groupées. Les salariés choisissent alors de présenter ensemble leurs demandes afin que leur affaire soit traitée à la même audience et devant la même formation. De telles demandes n'en conservent pas moins leur caractère individuel.

À NOTER

Action individuelle et action collective La distinction entre action individuelle et action collective ne dépend pas de l'objet du litige, ni du nombre de personnes en cause. Il s'agit de déterminer si les demandeurs veulent faire juger le conflit sur un plan collectif ou s'ils défendent leur intérêt individuel.

Ainsi, le conseil de prud'hommes est compétent pour interpréter un accord collectif lorsque cette interprétation est nécessaire à la solution d'un litige lié au contrat de travail d'un salarié (Cass. soc., 18.3.2008). Il n'est pas compétent, en revanche, pour régler un litige entre un employeur et des syndicats portant sur l'interprétation d'un accord collectif (Cass. soc., 21.11.2012). Seul le tribunal judiciaire peut le faire.

Un litige lié à la relation de travail

Selon la loi, les conseils de prud'hommes sont compétents pour régler « les différends qui peuvent s'élever à l'occasion de tout contrat de travail » (art. L. 1411-1, C. travail).

Ceci signifie :

• que cette juridiction est compétente pour juger tous les conflits qui peuvent survenir durant le contrat de travail, que ce soit à l'engagement (conclusion d'un contrat de travail, d'une période d'essai, qualification professionnelle, salaire convenu…), au cours de son exécution (salaire, heures supplémentaires, primes, sanctions disciplinaires…) ou à l'occasion de sa rupture (licenciement abusif, inobservation des procédures, non-paiement de l'indemnité légale ou conventionnelle de licenciement, clause de non-concurrence…).

Les conseils de prud'hommes sont également compétents pour juger des conflits survenant avant même la formation du contrat de travail. Il en est ainsi en cas de :

- rupture d'une promesse d'embauche,
- discrimination à l'embauche : discrimination raciale subie par un candidat lors d'une procédure de recrutement, par exemple (Cass. soc., 20.12.2006) ;

• que le conflit doit être en rapport avec le contrat de travail. Des différends d'ordre privé entre employé et employeur ou entre deux employés (accident matériel de la circulation intervenant sur le parking de l'entreprise par exemple, ou encore rixe ou injure survenant en dehors de l'entreprise) ne concernent pas la juridiction prud'homale.

Il a été jugé qu'une demande de remboursement d'un prêt consenti par l'employeur à un salarié relevait bien de la compétence des prud'hommes à partir du moment où les sommes restant dues avaient été incluses dans le reçu pour solde de tout compte* signé par le salarié lors de son départ de l'entreprise (Cass. soc., 20.4.1989) ;

• et, bien entendu, que les personnes entre lesquelles s'élève le conflit doivent être liées par un contrat de travail. Ce dernier peut être écrit ou verbal. Il peut s'agir d'un contrat à durée déterminée ou indéterminée, à temps partiel ou à temps plein, d'un contrat d'intérim, d'apprentissage, de formation en alternance (contrat de professionnalisation) ou de réinsertion professionnelle (contrat d'accompagnement dans l'emploi, contrat initiative-emploi) ou encore d'un contrat de type particulier (contrat d'entrepreneur salarié associé d'une coopérative d'activité et d'emploi, par exemple).

À NOTER

Le contrat de travail verbal Seul un contrat à durée indéterminée à temps complet peut être verbal. Dans un tel cas, le salarié doit prouver la réalité de son contrat devant les prud'hommes.

Cette preuve peut être faite par tous moyens : production de bulletins de paie, témoignages, virements ou chèques bancaires réguliers…
Tous les autres contrats doivent être écrits et même contenir certaines mentions obligatoires.

Ne relèvent pas de la juridiction prud'homale les litiges opposant :
- des personnes liées par un contrat de mandat, de louage, de société ou en cas d'exercice d'une activité bénévole. Dans certains cas, le bénévolat peut cependant cacher un contrat de travail de droit commun. Il en est ainsi, par exemple, lorsque le bénévole perçoit pour son activité des sommes forfaitaires dépassant le simple remboursement des frais réellement exposés. Le conseil de prud'hommes peut alors se déclarer compétent pour examiner le litige opposant de tels bénévoles à l'organisme au sein duquel ils travaillaient (Cass. soc., 29.1.2002) ;

Cas pratique

- Dans une affaire très médiatisée, la Cour de cassation a même jugé que les participants à l'émission de téléréalité « L'Île de la tentation » devaient être considérés comme salariés de la société de production de cette émission du fait des conditions qui leur avaient été imposées (activités obligatoires, répétition des scènes, horaires de présence, disponibilité permanente…) (Cass. soc., 3.6.2009).
- La Cour de cassation a estimé qu'un joueur de rugby devait être considéré comme salarié d'une association sportive puisqu'il percevait une rémunération pour son activité, était exposé à des sanctions en cas d'inobservation du règlement du club et de la charte des droits et des devoirs du joueur et recevait des consignes durant les entraînements (Cass. soc., 28.4.2011).
- De même, il a été jugé qu'un commercial effectuant des missions dans une société sous le statut d'auto-entrepreneur devait en fait être considéré comme salarié du fait de la nature des relations qu'il entretenait avec cette entreprise : respect d'un planning quotidien préétabli, objectifs à réaliser en matière de chiffre d'affaires annuel, intégration à une équipe de travail… (Cass. soc., 6.5.2015).
- Enfin, la Cour de cassation s'est prononcée sur les relations contractuelles entre des coursiers à vélo et la plateforme de mise en relation et a considéré que dès lors qu'il y avait un lien de subordination, ils étaient salariés (Cass. soc., 28.11.2018). L'application est dotée d'un système de géolocalisation. Il y a donc plus qu'une simple mise en relation et la société dispose d'un pouvoir de sanction, tout retard du coursier pouvant entraîner une perte de bonus voire la désactivation de son compte.

- un stagiaire à un organisme de formation professionnelle (TI, 17.1.1979) ;
- un travailleur handicapé et un établissement ou service d'accompagnement par le travail (ESAT) (Cass. soc., 18.3.1997).

À NOTER

Spécificité des rémunérations en droits d'auteur Les collaborateurs rémunérés en droits d'auteur doivent s'adresser aux tribunaux civils (tribunal de proximité, chambre de proximité ou tribunal judiciaire, selon le montant des sommes en jeu).

À NOTER

Des litiges spécifiques à certaines professions ou activités Les conseils de prud'hommes ont une connaissance exclusive des litiges pour certaines professions ou activités. Il en est ainsi des professions pour lesquels le législateur a établi une présomption de salariat, comme pour les journalistes professionnels et assimilés, les artistes du spectacle, les mannequins, les voyageurs représentants et placiers (VRP), etc.
Il en est également ainsi des litiges entre les assistants maternels et les particuliers qui leur confient leurs enfants ou les personnes morales de droit privé qui les emploient. Ces litiges relèvent de la compétence des conseils de prud'hommes (art. L. 423-2, CASF).

Un litige relevant d'un contrat de travail de droit privé

Les conseils de prud'hommes ne connaissent que des litiges concernant un contrat de travail de droit privé. Dès lors que l'employeur est une personne de droit privé (particulier, sociétés civiles ou commerciales, associations…), la nature du contrat ne pose *a priori* aucune difficulté : il s'agit d'un contrat de droit privé dont les conseils de prud'hommes peuvent connaître.

En revanche, les conseils de prud'hommes ne connaissent pas des litiges concernant les fonctionnaires, les agents contractuels des services publics (statutaires ou non statutaires), les ouvriers de l'État ou encore le personnel de la Banque de France : ces litiges relèvent des tribunaux administratifs. Les personnes non statutaires travaillant pour le compte d'un service public à caractère administratif sont des agents contractuels de droit public quel que soit leur emploi (T. confl., 25.3.1996).

Toutefois, un fonctionnaire mis à disposition d'un organisme de droit privé peut poursuivre cet organisme aux prud'hommes à partir du moment où il accomplit un travail pour le compte de cet organisme (Cass. soc., 25.2.1997).

De même et parce que le législateur a donné compétence aux conseils des prud'hommes, les personnes employées dans le service public sous contrat d'apprentissage ou contrat d'accompagnement dans l'emploi relèvent également des prud'hommes. Toutefois, si le contrat est requalifié en contrat à durée indéterminée par les juges prud'homaux, l'intéressé doit saisir le juge administratif s'il veut obtenir la poursuite effective dudit contrat au sein de l'administration (Cass. soc., 9.4.2015).

Les salariés des personnes morales de droit privé et des établissements publics industriels et commerciaux (EPIC) relèvent des conseils de prud'hommes. Il en est ainsi, par exemple :

- des enseignants d'établissements privés sous contrat avec l'État (Cass. soc., 5.2.1992) ;
- des agents d'EDF, d'ENGIE, de la RATP ou de la SNCF dès lors qu'ils n'ont pas la qualité de directeur, ni celle de comptable public (Cass. soc., 22.5.1995) ;
- du personnel des caisses de sécurité sociale (Cass. soc., 7.3.1990), à l'exception des caisses nationales. Toutefois, la Cour de cassation a considéré que le conseil

de prud'hommes était compétent pour trancher un litige entre la caisse nationale d'assurance maladie et un médecin-conseil du service de contrôle médical dépendant de ladite caisse, ces praticiens étant soumis à un statut de droit privé (Cass. soc., 31.1.2007) ;
- d'une salariée d'un établissement géré par une chambre de commerce (Conseil d'État, 1.2.1995) ;
- d'un cuisinier au service d'un centre de loisirs géré par un syndicat intercommunal (Cass. soc., 26.10.1999) ;
- des salariés d'une association loi 1901 même si celle-ci est investie d'une mission de service public (Cass. soc., 30.9.2004), et créée par une chambre de commerce et d'industrie (Cass. soc., 1.2.1995) ou encore gérée par un conseil départemental (Cass. soc., 19.3.2002).

Un litige ne relevant pas d'une autre juridiction

Certains conflits individuels liés à la relation de travail sont exclus de la compétence des conseils de prud'hommes et relèvent d'une autre juridiction. Il en est ainsi des conflits relatifs :
- à la participation des salariés (litiges sur les salaires ou la valeur ajoutée) qui relève soit de la compétence du tribunal administratif (litiges collectifs), soit du tribunal judiciaire (litiges individuels) ;
- aux actions en réparation de préjudices causés par une infraction pénale (règles d'hygiène et de sécurité, par exemple). Le conflit doit être porté directement devant la juridiction pénale (chambre correctionnelle) en se constituant partie civile* ;
- aux accidents du travail et aux maladies professionnelles qui relèvent des pôles sociaux des tribunaux judiciaires pour ce qui concerne la réparation ou la reconnaissance du caractère professionnel de l'accident ou de la maladie, y compris lorsqu'il s'agit de faire reconnaître la faute de l'employeur en la matière (Cass. soc., 30.9.2010) et d'obtenir la réparation des préjudices dus à une faute inexcusable de l'employeur (Cass. soc., 6.10.2015), et des juridictions pénales (chambres correctionnelles des tribunaux judiciaires) pour la répression des délits d'homicide, de blessure par imprudence ou de mise en danger de la personne. Le licenciement irrégulier d'un salarié victime d'un accident du travail ou d'une maladie professionnelle relève, en revanche, de la compétence des conseils de prud'hommes ;
- aux saisies sur salaire, aux élections professionnelles (élections des représentants du personnel, des membres des CSE) et à la désignation des délégués syndicaux qui relèvent de la compétence, depuis le 1er janvier 2020, du tribunal judiciaire ;
- aux contestions portant sur la régularité de la procédure des licenciements économiques de 10 salariés et plus dans les entreprises d'au moins 50 salariés et le contenu du plan de sauvegarde de l'emploi. Depuis le 1er juillet 2013, celles-ci relèvent de la compétence du tribunal administratif ;

- aux litiges avec les caisses de congés payés instituées dans certaines professions (BTP, dockers...). Ceux-ci relèvent de la compétence, depuis le 1er janvier 2020, du tribunal judiciaire ;
- aux contestations concernant les points attribués sur un compte de prévention de la pénibilité au vu de la déclaration des employeurs. Pour régler ces litiges, le salarié doit s'adresser à la caisse nationale d'assurance vieillesse ;
- à l'action de groupe des syndicats en cas de discrimination collective dans une entreprise. Celle-ci doit être portée, depuis le 1er janvier 2020, devant le tribunal judiciaire ;
- aux recours concernant les arrêtés fixant la liste des organisations syndicales représentatives qui relèvent exclusivement de la cour administrative d'appel de Paris (décret n° 2012-1130 du 5.10.2012) ;
- au délit d'entrave CSE devant le tribunal correctionnel.

À NOTER

La compétence d'attribution La compétence d'attribution* (litiges nés à l'occasion du contrat de travail) des conseils de prud'hommes est dite d'ordre public, ce qui signifie qu'aucun texte (clause du contrat de travail, convention collective...) ne peut exiger qu'un différend de cet ordre soit soumis à un autre tribunal ou à une instance professionnelle spécifique (commission paritaire, conseil de discipline...).

Que se passe-t-il si vous soumettez au conseil de prud'hommes un litige qui ne le concerne pas ?

Le conseil de prud'hommes peut se déclarer d'office incompétent. Votre adversaire pourra également contester la compétence du conseil de prud'hommes en soulevant une exception d'incompétence au cours de la procédure, en début d'audience.

Si le conseil se déclare d'office incompétent ou accepte la demande de votre adversaire, vous devrez porter le litige devant la bonne juridiction, donc, selon le cas, soit recommencer toute la procédure, soit le conseil de prud'hommes renverra directement le dossier au tribunal compétent. La décision du conseil peut cependant être contestée auprès de la cour d'appel dans les 15 jours de la notification du jugement.

CONFLITS DU TRAVAIL SOUMIS À D'AUTRES JURIDICTIONS QUE LES CONSEILS DE PRUD'HOMMES

	TJ*(2)	TJ(2) pôle social*	TA*	Ch. Corr.*
Accidents du travail				
– constat et taux d'incapacité permanente (1)		X		
– faute inexcusable de l'employeur (1)		X		
– homicide ou blessure involontaire				X
– infraction à la législation				X
– reconnaissance d'un accident du travail (1)		X		
Congés payés				
– infraction à la législation				X
Grève				
– entrave à la liberté du travail				X
– expulsion des grévistes	X			
Hygiène, sécurité et conditions de travail				X
Inspecteur du travail (décision)			X	
Invalidité, inaptitude au travail (1)		X		
Invention du salarié	X			
Participation				
– litiges relatifs aux éléments de calcul (montant global des salaires, valeur ajoutée)			X	
– litiges relatifs aux éléments individuels (calcul de l'ancienneté, montant du salaire retenu…)	X			
Représentants du personnel				
– entraves à la désignation, à l'élection ou à l'exercice des fonctions				X
– régularité des élections (1)	X			
– autorisation de licenciement			X	
Retraite de la Sécurité sociale (1)		X		
Saisie des rémunérations	X			

*TJ = Tribunal judiciaire - *TA = Tribunal administratif - *Ch. Corr. = Chambre correctionnelle du tribunal judiciaire.

(1) Les affaires relevant du TASS (Tribunal des affaires de sécurité sociale) et du TCI (Tribunal du contentieux de l'incapacité) sont traitées par le tribunal judiciaire.

(2) Depuis le 1er janvier 2020, les contentieux qui relevaient du tribunal d'instance ou du tribunal de grande instance ont été transférés au tribunal judiciaire.

ATTENTION

La loi de programmation et de réforme de la justice du 23 mars 2019 a créé le tribunal judiciaire depuis le 1er janvier 2020. Cette nouvelle juridiction est une fusion du tribunal d'instance (TI) et du tribunal de grande instance (TGI). Les contentieux qui relevaient jusqu'à cette date du TI et du TGI ont été transférés au 1er janvier 2020 au tribunal judiciaire.

Trois décrets et un arrêté sont parus au *Journal officiel* du 1er septembre 2019 afin de clarifier cette réforme. Ainsi le tribunal judiciaire connaît :

– en premier ressort, des litiges individuels du travail maritime et, en dernier ressort, du contentieux des élections professionnelles ;

– en dernier ressort, des contestations relatives à la procédure de validation d'un accord d'entreprise par référendum.

Il connaît des autres contentieux, en premier ressort (donc avec possibilité de faire appel), quand le montant de la demande est supérieur à 5 000 €.

À quel conseil de prud'hommes vous adresser ?

Vous ne pouvez pas saisir n'importe quel conseil de prud'hommes. Le conseil compétent est fixé généralement en fonction du lieu de travail mais d'autres choix s'offrent à vous.

La règle générale

Il faut s'adresser au conseil de prud'hommes dans le ressort* duquel est situé l'établissement où le salarié effectue son travail. Cette règle est fixée par le Code du travail (art. R. 1412-1). Il n'est pas possible, que ce soit dans un contrat de travail ou dans une convention collective*, d'y déroger.

On entend par établissement toute usine, toute manufacture, tout atelier, tout chantier où sont réunis des ouvriers et des employés travaillant sous la direction du chef d'entreprise ou de ses représentants (Cass. soc., 13.11.1963) ainsi que tout magasin, bureau, agence (Cass. soc., 16.7.1963).

Cette règle est facile à appliquer lorsque le salarié travaille sur un poste fixe. Certaines situations sont moins évidentes :

- Si l'on travaille régulièrement dans plusieurs établissements de la même entreprise, il faut s'adresser au conseil de prud'hommes dans le ressort duquel se trouve l'établissement où s'effectuait le travail au moment où est né le litige (Cass. soc., 20.2.1941). En revanche, si le salarié travaillait de façon épisodique dans un autre établissement de son entreprise au moment où s'est produit le litige, le tribunal compétent demeure celui de l'établissement où il travaille habituellement (Cass. soc., 29.6.1945).
- Lorsque le salarié travaille en dehors de tout établissement (VRP, travailleur à domicile, télétravailleur, artiste, salarié travaillant sur des chantiers...), il doit s'adresser au tribunal de son domicile. Par domicile, on entend le lieu où habite effectivement le salarié au moment de sa demande et non pas son domicile légal, s'il est différent (Cass. soc., 10.4.1991), ou son domicile lors de la survenance du litige, s'il a déménagé depuis (Cass. soc., 7.5.1987).

Si le salarié n'a en France ni domicile de fait ni domicile légal, il est alors possible de choisir n'importe quel conseil de prud'hommes dès lors que ce choix ne présente pas un caractère abusif, frauduleux ou arbitraire (Cass. soc., 8.11.1956).

- En cas de travail à l'étranger, le tribunal compétent peut être désigné par une convention internationale (Règlement européen 44/2001 du 22.12.2000 et convention de Lugano pour les pays européens). À défaut de convention internationale, un salarié français peut, sous certaines conditions, saisir un conseil de prud'hommes français (art. 14, C. civil). Le tribunal compétent est celui de son domicile ou encore le tribunal « que des circonstances spéciales font apparaître comme particulièrement désigné au regard d'une bonne administration de justice » (Cass. civ., 9.2.1960). Le contrat de travail peut cependant prévoir que le litige sera jugé par une juridiction étrangère. Cette clause est licite à condition qu'elle soit claire et précise, qu'elle ait été explicitement acceptée par le salarié et que le contrat ait été conclu avec un employeur étranger.

• Les travailleurs détachés en France, pour une durée limitée, par une entreprise établie dans un État membre de l'Union européenne peuvent porter toute contestation relative à la rémunération, la durée et les conditions de travail devant le conseil de prud'hommes dans le ressort duquel la prestation s'effectue ou a été effectuée (art. R. 1412-5, C. travail).

À NOTER

Au moins un conseil par département S'il n'existe qu'un seul conseil de prud'hommes dans le département, il sera automatiquement compétent pour juger votre affaire. S'il y en a plusieurs, vous devez vous renseigner auprès de la mairie ou de la DDETS pour savoir à quel conseil est rattachée la commune concernée (celle de votre entreprise ou de votre domicile, selon les règles exposées ci-avant).

L'option du salarié

Quelle que soit sa situation, c'est-à-dire qu'il travaille ou non dans un établissement, le salarié a également la possibilité de saisir, au choix, le conseil de prud'hommes :

- du lieu où l'engagement a été contracté, c'est-à-dire le lieu où le contrat de travail ou la lettre d'engagement a été signé, ou encore expédié lorsque l'accord du salarié s'est formé par correspondance (Cass. soc., 5.6.1962), même s'il travaillait dans un lieu différent au moment du conflit ;
- du lieu où l'employeur est établi : domicile personnel de l'employeur (Cass. soc., 27.2.1991), siège social de l'entreprise ou lieu où se trouve l'un de ses établissements. Une employée parisienne du Crédit Lyonnais ayant déménagé dans le Cantal a ainsi été autorisée à saisir le conseil de prud'hommes d'Aurillac puisqu'il existait une agence de cette banque dans cette ville (Cass. soc., 12.6.2001).

On peut avoir intérêt à faire jouer ce droit d'option soit pour des raisons pratiques (tribunal plus proche de son domicile), soit pour des raisons stratégiques (tribunal où l'on sera plus facilement assisté ou représenté par un défenseur syndical ou son avocat, par exemple).

ATTENTION

Pas d'option pour l'employeur L'employeur qui poursuit un salarié ne peut bénéficier de ce droit d'option. Il ne peut donc que s'adresser :

– soit au conseil de prud'hommes de l'établissement considéré lorsque le salarié travaille dans un établissement ;

– soit au conseil de prud'hommes du domicile du salarié lorsque celui-ci travaille en dehors de tout établissement.

À NOTER

On ne peut être à la fois juge et partie Lorsqu'un conseiller prud'hommes se trouve impliqué dans le litige soumis au conseil où il exerce ses fonctions soit en son nom personnel, soit en sa qualité de représentant légal d'une partie, le demandeur ou le défendeur, selon le cas, peut saisir un autre conseil de prud'hommes situé dans un ressort limitrophe (art. 47, CPC). Tel est le cas lorsque le salarié apprend que l'employeur avec qui il est en conflit siège au conseil de prud'hommes normalement compétent pour traiter son affaire (Cass. soc., 21.6.1995).
Il en est de même lorsqu'une partie exerce habituellement les fonctions de défenseur syndical devant le conseil saisi (Cass. soc., 24.6.2014).

À NOTER

Que risquez-vous si vous vous trompez de conseil de prud'hommes ? Même si vous ne vous êtes pas adressé au conseil de prud'hommes compétent territorialement, les conseillers jugeront votre affaire. Seul votre adversaire pourra invoquer l'incompétence territoriale à tout moment de la procédure, mais avant l'ouverture des débats* devant le bureau de jugement, en soulevant une exception d'incompétence. Vous devrez alors recommencer la procédure devant le conseil compétent, ce qui risque de retarder considérablement le règlement du litige notamment dans l'éventualité où le conseil de prud'hommes ne renvoie pas le dossier au conseil compétent.
Il est toutefois possible de contester la décision statuant sur l'incompétence devant la cour d'appel dans les 15 jours suivant sa notification.

TEXTES DE LOI

La compétence territoriale* du conseil de prud'hommes dans le Code du travail
Art. R. 1412-1. L'employeur et le salarié portent les différends et litiges devant le conseil de prud'hommes territorialement compétent.
Ce conseil est :
1° Soit celui dans le ressort duquel est situé l'établissement où est accompli le travail ;
2° Soit, lorsque le travail est accompli à domicile ou en dehors de toute entreprise ou établissement, celui dans le ressort duquel est situé le domicile du salarié.
Le salarié peut également saisir les conseils de prud'hommes du lieu où l'engagement a été contracté ou celui du lieu où l'employeur est établi.
Art. R. 1412-2. En cas de création d'un conseil de prud'hommes, la cour d'appel, saisie sur requête du procureur général, constate que la nouvelle juridiction est en mesure de fonctionner.
Elle fixe la date de l'installation du conseil à compter de laquelle le ou les conseils de prud'hommes dont le ressort est réduit cessent d'être compétents pour connaître des affaires entrant dans leur compétence.
Art. R. 1412-3. Lorsqu'à la suite d'une nouvelle délimitation de circonscriptions judiciaires, le ressort d'un conseil de prud'hommes est modifié, le conseil de prud'hommes initialement saisi demeure compétent pour statuer sur les procédures introduites antérieurement à la modification.
Art. R. 1412-4. Toute clause d'un contrat qui déroge directement ou indirectement aux dispositions de l'article R. 1412-1, relatives aux règles de compétence territoriale* des conseils de prud'hommes, est réputée non écrite.

Art. R. 1412-5. Lorsqu'un salarié est temporairement détaché sur le territoire national par une entreprise établie dans un autre État membre de l'Union européenne, les contestations relatives aux droits reconnus dans les matières énumérées à l'article L. 1262-4 peuvent être portées devant le conseil de prud'hommes dans le ressort duquel la prestation est ou a été exécutée.

Lorsque la prestation est ou a été exécutée dans le ressort de plusieurs conseils de prud'hommes, ces contestations sont portées devant l'une quelconque de ces juridictions.

Qui peut s'adresser au conseil de prud'hommes ?

La plupart du temps, les conflits soumis au conseil de prud'hommes opposent un employeur et un salarié. Neuf fois sur dix, c'est le salarié qui attaque son employeur, mais l'inverse est également possible.
Le conseil de prud'hommes peut également être saisi par les syndicats ou les délégués du personnel.

L'employeur

Même si en général c'est le salarié qui attaque son employeur aux prud'hommes, l'inverse est possible. Ce peut être le cas d'un employeur qui souhaite empêcher un de ses salariés d'exercer une activité concurrentielle ou encore qui demande la restitution des outils de travail (matériel informatique, en l'occurrence) mis à la disposition de son salarié après la rupture du contrat de travail (Cass. soc., 30.6.2011).

Tous les employeurs peuvent être partie (demandeur* ou défendeur*) auprès des prud'hommes, quelle que soit l'activité qu'ils exercent. Ils peuvent même n'exercer aucune activité (retraité employant un jardinier, par exemple).

Lorsque l'employeur est une personne physique, c'est cette personne qui doit être mise en cause. En cas de décès, ses héritiers peuvent être poursuivis devant les prud'hommes pour un litige intervenu avant ce décès.

Lorsque l'entreprise est une personne morale, l'employeur s'entend de son représentant légal, c'est-à-dire :
- un gérant pour les sociétés à responsabilité limitée (SARL) ;
- le P-DG (ou le directeur général) pour les sociétés anonymes (SA) ;
- un des associés s'il s'agit d'une société en nom collectif ;
- son président dans le cas d'une association.

Les statuts de la société peuvent également prévoir qu'un membre de la direction sera habilité à représenter la société en justice.

En cas de cession de l'entreprise, l'ancien employeur peut être poursuivi pour un litige intervenu avant la vente.

Enfin, certaines personnes sont habilitées à venir en représentation de l'employeur, lorsque celui-ci ne peut assister à une audience ou même à toutes les phases de la procédure.

Si l'entreprise fait l'objet d'une procédure de sauvegarde, de redressement ou de liquidation judiciaire*, l'administrateur judiciaire*, le mandataire judiciaire* ou le liquidateur amiable, ainsi que l'AGS doivent être mis en cause aux côtés de l'employeur. Il est à noter qu'en cas d'ouverture d'une telle procédure au cours d'un procès, l'instance n'est pas interrompue ni suspendue mais se poursuit en présence de l'administrateur, du mandataire ou du liquidateur et de l'AGS (Cass. soc., 9.3.2011).

À NOTER

Les litiges entre deux employeurs Le conseil de prud'hommes n'est, en principe, pas compétent pour régler les litiges intervenant entre deux employeurs (Cass. soc., 15.5.1974). Il peut l'être dans quelques cas très précis : différends entre le représentant d'une ancienne société et le nouvel exploitant de celle-ci refusant de reprendre les salariés présents dans l'entreprise au moment de la cession (Cass. soc., 16.2.1977) ou demande ayant pour objet de déterminer lequel des deux employeurs est celui d'un salarié (Cass. soc., 23.9.2008), par exemple.

Le salarié

La plupart du temps, le conflit oppose salarié et employeur mais il peut aussi s'agir d'un conflit entre deux salariés à partir du moment où il est lié à la relation de travail et non pas d'ordre privé. Ce peut être le cas, par exemple, d'un non-gréviste réclamant une indemnité pour ses salaires perdus à un gréviste l'ayant empêché de se rendre sur son poste de travail ou encore d'un litige entre deux musiciens portant sur la redistribution des cachets versés à l'occasion d'un travail qu'ils effectuaient en commun (Cass. soc., 18.3.2008).

Le salarié est toujours mis en cause nommément, qu'il soit demandeur ou défendeur. Il peut cependant, comme l'employeur, se faire représenter à tous les stades de la procédure.

En cas de décès d'un salarié, ses ayants droit* peuvent toujours exercer une action contre l'employeur pour le paiement de créances dues avant ce décès. Ils ne peuvent pas, en revanche, intenter une action à caractère personnel : contestation du caractère économique d'un licenciement, par exemple.

Les syndicats

Les syndicats peuvent agir devant le conseil de prud'hommes pour défendre l'intérêt collectif de la profession ou dans le cadre d'une action dite de substitution.

Ils peuvent également s'ils constatent l'existence d'une discrimination collective (discrimination subie par plusieurs candidats à l'emploi ou salariés et fondée sur le même motif), engager une action de groupe à l'encontre de l'employeur devant le tribunal judiciaire afin de faire cesser cette situation et, éventuellement de réparer les préjudices subis (art. L. 1134-7 et s., C. travail).

ATTENTION

La réparation à laquelle le salarié peut prétendre par une action de groupe concerne uniquement les préjudices subis après la réception de la demande des syndicats à l'employeur de cesser la discrimination. Si le salarié désire obtenir une réparation intégrale des préjudices qu'il a subis, il doit donc agir individuellement en présentant une demande devant le conseil de prud'hommes.

› Action en justice dans l'intérêt collectif de la profession

Les syndicats ne peuvent pas saisir le conseil de prud'hommes pour leur demander de régler un conflit collectif. En revanche, ils ont la possibilité d'intervenir à l'occasion d'un litige individuel s'ils estiment que les faits sont susceptibles de porter préjudice à l'intérêt de la profession qu'ils représentent (art. L. 2132-3, C. travail).

Ce peut être le cas lorsque la décision que le conseil de prud'hommes va être amené à prendre est susceptible de faire jurisprudence, donc d'être étendue à toutes les entreprises de la profession : droit pour l'employeur d'affecter une augmentation de salaire à une caisse de prévoyance, par exemple (Cass. soc., 21.1.1997).

Ce droit a également été reconnu aux syndicats en cas de :

- mise à pied disciplinaire irrégulière d'un délégué syndical, ce fait étant de nature à porter préjudice à l'intérêt collectif de la profession représentée par le syndicat (Cass. soc., 17.11.2011) ;
- violation de l'article L. 1224-1 du Code du travail qui prévoit le maintien des droits des travailleurs en cas de transfert de leur contrat de travail (Cass. soc., 23.9.2009) ;
- omission par l'employeur de son obligation de réunir le comité d'entreprise pour consultation ou information (Cass. soc., 24.6.2008). En revanche, si l'employeur a bien engagé la procédure de consultation/information, un syndicat ne peut pas engager une telle action en cas d'irrégularité de cette procédure (information du comité d'entreprise incomplète, par exemple) (Cass. soc., 16.12.2014) ;
- litige individuel dans le cadre duquel l'illicéité des dispositions du règlement intérieur est en jeu, dans la mesure où cette illicéité cause un préjudice direct ou indirect à l'intérêt de la profession (Cass. soc., 20.6.2018) ;
- litige relatif à un licenciement même si le salarié n'est pas un salarié protégé, dès lors que la violation invoquée des dispositions relatives à l'interdiction de toute discrimination syndicale est de nature à porter préjudice à l'intérêt collectif de la profession (Cass. soc., 13.1.2021).

Tout syndicat, même non signataire, qui constate que l'employeur ne respecte pas les termes d'une convention ou d'un accord collectif peut également engager une action prud'homale (Cass. soc., 30.11.2010 ; Cass. soc., 20.1.2021).

Dans ce cas, les syndicats peuvent se porter partie civile et demander des dommages et intérêts*.

› Action dite de substitution

Par ailleurs, les syndicats peuvent entamer une action à la place d'un salarié, dite action de substitution, lorsque le litige porte sur :

- l'application d'une convention collective* (art. L. 2262-9, C. travail) ;
- le non-respect de la législation sur les travailleurs à domicile (art. L. 7423-2, C. travail) ;
- les contrats à durée déterminée (art. L. 1247-1, C. travail) et le travail temporaire (art. L. 1251-59, C. travail) ;

- le marchandage* (art. L. 8233-1, C. travail) ;
- le prêt illicite de main-d'œuvre (art. L. 8242-1, C. travail) ;
- la défense des salariés employés par un groupement d'employeurs (art. L. 1253-16, C. travail) ;
- le travail dissimulé (art. L. 8223-4, C. travail) ;
- les droits des travailleurs étrangers non autorisés à travailler (art. L. 8255-1, C. travail) ;
- les droits des salariés étrangers détachés dans une entreprise française (art. L. 1265-1, C. travail) ;
- l'égalité professionnelle entre les femmes et les hommes (art. L. 1144-2, C. travail) ;
- les discriminations (art. L. 1134-2, C. travail) ;
- le licenciement pour motif économique (art. L. 1235-8, C. travail) ;
- le harcèlement sexuel ou moral (art. L. 1154-2, C. travail).

Pour ce faire, il suffit que l'intéressé ait été averti de l'action entreprise et qu'il n'ait pas déclaré y être opposé. En ce qui concerne le travail temporaire, les contrats à durée déterminée, les discriminations, l'égalité professionnelle, le marchandage, le prêt illicite de main-d'œuvre, les salariés étrangers détachés, le travail dissimulé et le licenciement économique, un certain formalisme est exigé : le salarié doit être averti par écrit par le syndicat et il dispose d'un délai de 15 jours à compter de la réception de cette lettre pour faire opposition. Pour le harcèlement sexuel ou moral enfin, le consentement écrit du salarié est indispensable.

Lorsqu'une telle action est engagée par un syndicat, le salarié concerné peut intervenir personnellement à tout moment de l'instance.

L'opposition du salarié à ce qu'une organisation syndicale exerce une action en justice à sa place ne vaut pas renonciation de ce salarié au droit d'intenter l'action à titre personnel (Cass. soc., 12.2.2008).

À NOTER

Le travail illégal Les syndicats de branche déclarés depuis au moins 2 ans peuvent se porter partie civile en cas de travail illégal : travail dissimulé, marchandage, prêt illicite de main-d'œuvre ou emploi d'étrangers sans titre de travail (art. 2-21-1, CPP).

Les membres de la délégation du personnel au comité social et économique (CSE)

En cas d'atteinte aux droits des personnes, à leur santé physique ou mentale ou encore aux libertés individuelles dans l'entreprise (harcèlement sexuel ou moral, discriminations, fichage, télésurveillance…), un membre de la délégation du personnel au CSE peut saisir le conseil de prud'hommes pour lui demander de faire cesser cette situation lorsque l'employeur n'a pas tenu compte de ses remarques préalables ou a refusé de prendre les dispositions nécessaires (art. L. 2312-59, C. travail).

La demande est directement portée devant le bureau de jugement statuant selon la procédure accélérée au fond.

Pour ce faire, le membre de la délégation du personnel au CSE doit avertir préalablement le salarié concerné par écrit. Ce dernier peut s'y opposer et/ou choisir de mener lui-même cette action.

Le juge peut ordonner toutes mesures propres à faire cesser cette atteinte et assortir sa décision d'une astreinte liquidée au profit du Trésor.

Comment saisir le conseil de prud'hommes ?

➤ **Si neuf fois sur dix, c'est le salarié qui attaque son employeur, l'inverse est également possible.**

➤ **Dans tous les cas, la saisine du conseil de prud'hommes suppose le dépôt d'une requête qui peut se faire en remplissant un formulaire Cerfa préétabli en deux exemplaires, ainsi que des pièces listées dans un bordereau.**

Quand saisir le conseil de prud'hommes ?

Il faut savoir qu'un litige relevant de la compétence du conseil de prud'hommes peut ne plus pouvoir être jugé si on a laissé passer trop de temps pour faire valoir ses droits. On dit alors qu'il y a prescription. Ce qui signifie que le conseil de prud'hommes doit être saisi avant la fin du délai de prescription extinctive qui est un mode d'extinction d'un droit résultant de l'inaction de son titulaire pendant un certain laps de temps.

Quel est le délai de prescription ?

Le délai de prescription varie en fonction de la nature de la demande. Le délai de prescription est notamment :
- de 2 ans pour toute action portant sur l'exécution du contrat de travail à compter du jour où celui qui l'exerce a connu ou aurait dû connaître les faits lui permettant d'exercer son droit ;
- d'1 an pour toute action liée à la rupture du contrat de travail à compter de la notification de la rupture (art. L. 1471- 1, C. travail).

Au-delà du délai de prescription, il n'est plus possible de faire valoir ses droits, mêmes s'ils sont incontestables.

> **Cas pratique**
> Un salarié, licencié pour faute grave le 29 mars 2022, décide de saisir le conseil de prud'hommes pour contester ce motif qu'il juge infondé. Il pourra le faire jusqu'au 28 mars 2023.

Les textes peuvent prévoir des délais de prescription plus longs. Il en est ainsi des actions :
- en matière de paiement ou de remboursement du salaire, de demandes de paiement d'heures supplémentaires qui se prescrivent par 3 ans (art. L. 3245-1, C. travail) ;
- en réparation d'un dommage corporel causé à l'occasion de l'exécution du travail qui se prescrivent par 10 ans (art. 2226, C. civil) ;
- fondées sur le harcèlement moral ou sexuel qui se prescrivent par 5 ans ;
- en matière de discrimination qui se prescrivent par 5 ans à compter de la révélation des faits (art. L. 1134-5, C. travail).

Les textes peuvent également prévoir des délais de prescription plus courts en certains domaines. Il en est ainsi, par exemple de la dénonciation d'un reçu pour solde de tout compte*. Le salarié dispose de 6 mois pour contester les sommes inscrites sur ce reçu. Au-delà de ce délai, celui-ci devient libératoire pour l'employeur pour les sommes qui y sont mentionnées (art. L. 1234-20,

C. travail), et le salarié ne peut plus, passé ce délai, présenter des réclamations de même nature que celles des sommes mentionnées dans ce reçu (Cass. soc., 4.11.2015, n° 14-10 657). Lorsqu'il y a prescription, l'adversaire peut en faire état. Il invoque alors une fin de non-recevoir.

De quelle section relevez-vous ?

Chaque conseil de prud'hommes est divisé en cinq sections autonomes, chacune réglant les affaires qui la concernent. Pour quatre d'entre elles, c'est la convention ou l'accord collectif de travail qui s'applique au salarié qui est pris en compte. Pour la cinquième (la section de l'encadrement), c'est le statut du salarié qui est déterminant.

Les cinq sections spécialisées

› La section de l'industrie

Elle concerne les salariés des entreprises qui transforment une matière première en produit.

Exemples : mine, sidérurgie, énergie, construction automobile, textile, boucherie, bâtiment, imprimerie…

› La section du commerce et des services commerciaux

Elle concerne les salariés des entreprises qui vendent ou revendent des produits sur lesquels ils n'ont pas effectué de transformation.

Exemples : banques, assurances, commerces de détail, cafés, réparation automobile…

› La section de l'agriculture

Elle recouvre toutes les activités de nature agricole (production, coopératives…). Elle concerne, en pratique, tous les salariés affiliés à la Mutualité sociale agricole (MSA).

ATTENTION

La section agricole Il n'existe pas de section agricole dans tous les conseils de prud'hommes, eu égard au nombre réduit d'affaires susceptibles d'y être traitées. Les conseils comportant une section agricole vous sont signalés dans la liste des conseils de prud'hommes.

› La section des activités diverses

Elle est compétente pour les salariés dont la convention collective ne relève pas des sections précédentes (enseignants, salariés du spectacle, professions libérales…), les salariés des particuliers employeurs (assistants maternels, employés à domicile, gardiens d'immeubles…) ou encore les salariés qui ne sont couverts par aucune convention ou accord collectif.

› La section de l'encadrement

Elle est réservée aux salariés cadres ou assimilés quelle que soit la convention collective dont ils dépendent. Elle concerne donc :
- les ingénieurs et les salariés qui, même s'ils n'exercent pas de commandement, ont une formation équivalente constatée ou non par diplôme ;
- les salariés qui, ayant acquis une formation technique, administrative, juridique, commerciale ou financière, exercent un commandement par délégation de l'employeur ;
- les agents de maîtrise qui ont reçu une délégation écrite de commandement de leur employeur ;
- les VRP.

MON CONSEIL

Une case pour les cadres Si vous faites partie d'une de ces catégories de salariés, n'oubliez pas de cocher la case « Vous étiez cadre et VRP » dans la rubrique « Votre identité », page 2 du formulaire (voir le modèle *Requête aux prud'hommes*, p. 209). C'est cette indication qui permettra au greffier d'orienter votre affaire devant la section de l'encadrement.

Le choix de la section

En pratique, c'est le greffe du conseil de prud'hommes qui orientera votre affaire vers la section compétente en fonction des renseignements que vous lui aurez fournis dans votre requête : intitulé de votre convention ou de votre accord collectif dans la rubrique « Identité de votre adversaire » page 3 du formulaire ou, pour la section de l'encadrement, case « Cadre et VRP » dans la rubrique « Votre identité » page 2 du même formulaire.
Pour ce faire, le greffier se reportera au tableau de répartition, fixé par un arrêté du 20 décembre 2021 (*Journal officiel* du 28.12.2021), qui indique à quelle section se rattache chaque convention ou accord collectif. Cet arrêté fixe un tableau de répartition « Code IDCC/section ». Un code unique est attribué par le ministère chargé du Travail à chaque convention collective. Le tableau fixé par cet arrêté concerne le mandat prud'homal 2023-2025. Il sera donc renouvelé tous les 4 ans, lors de la désignation générale des conseillers prud'hommes.

À NOTER

Que se passe-t-il en cas d'erreur de section ? Ceci n'empêchera pas votre affaire d'être jugée. Il faut savoir, cependant, que les conseillers siègent dans les sections correspondant aux secteurs professionnels dont ils sont issus. La section de l'agriculture, par exemple, sera composée de conseillers travaillant dans le milieu agricole qui seront donc, *a priori*, plus à même de juger le litige rencontré par un salarié agricole que les conseillers de la section de l'industrie. Par ailleurs, comme en matière d'erreur sur le tribunal compétent, votre adversaire peut protester devant le bureau de conciliation et d'orientation ou, dans le cas où l'affaire est directement portée devant le bureau de jugement, avant toute défense au fond*. Cette règle, instaurée par la loi n° 2015-990 du 6 août 2015, dite « Loi Macron », a pour but d'éviter les manœuvres dilatoires*. En effet, auparavant, la section pouvait être contestée à tout stade de la procédure. Désormais, en cas de contestation, l'instance sera suspendue et le dossier transmis au président du conseil qui, après avis du vice-président, renverra l'affaire devant la section qu'il désignera (art. R. 1423-7, C. travail). Vous perdrez donc du temps. Aucun recours n'est possible contre l'ordonnance du président du conseil désignant la section compétente.

Comment saisir le conseil de prud'hommes ?

Depuis le 1er août 2016, le conseil de prud'hommes doit être saisi par requête remise au greffe ou adressée par courrier au greffe (l'envoi par lettre recommandée avec avis de réception n'est pas obligatoire mais conseillé). Il est donc très important de rédiger soigneusement cette requête puisque votre affaire pourra être examinée sur cette base.
Depuis le 1er janvier 2020, la présentation volontaire des parties devant le bureau de conciliation et d'orientation a été supprimée.

Procurez-vous le formulaire établi par le ministère de la Justice

Si vous avez choisi de vous défendre seul devant le conseil de prud'hommes ou sans faire appel à un avocat ou à un défenseur syndical, nous vous conseillons de remplir le formulaire « Requête aux fins de saisine du conseil de prud'hommes par un salarié » (voir le modèle *Requête aux prud'hommes*, p. 209). Ce formulaire ainsi que sa notice sont disponibles auprès des conseils de prud'hommes. Vous pouvez également les télécharger sur le site Internet www.service-public.fr/particuliers/vosdroits/R45128.
Si vous avez choisi de faire appel à un avocat ou à un défenseur syndical pour vous représenter, c'est lui qui se chargera de remplir le formulaire ou de rédiger une requête et de remettre cet acte au greffe du conseil de prud'hommes.

ATTENTION
Les vacances judiciaires Les conseillers prud'homaux prennent aussi leurs congés. En été, les conseils de prud'hommes fonctionnent donc au ralenti : seule la formation de référé est tenue d'assurer une audience par semaine et le greffe d'assurer une permanence afin de recevoir les demandes des administrés durant ces « vacances judiciaires ».

Remplissez soigneusement les rubriques du formulaire

› Votre demande

Vous devez indiquer si vous portez votre affaire :
- devant le bureau de conciliation et d'orientation : c'est la procédure à suivre dans la majorité des cas, la tentative de conciliation étant généralement obligatoire ;

- directement devant le bureau de jugement (donc sans passer par la phase de conciliation). Ce cas de figure n'est possible que dans certains cas précis, prévus par le Code du travail (voir *Sauf exceptions*, p. 65) ;
- ou bien encore devant la formation de référé. La formation de référé est chargée de traiter les cas d'urgence ou ceux qui ne se heurtent à aucune contestation sérieuse ou de faire cesser les troubles manifestement illicites (voir *Les litiges ne relevant pas de la compétence des référés*, p. 92), ou encore certains cas expressément prévus par la loi (voir *Devant la formation des référés*, p. 95).

On vous demande également dans cette rubrique de préciser si vous avez déposé une demande d'aide juridictionnelle. Dans ce cas, vous devez joindre une copie de cette demande (ou de la décision du bureau d'aide juridictionnelle si celui-ci s'est déjà prononcé). Si ce n'est pas le cas, et bien entendu que vous répondez aux conditions pour en bénéficier, il n'est pas encore trop tard. Vous pourrez toujours faire votre demande en cours de procès. Ne tardez pas trop cependant, un délai de 2 à 6 mois selon les tribunaux pouvant intervenir entre votre demande et l'accord du bureau d'aide juridictionnelle (voir *Que faut-il faire pour l'obtenir ?*, p. 131).

› Votre identité

Vous devez renseigner vos nom, prénoms, date et lieu de naissance, votre nationalité, votre profession, votre adresse et votre numéro de téléphone.
Indiquez également si vous êtes cadre ou non-cadre. Cette information est importante pour le greffier. En effet, si vous précisez que vous êtes cadre ou VRP, il orientera votre affaire vers la section de l'encadrement du conseil de prud'hommes. Si vous cochez la case « non cadre », c'est l'intitulé de votre convention collective qui permettra d'orienter votre affaire vers la section compétente (voir *De quelle section relevez-vous ?*, p. 48).

ATTENTION

Profession liée à l'agriculture Si vous cochez cette case, vérifiez que le conseil de prud'hommes auquel vous vous adressez comporte bien une section de l'agriculture. À défaut, choisissez le conseil de votre département qui dispose d'une telle section.

Indiquez votre adresse électronique (e-mail) si vous désirez recevoir les avis du conseil de prud'hommes par ce biais (voir *Votre consentement à la transmission par voie électronique des avis adressés par le greffe du conseil de prud'hommes*, p. 56).
Les mineurs non émancipés ainsi que les majeurs protégés (sous tutelle ou curatelle) doivent préciser les noms et adresses de leurs parents (père ou mère) ou de leur tuteur, selon le cas.

À NOTER

Les mineurs Les mineurs doivent être assistés de leur père, de leur mère ou de leur tuteur auprès du conseil de prud'hommes. Lorsque cela n'est pas possible, ils peuvent être autorisés par le conseil à se présenter seuls (art. L. 1453-1, C. travail).

› Assistance ou représentation

Vous devez remplir cette rubrique si vous avez déjà choisi une personne pour vous assister ou vous représenter devant le conseil de prud'hommes (voir *L'assistance et la représentation des parties,* p. 67).

› Identité de votre adversaire

Précisez d'abord :
- le code IDCC (voir *Le choix de la section,* p. 49) et le numéro SIRET de votre employeur ;
- sa convention ou son accord collectif ;
- son activité principale et son code APE.

ATTENTION
Le code IDCC de votre employeur tout comme la convention collective applicable ou encore votre qualité de cadre vont permettre au greffe du conseil de prud'hommes de déterminer la section devant laquelle l'affaire doit être instruite et entendue, si vous saisissez le conseil de prud'hommes au fond c'est-à-dire dans le cadre d'une procédure autre que le référé. Il est donc essentiel de remplir ces cases. Ce code figure en général sur les bulletins de paie.

Vous devez ensuite indiquer les coordonnées de votre employeur.
• S'il s'agit d'une personne morale (société, association…), vous devez préciser sa forme juridique exacte (SA, SARL, SNC, EURL…), sa dénomination et mentionner l'adresse de son siège social.

ATTENTION
Le nom de l'entreprise Vous devez indiquer la dénomination exacte de l'entreprise. Celle-ci peut être différente de l'enseigne commerciale sous laquelle elle est connue du grand public, en particulier lorsqu'il s'agit de commerces franchisés.

• S'il s'agit d'une personne physique, vous devez indiquer ses nom, prénoms, dates et lieu de naissance (si vous les connaissez), et son adresse.
Toutes ces informations figurent logiquement sur votre bulletin de paie. En cas de doute sur :
- le code APE, le numéro SIRET, le nom exact de la société qui vous emploie, ainsi que l'adresse de son siège social, vous pouvez vous adresser au tribunal de commerce ou encore consulter le site Internet www.infogreffe.fr ;
- l'intitulé de votre convention collective, vous pouvez vous adresser à votre inspection du travail ou à votre DDETS. Les conventions collectives nationales étendues sont également consultables sur Internet (www.legifrance.gouv.fr). Vous pouvez également en acheter un exemplaire par courrier à la Direction de l'information légale et administrative (DILA), Administration des ventes, 26, rue Desaix, 75015 Paris ou sur Internet : www.dila.premier-ministre.gouv.fr.

› Employeur faisant l'objet d'une procédure collective ou de liquidation amiable

Si votre employeur fait l'objet d'une procédure de sauvegarde, de redressement ou de liquidation amiable ou judiciaire, vous devez également indiquer les coordonnées de l'administrateur judiciaire*, du liquidateur amiable ou du mandataire judiciaire* qui seront convoqués aux audiences.

Vous devez également préciser que vous désirez convoquer un représentant de l'UNÉDIC/AGS CGEA. Il faut donc cocher la case correspondante.

Vous pouvez obtenir toutes les informations vous permettant de remplir cette rubrique en demandant un « extrait K bis » au greffe du tribunal de commerce ou sur le site Internet www.infogreffe.fr.

Pour plus d'information sur ces procédures collectives, voir *Sauvegarde, redressement ou liquidation judiciaires de l'entreprise*, p. 183.

› Demandes

Vous devez cocher les cases correspondant à votre demande. Trois sous-rubriques sont à votre disposition.

• La première concerne les demandes liées à une affaire que vous avez déjà portée devant le conseil de prud'hommes :

- vous demandez la réinscription de votre affaire au tribunal après un retrait, une radiation du rôle*, une demande de relevé de caducité (voir *L'absence du demandeur*, p. 83) ou une décision d'irrecevabilité* ;
- vous demandez la rectification ou l'interprétation du jugement* déjà rendu ;
- vous demandez la liquidation d'une astreinte (voir *L'astreinte*, p. 126) qui a été ordonnée par le tribunal.

• La seconde sous-rubrique vous permet de préciser l'objet de votre demande : contestation d'un licenciement, demande de résiliation judiciaire de votre contrat, annulation d'une sanction disciplinaire... Vous disposez de plusieurs cases pré-rédigées correspondant aux litiges les plus courants.

Une ligne « autre demande » est à votre disposition si votre litige porte sur un objet non prévu dans les cases pré-rédigées (non-paiement d'heures supplémentaires, refus de prise des congés payés, par exemple).

• Dans la sous-rubrique suivante (Demandes chiffrées), il s'agit de faire la liste des réparations financières que vous sollicitez.

Veillez à bien indiquer toutes les sommes que vous êtes en droit d'exiger et à les chiffrer de la façon la plus précise possible.

Exemple : un salarié en CDI ayant plus de 3 ans d'ancienneté dans une entreprise de 20 salariés, congédié sur-le-champ sans préavis ni indemnité parce qu'il réclamait à son employeur le paiement de ses heures supplémentaires, pourra demander :

- le paiement de ses heures supplémentaires et des congés payés afférents ;
- une indemnité compensatrice de préavis et des congés payés afférents ;
- une indemnité de licenciement ;
- une indemnité pour licenciement sans cause réelle et sérieuse ;

- et éventuellement une indemnité compensatrice de congés payés s'il n'avait pas pris tous les congés auxquels il avait droit au moment de la rupture de son contrat de travail.

N'oubliez pas de demander l'application de l'intérêt légal (voir *L'intérêt légal*, p. 126). L'intérêt légal est logiquement accordé par les conseillers prud'homaux lors de leur jugement, même si vous n'en faites pas la demande. Par précaution, il est cependant conseillé de le réclamer d'emblée.

De même, précisez que vous désirez bénéficier des dépens (voir *Les dépens*, p. 130) et de l'article 700 du Code de procédure civile (voir *Le remboursement des autres frais*, p. 130). Cela vous permettra de réclamer à votre employeur le remboursement de vos frais de procès.

MON CONSEIL

Chiffrez au mieux le montant de ce que vous réclamez Vous trouverez, dans cet ouvrage, un dictionnaire vous permettant d'évaluer l'étendue des sommes que vous pouvez réclamer au titre des litiges les plus courants (voir *Les principaux litiges de A à Z*, p. 135).
En cas de doute, sachez qu'il est préférable de réclamer une somme plus importante (les juges pourront revoir vos prétentions à la baisse) plutôt qu'une somme inférieure à ce à quoi la loi ou votre convention collective vous donnent droit (les juges ne vous accorderont pas plus que ce que vous avez demandé : il n'est, en effet, pas dans leur pouvoir d'augmenter vos prétentions).
Sachez toutefois qu'il sera possible :
– d'ajouter des demandes additionnelles (c'est-à-dire en lien avec les demandes initiales) que vous pouviez avoir oubliées à l'origine ;
– de modifier des chiffres inexacts.
Le principe de l'unicité de l'instance (toutes les demandes liées au contrat de travail entre les mêmes parties font l'objet d'une seule instance) ayant été supprimé, vous pouvez même retourner plus tard auprès des prud'hommes pour faire juger un point qui n'aurait pas été réglé lors d'un premier procès.

MON CONSEIL

Consultez votre convention collective Vous pouvez y découvrir certains avantages spécifiques auxquels vous pouvez prétendre (indemnité de licenciement d'un montant plus élevé que l'indemnité légale prévue par le Code du travail, par exemple).

• Si vous réclamez la remise de documents (dernière sous-rubrique), n'oubliez pas d'ajouter une astreinte aux chefs de votre demande (voir *L'astreinte*, p. 126). Celle-ci contraindra votre employeur à s'exécuter rapidement. N'hésitez pas à demander une astreinte conséquente (50 € par jour, voire plus) et par document et le point de départ de l'astreinte (par exemple, à compter du prononcé de la décision). Il ne s'agit que d'une proposition. Celle-ci sera étudiée par les juges qui pourront la refuser ou la revoir à la baisse mais pas à la hausse. De plus, l'efficacité d'une astreinte est tout naturellement proportionnelle à son montant.

À NOTER

Astreinte et intérêt légal Ils ont tous deux pour but de contraindre l'adversaire à s'exécuter rapidement en lui infligeant des pénalités en cas de retard.
L'astreinte concerne des obligations non chiffrées (amende fixe par jour de retard), l'intérêt légal majore le montant des sommes à payer.

› Exposé sommaire des motifs de votre demande

Dans cette rubrique, vous devez exposer les éléments permettant d'éclairer le conseil de prud'hommes sur votre affaire. Soyez bref mais précis et ne donnez que les informations qui se rapportent directement au litige.

Exemple de rédaction : J'ai été engagé le 1er mars 2022 sous contrat de travail à durée déterminée écrit par la société OISE-PLASTIC comme magasinier. Le terme du contrat, motivé par un accroissement temporaire d'activité, était fixé le 28 février 2023. Or, la société a mis fin à ce contrat de manière anticipée le 30 septembre 2022, invoquant « des difficultés économiques dues à la perte d'une commande ayant pour conséquence une baisse sensible de l'activité de l'entreprise ». Ce motif n'entrant pas dans la liste limitative des cas prévus par l'article L. 1243- 4 du Code du travail pour rompre de manière anticipée un CDD, cette rupture anticipée doit donc être considérée comme abusive.

En conséquence de quoi, je demande devant le conseil de prud'hommes des dommages et intérêts pour rupture abusive de mon contrat de travail tels que chiffrés dans mes demandes.

› Votre consentement à la transmission par voie électronique des avis adressés par le greffe du conseil de prud'hommes

Selon les articles 748-1 et suivants du Code de procédure civile, les envois, remises et notifications des actes de procédure, des pièces, avis, avertissements ou convocations, des rapports, des procès-verbaux ainsi que des copies et expéditions revêtues de la formule exécutoire des décisions juridictionnelles peuvent être effectués par voie électronique à condition que leur destinataire y consente expressément.

Cette rubrique permet de recueillir votre consentement.

Si vous cochez la case, vous recevrez donc les avis par courriel sur votre messagerie électronique ou par SMS dans certains conseils de Prud'hommes.

À NOTER

Les décisions revêtues de la force exécutoire Même en cas de demande de notification par voie électronique, il reste toujours possible de demander la délivrance sur support papier des décisions revêtues de la force exécutoire*.

Les pièces jointes à la requête

La requête doit être accompagnée des pièces que vous souhaitez invoquer à l'appui de vos prétentions (sur la teneur de ces pièces, voir *Le choix des pièces*, p. 70). La remise de ces documents a pour but de favoriser la conciliation dès la première comparution ainsi que la mise en état du dossier, les conseillers prud'hommes disposant ainsi des éléments nécessaires pour accomplir leurs tâches.

Ces pièces doivent être numérotées et énumérées sur un bordereau annexé à la requête. Vous pouvez utiliser le formulaire Cerfa n° 15586*02 « Bordereau de pièces Conseil de prud'hommes CPH » (voir le modèle *Requête aux prud'hommes*, p. 209), disponible auprès des conseils de prud'hommes ou sur le site Internet https://demarchesadministratives.fr/formulaires/cerfa-15586-02-bordereau-de-pieces-cph. Le bordereau doit être établi en autant d'exemplaires qu'il existe de défendeurs, outre l'exemplaire destiné au conseil de prud'hommes.

Attention : le fait de fournir vos pièces au conseil de prud'hommes ne vous dispense pas de les communiquer également à votre adversaire avant la séance de conciliation. Ce n'est pas le greffe qui le fera à votre place. Nous vous conseillons donc de le faire, par lettre recommandée avec avis de réception adressée à votre adversaire, dès la saisine du conseil de prud'hommes ou dès réception de la convocation. L'envoi de vos pièces par lettre recommandée avec avis de réception vous permet de garder une preuve de cet envoi.

À NOTER

Que se passe-t-il si la requête ne comporte pas toutes les informations exigées ?

Si l'on s'en tient au texte de l'article R. 1452-2 du Code du travail, il semble que seule l'absence des mentions visées à l'article 58 du Code de procédure civile entraîne la nullité de la requête. L'absence d'exposé des motifs, des chefs de la demande et des pièces pourrait donc, en principe, être régularisée ultérieurement.

L'envoi ou le dépôt de la requête et des pièces

La requête datée et signée et le bordereau de pièces doivent être remis ou adressés au greffe du conseil de prud'hommes en autant d'exemplaires qu'il existe de défendeurs, outre l'exemplaire destiné au conseil de prud'hommes, accompagnée d'un exemplaire des pièces.

Il n'est pas exigé que l'envoi soit effectué par lettre recommandée, mais il est conseillé d'adopter cette formule, ne serait-ce que pour garder une preuve de cet envoi.

La détermination de la section compétente

À réception de la requête et si vous n'avez pas indiqué saisir la formation des référés, le greffe du conseil de prud'hommes va déterminer la section compétente pour connaître de votre affaire, en fonction des éléments que vous lui aurez fournis (cadre ou non-cadre, code IDCC de votre employeur ou mention de la convention collective applicable) (voir *De quelle section relevez-vous ?*, p. 48).

L'enregistrement de votre dossier par le greffe du conseil de prud'hommes

Dans tous les cas (procédure au fond ou en référé), le greffe va procéder à l'inscription de votre litige au répertoire général des affaires et à l'ouverture du dossier*. Le dossier, numéroté, comprend l'identification des parties, la section compétente et les juges qui seront chargés de ce litige. Il s'enrichira également des pièces, notes et documents et des copies des décisions qui seront prises au fur et à mesure du déroulement de la procédure.

MON CONSEIL

Retenez bien la section qui va gérer votre dossier et votre numéro de dossier

Le greffe attribue à votre dossier un numéro (n° RG pour « Répertoire Général »). La section et ce numéro devront être mentionnés dans tous les courriers que vous adresserez au conseil de prud'hommes durant votre procès.

La convocation des parties

À réception de la requête et des pièces, le greffe convoque le demandeur par tous moyens et le défenseur par lettre recommandée avec avis de réception.

La convocation indique :

- les nom, profession et domicile du demandeur ;
- selon les cas, les jour, heure et lieu où l'affaire sera évoquée devant le bureau de conciliation et d'orientation ou de l'audience à laquelle l'affaire sera appelée devant le bureau de jugement ou la formation des référés ;
- le fait qu'en l'absence de comparution sans motif légitime du défendeur, des décisions exécutoires à titre provisoire pourront être prises.

La convocation indique que le demandeur doit communiquer ses pièces au défendeur avant l'audience. Enfin, la convocation invite également le défendeur à déposer au greffe les pièces qu'il entend produire et à les adresser au demandeur.

Sont joints à la convocation du défendeur un exemplaire de la requête et du bordereau de pièces.

Sous réserve de l'effet interruptif d'instance de la requête, c'est la convocation du défendeur devant le bureau de conciliation et d'orientation et, lorsqu'il est directement saisi, devant le bureau de jugement ou devant la formation des référés qui vaut citation en justice (art. R. 1452-1, C. travail ; Cass. soc., 19.2.1992, n° 88-44 324). C'est donc notamment à la date de notification de la convocation au défendeur, c'est-à-dire la date de première présentation de cette convocation que le point de départ des intérêts de droit sur les condamnations de nature salariale prononcées en faveur du salarié commencera à courir (Cass. soc., 6.10.2015).

MON CONSEIL

Consultez un conseiller juridique ! Il faut savoir qu'aucun renseignement autre que ceux concernant les formalités de procédure ne peut être donné au moment du dépôt de la demande. Le conseil de prud'hommes ne donne pas de consultations juridiques et ne peut donc renseigner le demandeur sur l'étendue de ses droits ou ses chances d'aboutir.

C'est pourquoi il est très vivement recommandé de consulter un conseiller juridique qui vous informera sur l'étendue de vos droits et vous aidera à rédiger votre requête au mieux de vos intérêts.

ATTENTION

Soyez vigilants aux sites Internet qui vous proposent de saisir le conseil de prud'hommes en votre nom. Ces sites ne sont pas rattachés aux greffes des conseils de prud'hommes et sont généralement payants. Vous ne pouvez pas aujourd'hui saisir un conseil de prud'hommes par télécopie ou voie électronique.

TEXTES DE LOI

Articles du Code du travail reproduits dans la convocation du défendeur

Art. R. 1453-1. Les parties se défendent elles-mêmes.

Elles ont la faculté de se faire assister ou représenter.

Art. R. 1453-2. Les personnes habilitées à assister ou à représenter les parties sont :

1° Les salariés ou les employeurs appartenant à la même branche d'activité ;

2° Les défenseurs syndicaux ;

3° Le conjoint, le partenaire lié par un pacte civil de solidarité ou le concubin ;

4° Les avocats.

L'employeur peut également se faire assister ou représenter par un membre de l'entreprise ou de l'établissement fondé de pouvoir ou habilité à cet effet.

Le représentant, s'il n'est pas avocat, doit justifier d'un pouvoir spécial. Devant le bureau de conciliation et d'orientation, cet écrit doit l'autoriser à concilier au nom et pour le compte du mandant, et à prendre part aux mesures d'orientation.

Art. R. 1454-10. Le bureau de conciliation et d'orientation entend les explications des parties et s'efforce de les concilier. Un procès-verbal est établi.

En cas de conciliation totale ou partielle, le procès-verbal mentionne la teneur de l'accord intervenu. Il précise, s'il y a lieu, que l'accord a fait l'objet en tout ou partie d'une exécution immédiate devant le bureau de conciliation et d'orientation.

À défaut de conciliation totale, les prétentions qui restent contestées et les déclarations faites par les parties sur ces prétentions sont notées au dossier ou au procès-verbal par le greffier sous le contrôle du président.

Art. R. 1454-12. Lorsque au jour fixé pour la tentative de conciliation le demandeur ne comparaît pas sans avoir justifié en temps utile d'un motif légitime, il est fait application de l'article L. 1454-1-3, sauf la faculté du bureau de conciliation et d'orientation de renvoyer l'affaire à une audience ultérieure du bureau de jugement. Le bureau de conciliation et d'orientation peut aussi déclarer la requête et la citation caduques si le défendeur ne sollicite pas un jugement sur le fond.

La déclaration de caducité peut être rapportée dans les conditions de l'article 468 du Code de procédure civile. Dans ce cas, le demandeur est avisé par tous moyens de la date de la séance du bureau de conciliation et d'orientation, à laquelle le défendeur est convoqué par lettre recommandée avec demande d'accusé de réception.

Art. R. 1454-13. Lorsque au jour fixé pour la tentative de conciliation, le défendeur ne comparaît pas sans avoir justifié en temps utile d'un motif légitime, il est fait application de l'article L. 1454-1-3.

Art. R. 1454-14. Le bureau de conciliation et d'orientation peut, en dépit de toute exception de procédure et même si le défendeur ne comparaît pas, ordonner :

1° La délivrance, le cas échéant, sous peine d'astreinte, de certificats de travail, de bulletins de paie et de toute pièce que l'employeur est tenu légalement de délivrer ;

2° Lorsque l'existence de l'obligation n'est pas sérieusement contestable :

a) Le versement de provisions sur les salaires et accessoires du salaire ainsi que les commissions ;

b) Le versement de provisions sur les indemnités de congés payés, de préavis et de licenciement ;

c) Le versement de l'indemnité compensatrice et de l'indemnité spéciale de licenciement en cas d'inaptitude médicale consécutives à un accident du travail ou à une maladie professionnelle mentionnées à l'article L. 1226-14 ;

e) Le versement de l'indemnité de fin de contrat prévue à l'article L. 1243-8 et de l'indemnité de fin de mission mentionnée à l'article L. 1251-32 ;

3° Toutes mesures d'instruction, même d'office ;

4° Toutes mesures nécessaires à la conservation des preuves ou des objets litigieux.

Au vu des pièces fournies par le salarié, il peut prendre une décision provisoire palliant l'absence de délivrance par l'employeur de l'attestation prévue à l'article R. 1234-9. Cette décision récapitule les éléments du modèle d'attestation prévu à l'article R. 1234-10, permettant au salarié d'exercer ses droits aux prestations mentionnées à l'article L. 5421-2. Cette décision ne libère pas l'employeur de ses obligations résultant des dispositions des articles R. 1234-9 à R. 1234-12 relatives à l'attestation d'assurance chômage.

Elle est notifiée à l'opérateur France Travail du lieu de domicile du salarié. Tierce opposition peut être formée par l'opérateur France Travail dans le délai de 2 mois.

Art. R. 1454-15. Le montant total des provisions allouées en application du 2° de l'article R. 1454-14 est chiffré par le bureau de conciliation et d'orientation. Il ne peut excéder 6 mois de salaire calculés sur la moyenne des 3 derniers mois de salaire.

Le bureau de conciliation et d'orientation peut liquider, à titre provisoire, les astreintes qu'il a ordonnées.

Lorsqu'il est fait application de l'article mentionné au premier alinéa, les séances du bureau de conciliation et d'orientation sont publiques.

Art. R. 1454-16. Les décisions prises en application des articles R. 1454-14 et R. 1454-15 sont provisoires. Elles n'ont pas autorité de chose jugée* au principal. Elles sont exécutoires par provision le cas échéant au vu de la minute.
Elles ne sont pas susceptibles d'opposition. Elles ne peuvent être frappées d'appel ou de pourvoi en cassation qu'en même temps que le jugement sur le fond, sous réserve des règles particulières à l'expertise.
Art. R. 1454-17. Dans les cas visés aux articles R. 1454-12 et R. 1454-13, l'affaire est renvoyée à une audience ultérieure du bureau de jugement dans sa composition restreinte.
Le greffier avise par tous moyens la partie qui ne l'aura pas été verbalement de la date d'audience.
Art. R. 1454-18. En l'absence de conciliation ou en cas de conciliation partielle, l'affaire est orientée vers le bureau de jugement approprié au règlement de l'affaire, désigné dans les conditions prévues à l'article L. 1454-1-1, à une date que le président indique aux parties présentes.
Le greffier avise par tous moyens les parties qui ne l'auraient pas été verbalement de la date d'audience.
Lorsque l'affaire est en état d'être immédiatement jugée et si l'organisation des audiences le permet, l'audience du bureau de jugement peut avoir lieu sur-le-champ.

Comment se déroule une affaire prud'homale ?

➢ Vous voici convoqué devant le conseil de prud'hommes. Vous allez donc faire face aux différentes phases du procès.

➢ Il existe deux types de procédure :
la procédure au fond et la procédure de référé.

➢ La procédure au fond devant les conseils de prud'hommes se déroule en principe, et sauf exceptions prévues par les textes, en deux temps : dans une première phase de conciliation, les juges vont essayer de trouver un règlement amiable au conflit ; si cette conciliation échoue, l'affaire sera alors renvoyée au bureau de jugement.

➢ La procédure de référé, qui est une procédure plus rapide et possible seulement dans certains cas, ne suppose qu'une seule audience.

SCHÉMA D'UN PROCÈS PRUD'HOMAL

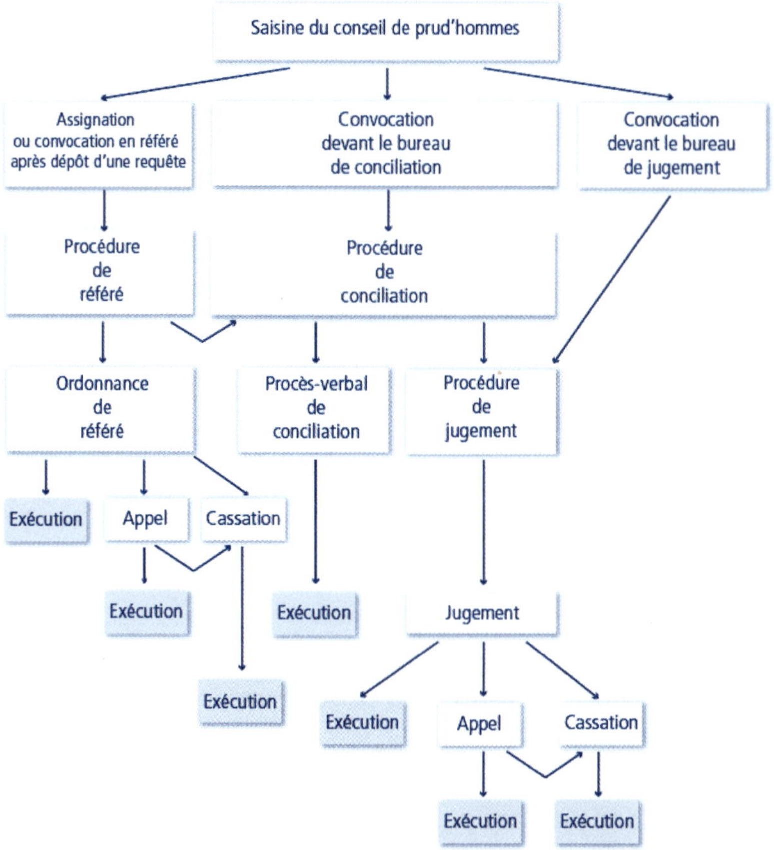

Comment se déroule la procédure devant le bureau de conciliation et d'orientation ?

Le bureau de conciliation et d'orientation est, sauf exceptions, un préalable obligatoire. Il doit, d'une part, essayer de concilier les parties et, d'autre part, à défaut de conciliation, user de ses pouvoirs pour que l'affaire puisse être jugée lors de l'audience devant le bureau de jugement.
Attention, en matière de référé, il n'y a pas de tentative de conciliation préalable.

Une procédure obligatoire

La tentative de conciliation est obligatoire en début de procès.

Sauf exceptions

Dans certains cas précis, l'affaire est portée directement devant le bureau de jugement, sans passer par la procédure préalable de conciliation.
Il en est ainsi pour :
- les demandes reconventionnelles* ;
- les demandes réintroduites suite à une caducité de la citation*.
Dans de tels cas, en effet, la phase de conciliation a déjà eu lieu précédemment.
Il en est également ainsi pour :
- les demandes de requalification d'un contrat à durée déterminée en contrat à durée indéterminée (art. L. 1245-2, C. travail) ou d'une mission d'intérim en contrat à durée indéterminée (art. L 1251-41, C. travail) ou encore d'un stage en contrat de travail (art. L. 1454-5, C. travail). Le bureau de jugement doit statuer au fond*, en principe, dans un délai d'1 mois suivant sa saisine ;
- une demande de qualification d'une prise d'acte de la rupture de son contrat de travail par le salarié en licenciement sans cause réelle et sérieuse (art. L. 1451-1, C. travail). Cette procédure accélérée s'applique également en cas de démission du salarié qui en demande la requalification en prise d'acte (Cass. soc., 18.9.2019). Le bureau de jugement doit également statuer, en principe, dans un délai d'1 mois (dans les faits, cela prend plus de temps) ;
- toutes les demandes concernant un contrat de travail dès lors que l'employeur fait l'objet d'une procédure de redressement ou de liquidation judiciaire ;
- l'action en intervention des syndicats (art. L. 2132-3, C. travail). Cette action consiste, pour les syndicats, à se constituer partie civile dans un procès prud'homal lorsqu'ils estiment que les faits sont susceptibles de porter préjudice à l'intérêt de la profession qu'ils représentent. C'est la jurisprudence qui a précisé que cette action n'est pas soumise à conciliation (Cass. soc., 4.4.1941) ;

- l'opposition, par un employeur, à une condamnation au remboursement des allocations chômage (art. R. 1235-13, C. travail). Les employeurs peuvent, en effet, être condamnés à rembourser les indemnités chômage versées à un salarié si le licenciement dont il a été l'objet est jugé sans cause réelle et sérieuse. Les employeurs considérant être condamnés à tort à ce remboursement peuvent saisir le tribunal judiciaire. Si l'employeur soutient que le remboursement des indemnités de chômage a été ordonné dans un cas non prévu par les textes, le tribunal saisi doit renvoyer l'affaire devant le bureau de jugement du conseil de prud'hommes qui a rendu la décision contestée.

La comparution des parties

Les parties, employeurs et salariés, doivent être présentes ou représentées à l'audience de conciliation.

› L'absence des parties

• **Si le demandeur (ou son représentant) est absent le jour de l'audience** devant le bureau de conciliation et d'orientation sans avoir préalablement justifié d'un motif légitime d'absence, le bureau de conciliation et d'orientation dispose de trois options :
- il peut renvoyer l'affaire à une prochaine audience du bureau de jugement (vous ne repasserez donc pas par la phase de conciliation) ;
- il peut également déclarer la requête ou la citation caduque, à moins que le défendeur veuille obtenir un jugement. Le procès est alors terminé, avant même d'avoir commencé. Mais tout n'est pas encore perdu à ce stade pour le demandeur qui peut communiquer au greffe, dans un délai de 15 jours, le motif légitime de son absence qu'il n'aurait pas été en mesure d'invoquer en temps utile (on parle alors de « relevé de caducité »). Si le conseil accepte ce motif, l'affaire sera renvoyée à une séance ultérieure du bureau de conciliation et d'orientation ;
- le bureau de conciliation et d'orientation peut également décider de juger immédiatement l'affaire sur le fond*, au vu des pièces et moyens de défense que les parties se sont communiquées entre elles. Dans ce cas, le bureau de conciliation et d'orientation statue en tant que bureau de jugement en formation restreinte. Votre affaire sera alors jugée. Vous aurez toujours la possibilité de former un recours contre la décision rendue si elle ne vous satisfait pas (art. R. 1454-12, C. travail). Cette hypothèse est, en pratique, rare.

• **Si c'est le défendeur (ou son représentant) qui est absent** sans avoir justifié d'un motif légitime, le bureau de conciliation et d'orientation peut juger l'affaire sur le fond* en tant que bureau de jugement en formation restreinte, au vu des pièces et des arguments que le demandeur aura communiqués. Le bureau de conciliation et d'orientation doit renvoyer l'affaire à une audience ultérieure s'il a des doutes sur le fait que le demandeur a bien communiqué ses pièces et moyens à son adversaire (art. R. 1454-13, C. travail).

• **Dans tous les cas (absence du demandeur ou du défendeur)**, si l'une des parties justifie son absence, en temps utile, par un motif légitime (maladie, grève des transports, par exemple), le bureau de conciliation et d'orientation fixera une date ultérieure pour la conciliation.

CONSÉQUENCES DE L'ABSENCE D'UNE DES PARTIES LORS DE LA CONCILIATION

Demandeur	Défendeur	Conséquence
Absent sans motif légitime	Présent	Soit : – convocation ultérieure devant le bureau de jugement – caducité de la requête ou de la citation
Absent avec motif légitime	Présent	Convocation à une séance ultérieure
Présent	Absent sans motif légitime	Renvoi à une audience devant le bureau de jugement
Présent	Absent avec motif légitime	Convocation à une séance ultérieure

› L'assistance et la représentation des parties

L'obligation de comparution devant le conseil de prud'hommes est impérative : elle ne peut être remplacée par le dépôt de conclusions* écrites, même notifiées en temps utile à la partie adverse (Cass. soc., 8.11.1994). Les parties ne sont cependant pas obligées de se présenter en personne. Elles peuvent se faire représenter par un tiers tel que visé à l'article R. 1453-2 du Code du travail qui assistera aux audiences à leur place (voir ci-avant).
De même, elles peuvent se faire assister durant toutes les phases de la procédure. Dans ce cas, la partie concernée est présente. Son assistant est là pour l'aider à formaliser sa demande ou sa défense.

À NOTER
La représentation facilitée Depuis le 1er août 2016, les parties peuvent se faire représenter sans avoir à justifier d'un motif légitime les empêchant d'assister personnellement aux audiences.

Les personnes habilitées à assister ou à représenter les parties sont :
- un salarié ou un employeur appartenant à la même branche d'activité (un employeur ne pouvant assister ou représenter qu'un employeur et un salarié qu'un autre salarié) ;
- un défenseur syndical. Il n'est pas exigé que le salarié soit membre de la même organisation syndicale (ni même qu'il soit syndiqué) ou qu'il appartienne à la même branche d'activité que son défenseur ;
- le conjoint, le concubin ou le partenaire de PACS ;

- un avocat ;
- un autre membre de l'entreprise ou de l'établissement habilité à cet effet (pour les employeurs uniquement) (art. R. 1453-2, C. travail).

La liste fixée par l'article R. 1453-2 du Code du travail est limitative : ainsi un père ne peut assister ou représenter son fils majeur (Cass. soc., 11.5.1993).
Selon la loi, les conseillers prud'hommes ne peuvent assister ou représenter une partie devant le conseil de prud'hommes auquel ils appartiennent (art. L. 1453-2, C. travail).
Il n'y a aucune formalité à remplir pour se faire assister. En revanche, les personnes qui représentent une partie (sauf s'il s'agit d'un avocat) doivent justifier d'un mandat établi sur papier libre. Cet écrit doit autoriser le représentant à concilier au nom et pour le compte du mandant, et à prendre part aux mesures d'orientation (voir le modèle *Pouvoir de représentation devant le conseil de prud'hommes*, p. 218).

À NOTER
Un droit de rattrapage Si votre représentant a égaré ou oublié son pouvoir à une audience, pas de panique ! Selon la jurisprudence, le défaut de pouvoir est régularisable jusqu'au jour où le juge statue sur l'affaire (Cass. soc., 26.1.2016).

Si l'une des parties est atteinte de surdité, le conseil peut également désigner un interprète en langue des signes pour l'assister (art. 23-1, CPC).

Les préalables à l'audience devant le bureau de conciliation et d'orientation

› La communication des pièces

Chacune des parties est dans l'obligation de communiquer à son adversaire les pièces qu'elle versera aux débats* afin que celui-ci puisse préparer sa défense (principe du contradictoire*).
Il est conseillé d'expédier les pièces par lettre recommandée avec avis de réception afin de prouver qu'elles ont bien été communiquées dans les délais impartis.
Toutes les pièces sur lesquelles on se base doivent être communiquées même si l'on sait qu'elles sont déjà en possession de l'adversaire (contrat de travail, bulletin de paie, par exemple).

À NOTER
Le cas des conventions collectives Lorsqu'on base ses arguments sur une convention collective*, celle-ci n'a pas à être communiquée, même si c'est mieux. C'est au conseil de prud'hommes de vérifier le bien-fondé de l'argument en se procurant le texte de la convention ou, au besoin, en invitant les parties à lui en faire parvenir un exemplaire (Cass. soc., 5.10.1993).

Les juges prud'homaux peuvent solliciter l'avis de la Cour de cassation avant de statuer sur l'interprétation des stipulations d'une convention ou d'un accord collectif présentant des difficultés sérieuses et pouvant se poser dans de nombreux litiges (art. L. 441-1, COJ).

Afin d'éviter toute contestation, il est recommandé de procéder de la même façon que lors de la remise des pièces au greffe : les numéroter et joindre un bordereau des pièces communiquées. Vous pouvez expédier ce bordereau en deux exemplaires et demander à l'adversaire de retourner un de ces exemplaires avec sa signature et la mention de la date de réception (voir le modèle *Requête aux prud'hommes*, p. 209).
Si votre adversaire est représenté ou assisté par un avocat, vous pouvez directement communiquer vos pièces à celui-ci. Par prudence, adressez toutefois un double à votre adversaire en personne afin qu'il ne puisse pas prétendre que vous ne lui avez pas communiqué vos pièces.
Bien évidemment, ne vous démunissez jamais d'un original. Envoyez uniquement des photocopies des documents.
Les pièces rédigées en langue étrangère doivent être accompagnées de leur traduction en français.

MON CONSEIL

Soyez judicieux ! Veillez bien à ne communiquer que des pièces pertinentes en évitant notamment :
– celles qui pourraient contenir des éléments susceptibles de se « retourner contre vous » ;
– celles qui abordent des points n'ayant pas de rapport avec le litige.

› Les délais de communication des pièces

Depuis le 1er août 2016, les pièces du demandeur doivent être remises dans un premier temps au greffe du conseil de prud'hommes avec sa requête initiale. Le demandeur devra ensuite adresser ses pièces au défendeur avant l'audience de conciliation et d'orientation.
Quant au défendeur, il sera invité dans la convocation à l'audience de conciliation et d'orientation :
- à déposer à son tour au greffe les pièces qu'il entend produire ;
- et à les communiquer au demandeur.
Si vous rencontrez des difficultés pour obtenir les pièces de votre adversaire, n'hésitez pas à le relancer par lettre recommandée avec avis de réception en lui rappelant qu'il doit les communiquer.

ATTENTION

En cas de contestation d'un licenciement pour motif économique, l'employeur doit déposer au greffe et adresser au demandeur les pièces concernant le motif économique dans un délai de 8 jours à compter de la réception de la convocation devant le bureau de conciliation et d'orientation (art. R. 1456-1, C. travail).

› Le choix des pièces

Vous avez intérêt à réunir le plus de pièces susceptibles de démontrer le bien-fondé et la réalité de vos dires et de vos prétentions (contrat de travail, bulletins de paie, lettre de licenciement, attestations, courriers, e-mails…).

Dans certains cas, il suffit au salarié de fournir aux juges de simples éléments de nature à étayer sa demande, à charge pour l'employeur de fournir les siens, en retour. Il en est ainsi en matière d'heures supplémentaires, la jurisprudence considérant qu'un décompte manuscrit de son temps de travail mensuel, établi au crayon par le salarié, sans autre explication, peut suffire à étayer valablement sa demande (Cass. soc., 24.11.2010).

En matière d'heures supplémentaires, la charge de la preuve repose sur les deux parties (Cass. soc., 7.2.2024).

En cas de litige relatif à la prise du congé payé principal de 4 semaines, c'est à l'employeur de justifier qu'il a pris toutes les mesures propres à assurer au salarié la possibilité d'exercer son droit à congé (Cass. soc., 13.6.2012). Mais, subtilité de la jurisprudence, en cas de litige relatif à la prise des congés supplémentaires (5e semaine, congés complémentaires accordés par convention collective), le salarié doit établir que l'employeur l'a mis dans l'impossibilité de les prendre (Cass. soc., 12.5.2015).

Enfin, en cas de discrimination ou de harcèlement sexuel ou moral, le salarié n'a pas à prouver les faits dont il a été victime. Il doit juste soumettre au juge des éléments laissant supposer leur existence.

La production de documents couverts par le secret professionnel peut être justifiée lorsqu'elle constitue la seule possibilité pour le salarié d'exercer sa défense (Cass. soc., 18.11.2009).

La Cour de cassation considère également que le salarié peut produire des pièces provenant de son employeur dès lors qu'il en a eu connaissance dans le cadre de ses fonctions. Tel fut le cas pour une salariée qui avait photocopié des documents de l'entreprise dont elle avait eu connaissance dans le cadre de ses fonctions, dans le seul but de se défendre dans un litige l'opposant à son employeur. Dès lors que ces conditions sont réunies, le salarié ne peut être poursuivi pour vol ou abus de confiance (Cass. crim., 11.5.2004), même s'il s'approprie les documents avant même que la procédure prud'homale soit engagée (Cass. crim., 16.6.2011).

Le salarié peut demander en référé la communication de documents nécessaires à assurer sa défense et que l'employeur refuse de lui fournir : contrats de travail, montant des primes distribuées, tableaux d'avancement et fiches de paie de ses collègues pour un salarié s'estimant victime d'une discrimination salariale par exemple (Cass. soc., 19.12.2012).

Le problème des preuves issues des nouvelles technologies de l'information et de la communication est plus délicat, celles-ci étant facilement falsifiables et ne permettant donc pas toujours de pouvoir identifier formellement leur auteur. En matière prud'homale, les juges ne sont cependant pas très stricts. Une preuve établie par SMS a ainsi été reconnue comme valable (Cass. soc., 23.5.2007), tout comme un message laissé sur le répondeur téléphonique d'un salarié (Cass. soc.,

6.2.2013) ou encore un courriel envoyé par l'employeur à son salarié (Cass. soc., 25.9.2013).
Vous pouvez également avoir recours à un commissaire de justice. Celui-ci peut constater la véracité des preuves dématérialisées (SMS, courriel, par exemple).
Les attestations dans les formes légales (art. 202, CPC) sont également des pièces importantes (accompagnées de la carte nationale d'identité de la personne qui atteste).

À NOTER

Soupçons sur l'employeur Les juges peuvent se méfier des attestations de salariés obtenues par l'employeur. Ils doivent également refuser les preuves recueillies de manière déloyale ou à l'insu du salarié :
– vidéosurveillance (Cass. soc., 20.11.1991) ;
– géolocalisation (Cass. soc., 3.11.2011) ;
– filature par un détective (Cass. soc., 26.11.2002) ;
– stratagème destiné à confondre le salarié et/ou à le pousser à la faute (Cass. soc., 4.7.2012)...

› Les prétentions et moyens

La procédure devant le conseil de prud'hommes étant orale, il n'est pas obligatoire de rédiger un écrit pour exposer ses prétentions et les moyens de défense qui seront invoqués. Les observations des parties et leurs prétentions orales seront notées dans le dossier de l'affaire.
Toutefois, chaque partie devant informer son adversaire de ses demandes, il est d'usage de lui présenter une note récapitulative rappelant les faits, ses prétentions et l'argumentation juridique sur laquelle on se fonde (il peut s'agir d'une photocopie d'une décision de jurisprudence allant dans le sens de son argumentation) et ceci, de manière plus développée que dans sa requête introductive.
Si vous êtes assisté ou représenté par un avocat, celui-ci rédigera des conclusions* de manière plus professionnelle (voir le modèle *Exemple de modèle de conclusions*, p. 219). Le Code du travail précise d'ailleurs que lorsque les deux parties formulent leurs prétentions par écrit et sont assistées ou représentées par un avocat, celui-ci est tenu, dans ses conclusions, de formuler expressément les prétentions ainsi que les moyens en fait et en droit sur lesquels chacune de ces prétentions est fondée avec indication des pièces invoquées. Un bordereau énumérant les pièces justifiant ces prétentions est annexé aux conclusions. Les prétentions sont récapitulées sous forme de dispositif. Le bureau de jugement ou la formation de référé ne statuera que sur les prétentions énoncées au dispositif (art. R. 1453-5, C. travail).
Les conclusions* pourront s'enrichir tout au long du procès. Il faut cependant veiller à reprendre dans les dernières conclusions les prétentions et moyens présentés ou invoqués dans les conclusions antérieures. À défaut, elles sont réputées abandonnées et il ne sera statué que sur les dernières conclusions communiquées.

À NOTER

Communication en amont Avant le 1er août 2016, la communication des pièces, des prétentions et des moyens avait lieu plus tard, avant l'audience de jugement. Ce changement de tempo s'explique par le fait que désormais, si l'une des parties ne comparaît pas à l'audience de conciliation et d'orientation, celui-ci peut décider de juger l'affaire au fond, au vu des pièces et moyens de défense que la partie présente a communiqués à son adversaire. Il est donc indispensable que ces éléments aient été communiqués avant cette audience.

Vous pourrez, si nécessaire, présenter d'autres pièces et revoir vos prétentions ultérieurement, à condition toutefois de communiquer ces informations en temps utile à votre adversaire. En effet, les prétentions, moyens et pièces non communiqués ou communiqués après la date fixée pour les échanges et dont la tardiveté porte atteinte aux droits de la défense sont écartés des débats*.

L'audience devant le bureau de conciliation et d'orientation

Les affaires sont appelées en début de séance. Si une partie ne répond pas à l'appel des causes, elle sera considérée comme absente. Parfois, cependant, le bureau peut attendre la fin de sa séance pour traiter les affaires pour lesquelles l'une ou l'autre partie n'était pas présente au moment de l'appel des causes, mais ce n'est pas une obligation. Mieux vaut donc être ponctuel. Lorsque l'on sait par avance que l'on risque d'être en retard, on peut écrire au conseil en indiquant la date de l'audience, la section et le numéro du dossier pour demander la retenue de l'affaire. Le conseil en tiendra compte pour établir l'ordre de passage des affaires.

ATTENTION

Patientez utilement ! L'appel des causes a lieu en début d'audience : le matin (à Paris, par exemple) ou en début d'après-midi. Vous pouvez donc être bloqué toute la matinée, voire une partie de l'après-midi.

L'audience peut avoir lieu dans une salle distincte (un simple bureau) de celle où les affaires ont été appelées.

Les audiences ne sont pas publiques (sauf si le bureau de conciliation et d'orientation est amené à rendre une décision. Dans la pratique, le bureau de conciliation et d'orientation reste dans la même salle et ouvre la porte de la salle). Y sont seuls admis les membres du bureau (un conseiller salarié et un conseiller employeur), le greffier et les parties éventuellement accompagnées de leur assistant ou leur représentant.

La procédure est orale (art. R. 1453-3, C. travail) : le bureau de conciliation et d'orientation entend les parties et leurs explications.

Le bureau peut également entendre chacune des parties séparément, en toute confidentialité.
En cas de conciliation, il doit s'assurer que chacune des parties a bien connaissance de l'étendue de ses droits. À défaut, il doit les en informer, faute de quoi l'accord de conciliation pourrait être invalidé (voir plus loin).

MON CONSEIL

Munissez-vous de tous vos documents Le fait que la procédure soit orale n'empêche pas qu'il faille se munir de tous les documents écrits propres à alimenter le débat. Constituez donc votre propre dossier avec tous les documents utiles (votre requête, les pièces que vous avez communiquées à votre adversaire – ainsi que les justificatifs de transmission – et celles que celui-ci vous a communiquées en retour) afin de pouvoir vous y référer lorsque vous aurez à intervenir.
Pour plus de facilité, vous pouvez procéder comme certains avocats en organisant votre dossier avec des sous-chemises :
– dans une première, vous mettez votre argumentation ;
– dans une deuxième, vous rangez toutes vos pièces dans l'ordre de leur numérotation en mentionnant sur chacune leur numéro à l'aide d'un Post-it ;
– dans une troisième, les textes de loi, les extraits de la convention collective ou les arrêts invoqués.
Par ailleurs, n'oubliez pas de vous munir d'une pièce d'identité. Elle vous sera demandée en début de séance.

Les débats* sont dirigés par le président du bureau qui peut être soit le conseiller employeur, soit le conseiller salarié (art. R. 1454-7, C. travail).
Le greffier pose généralement un certain nombre de questions d'usage en début d'audience :
- nature de l'engagement (contrat écrit ou verbal, à durée déterminée ou indéterminée) ;
- ancienneté du salarié (date de l'engagement) ;
- qualification (coefficient prévu par la convention collective) ;
- salaire brut mensuel ;
- effectif de l'entreprise ;
- code APE et code IDCC ;
- convention collective applicable ;
- si nécessaire, date du licenciement ou du départ de l'entreprise et son motif (démission, licenciement pour faute grave ou lourde, licenciement économique…).

MON CONSEIL

Préparez un pense-bête ! Ces questions sont posées au demandeur. Pour être sûr de soi le moment venu, il est donc conseillé de s'y préparer. On peut, par exemple, rédiger une note récapitulative que l'on gardera sous les yeux pendant la séance.

La conciliation par le bureau de conciliation et d'orientation

L'article L. 1454-1 du Code du travail en son alinéa 1er précise que le bureau de conciliation et d'orientation est chargé de concilier les parties.
Le juge doit donc avoir un rôle actif dans cette recherche. En pratique, ce n'est pas toujours le cas.

› La conciliation totale

En cas de conciliation totale, l'affaire est terminée sur le plan judiciaire. Un procès-verbal est alors rédigé qui mentionne la teneur de l'accord intervenu.

› La conciliation partielle

En cas de conciliation partielle, le procès-verbal mentionne les questions encore contestées. Ces points seront réglés devant le bureau de jugement.

› La portée du procès-verbal de conciliation

Le procès-verbal de conciliation possède la valeur d'un jugement, ce qui signifie que les parties doivent respecter les clauses qu'il contient. On peut en exiger l'exécution*.
Il est toutefois possible de faire annuler un tel procès-verbal si l'on considère, par exemple, qu'il n'est pas équitable. Dans ce cas, il est nécessaire de saisir à nouveau le conseil de prud'hommes pour réclamer ce qui n'a pas été accordé.
Même si le procès-verbal de conciliation ne doit pas forcément comporter de concessions réciproques, contrairement à ce qui est prévu en matière de transaction, la Cour de cassation a décidé qu'un accord n'offrant aucun intérêt pour le salarié alors qu'il présentait des avantages certains pour l'employeur entraînait la nullité du procès-verbal de conciliation, le bureau de conciliation et d'orientation n'ayant pas rempli correctement son office en n'informant pas suffisamment le salarié de l'étendue de ses droits (Cass. soc., 28.3.2000).

› La conciliation en cas de licenciement

Il peut être mis fin à un litige concernant un licenciement pour motif personnel ou économique devant le bureau de conciliation et d'orientation moyennant le versement au salarié d'une indemnité forfaitaire d'un montant déterminé par l'article D. 1235-21 du Code du travail et qui varie en fonction de son ancienneté (voir tableau suivant) :

ANCIENNETÉ	MONTANT DE L'INDEMNITÉ FORFAITAIRE
Moins d'1 an	2 mois de salaire
1 an	3 mois de salaire

ANCIENNETÉ	MONTANT DE L'INDEMNITÉ FORFAITAIRE
2 ans	4 mois de salaire
3 ans	5 mois de salaire
4 ans	6 mois de salaire
5 ans	7 mois de salaire
6 ans	8 mois de salaire
7 ans	9 mois de salaire
Entre 8 et 11 ans	10 mois de salaire
Entre 12 et 14 ans	12 mois de salaire
Entre 15 et 18 ans	14 mois de salaire
Entre 19 et 22 ans	16 mois de salaire
Entre 23 et 25 ans	18 mois de salaire
Entre 26 et 29 ans	20 mois de salaire
Au moins 30 ans	24 mois de salaire

Cette indemnité s'ajoute aux indemnités légales, conventionnelles ou contractuelles dues en cas de licenciement (indemnité de licenciement, de préavis, de congés payés…).

L'accord est constaté par procès-verbal. Celui-ci vaut renonciation des parties à toute réclamation et indemnités ultérieures relatives à la rupture du contrat (indemnités pour licenciement abusif ou irrégulier notamment).

Avant d'accepter une telle indemnité de conciliation, vous devez donc bien faire vos comptes. Si le montant des réparations financières que vous avez réclamées dans votre requête est inférieur au montant de l'indemnité de conciliation à laquelle vous avez droit, il est, bien entendu, vivement conseillé d'accepter cette dernière. Vous serez gagnant financièrement mais également en termes de temps et de tracas puisque votre affaire sera rapidement et définitivement réglée.

Dans le cas contraire, vous pouvez engager une discussion durant la conciliation afin d'essayer d'obtenir une somme plus conséquente. Vous pouvez également refuser la somme proposée. Dans ce cas, la procédure suivra son cours.

L'indemnité forfaitaire de conciliation est intégralement exonérée d'impôt sur le revenu dans la limite du barème susvisé (art. 80 *duodecies* du Code général des impôts). L'indemnité de conciliation ne génère pas de carence auprès de France

Travail (ex-Pôle emploi), ce qui est un avantage très important, et conduit souvent les parties à trouver un accord devant le bureau de conciliation.

› L'échec de la conciliation et les pouvoirs d'orientation

Si la conciliation échoue, un procès-verbal mentionne l'absence de conciliation et les points contestés.

Le bureau de conciliation et d'orientation renvoie l'affaire devant le bureau de jugement. Il existe alors trois possibilités :

- soit, un renvoi devant une formation restreinte du bureau de jugement (composée d'un conseiller salarié et d'un conseiller employeur). Si ce renvoi se fait à l'initiative des juges, il n'est possible qu'avec l'accord des deux parties et seulement si le litige porte sur un licenciement ou sur une demande de résiliation judiciaire du contrat de travail même si le bureau de jugement devra connaître des demandes additionnelles ou conventionnelles des parties. L'affaire sera alors plus rapidement réglée puisque le jugement doit intervenir dans un délai de 3 mois – cette situation est exceptionnelle, et, en pratique, très rare ;
- soit, un renvoi devant le bureau de jugement composé de 4 conseillers et d'un juge du tribunal judiciaire. Ce renvoi n'est possible que si les parties sont d'accord et si la nature du litige le justifie. C'est au bureau de conciliation et d'orientation, saisi d'une demande en ce sens des parties, d'apprécier si la nature du litige justifie un renvoi devant le bureau de jugement composé de 4 conseillers et d'un juge du tribunal judiciaire – cette situation est exceptionnelle, et, en pratique, très rare ;
- soit, si le bureau de conciliation et d'orientation n'opte pas pour un renvoi dans les conditions définies précédemment, l'affaire est renvoyée devant le bureau de jugement composé de 4 conseillers.

S'il estime que l'affaire peut être jugée immédiatement et que l'organisation des audiences le permet, il peut décider d'un renvoi sur-le-champ devant le bureau de jugement (art. R. 1454-18, C. travail). Cependant, vu l'engorgement actuel des conseils de prud'hommes, ne comptez pas trop bénéficier de cette option.

Ainsi, et dans la très grande majorité des cas, l'affaire sera renvoyée devant le bureau de jugement composé de 4 conseillers, à une audience ultérieure.

Dans tous les cas, le président du bureau de conciliation et d'orientation indique aux parties présentes la date et l'heure de l'audience du bureau de jugement. Les parties sont alors considérées comme valablement convoquées à l'audience de jugement. Dans ce cas, vous ne recevrez donc pas de convocation ultérieure. Aussi convient-il de bien se souvenir de la date retenue.

Les parties absentes seront avisées ultérieurement par le greffe du conseil de prud'hommes de la date de renvoi.

L'orientation est prononcée généralement à la fin de l'audience. Elle peut également avoir lieu au moment de la mise en état du dossier.

La décision d'orientation relève du seul pouvoir du bureau de conciliation et d'orientation qui n'a pas à la motiver.

ATTENTION

L'attente entre conciliation et jugement Que le bureau de conciliation et d'orientation fixe immédiatement la date de l'audience devant le bureau de jugement ne signifie pas que celle-ci va avoir lieu dans les plus brefs délais, loin s'en faut. Il faut compter 1 mois voire plus de 2 ans (dans les conseils très encombrés) entre l'audience de conciliation et l'audience de jugement (durée moyenne d'une affaire entre la saisine et le prononcé d'une décision en 2022 : 16 mois portés à 33,1 mois en cas de départage). Les délais peuvent varier considérablement selon les conseils et, au sein d'un même conseil, entre ses diverses sections et ses diverses chambres ; d'où la nécessité, en cas d'urgence, de réclamer des mesures provisoires devant le bureau de conciliation et d'orientation.

À NOTER

Peu d'espoir ! Guère plus de 13 % des affaires sont réglées totalement ou en partie en conciliation. Il faut dire, engorgement des prud'hommes oblige, que les audiences ne durent en moyenne qu'un petit quart d'heure. Il peut même arriver que les conseillers ne souhaitent même pas avoir connaissance des renseignements d'usage !
Si vous souhaitez aboutir à une conciliation – et ainsi, éviter le procès – vous devez donc vous manifester. De même, intervenez pour demander des mesures provisoires, car les conseillers – qui en ont pourtant le pouvoir – le feront rarement d'office.
Lorsqu'il n'y a pas de conciliation possible, ou si une partie s'y oppose, l'audience ne durera que quelques instants.
Tout espoir de règlement amiable du conflit n'est toutefois pas définitivement perdu à ce stade. Vous pourrez toujours avoir recours à une transaction, à la médiation conventionnelle ou même à la médiation judiciaire ultérieurement.

La mise en état de l'affaire par le bureau de conciliation et d'orientation

Le bureau de conciliation et d'orientation assure la mise en état de l'affaire jusqu'à l'audience de jugement. Des audiences peuvent être spécialement tenues à cette fin (art. L. 1454-1-2, C. travail).
Les pratiques peuvent varier d'un conseil de prud'hommes à un autre, voire au sein d'un même conseil de prud'hommes, d'une section à une autre ou au sein d'une même section, d'une chambre à une autre.
On rencontre deux types de pratique (avec des ajustements) selon que le bureau de conciliation et d'orientation décide ou non de tenir des audiences de mise en état.
En l'absence d'audience de mise en état, le bureau de conciliation et d'orientation va fixer, en accord avec les parties, des délais pour l'échange des pièces et la communication des demandes et des moyens. Ce calendrier comporte généralement deux dates :

- la première date indique au demandeur quand il doit remettre ses pièces, ses demandes et moyens évoqués à l'appui au défendeur ou à son conseil ;
- la deuxième date invite le défendeur à faire de même vis-à-vis du demandeur ou de son conseil.

Il arrive qu'il compte parfois 4 dates.
Mais, selon les conseils de prud'hommes voire les sections au sein d'un même conseil de prud'hommes ou les chambres au sein d'une même section, deux autres dates pourront être fixées pour permettre aux parties de répliquer une dernière fois aux arguments et pièces adverses.
D'autres conseils de prud'hommes, sections ou chambres pourront choisir de tenir des audiences pour vérifier que le demandeur a communiqué ses pièces et arguments, que le défendeur a fait de même et ce, jusqu'à ce que les parties indiquent que l'affaire peut être plaidée. N'hésitez pas à vous renseigner auprès du bureau de conciliation et d'orientation pour savoir si le conseil de prud'hommes vous dispense d'assister aux audiences relais et si vous pouvez tout simplement justifier par lettre ou par e-mail avoir accompli les diligences mises à votre charge. Toutefois, si vous avez besoin d'un délai supplémentaire pour préparer votre défense ou si votre adversaire n'a pas effectué les diligences qu'il devait accomplir dans les délais impartis, allez aux audiences, faites-en état et expliquez pourquoi vous avez besoin de plus de temps.
Enfin, certains conseils de prud'hommes, sections ou chambres peuvent fixer une date à laquelle une ordonnance de clôture sera rendue. Cela signifie qu'en principe et une fois l'ordonnance de clôture rendue, les parties ne pourront plus échanger de nouvelles pièces, déposer de nouvelles conclusions ou faire de nouvelles demandes, sous peine d'irrecevabilité.
L'ordonnance de clôture peut toutefois être révoquée par le bureau de jugement soit d'office, soit à la demande des parties, si une cause grave se révèle après que l'ordonnance ait été rendue.

À NOTER

Autorisation d'absence Si nécessaire, vous pouvez demander à ne pas assister à une audience de mise en état. Lorsque celle-ci a pour seul but de vérifier les pièces du dossier, votre présence peut en effet ne pas être indispensable. Dans ce cas, la communication entre vous et votre adversaire aura lieu par lettre recommandée avec avis de réception ou par notification entre vos avocats. Le bureau de conciliation et d'orientation devra être informé de la teneur de ces échanges. (art. R. 1454-1, C. travail).

Le bureau de conciliation et d'orientation peut désigner, mais c'est très rare, un ou deux conseillers rapporteurs pour procéder à la mise en état des dossiers les plus complexes. La décision fixe un délai pour l'exécution de leur mission. Lorsqu'un seul conseiller rapporteur est désigné, il peut s'agir soit d'un conseiller employeur, soit d'un conseiller salarié. En revanche, lorsqu'il est désigné deux conseillers rapporteurs, l'un doit faire partie des conseillers salariés et l'autre, des conseillers employeurs (art. R. 1454-4, C. travail).
Le conseiller rapporteur dispose des pouvoirs de mise en état conférés au bureau de conciliation et d'orientation. Il peut donc auditionner les parties pour leur demander de fournir toutes les explications qu'il estime nécessaires. Il peut même interroger des tiers (autres salariés de l'entreprise, par exemple) pour obtenir des renseignements. Mais, dans ce cas, il doit respecter le principe du contradictoire*

qui se traduit ici par le fait que les deux parties doivent être présentes ou du moins convoquées à l'entretien.
Les conseillers rapporteurs peuvent s'adresser à l'administration (douanes, police, inspection du travail, fisc, Sécurité sociale…) pour obtenir des renseignements et tout document utile en cas de travail illégal. Ils peuvent également consulter les documents et mettre les parties en demeure de produire tous documents ou justificatifs qu'ils estiment utiles à la manifestation de la vérité – une démarche qui reste, en pratique, très rare.
Ils peuvent ordonner des mesures d'instruction* ainsi que des mesures conservatoires* (art. R. 1454-4, C. travail). À la fin de leur mission, les conseillers rapporteurs établissent un rapport qui est transmis aux parties et au bureau de jugement. Ils peuvent également dresser un procès-verbal de conciliation si les parties arrivent à un accord au cours de leur mission (art. R. 1454-5, C. travail).
Les décisions prises par les conseillers rapporteurs sont immédiatement exécutoires mais n'en demeurent pas moins provisoires. On peut les contester en même temps que le jugement sur le fond* (art. R. 1454-6, C. travail).

À NOTER

Pas de pouvoir de contrainte Les conseillers rapporteurs peuvent mettre en demeure les parties ou des tiers de remettre des documents, mais ils n'ont pas le pouvoir de les contraindre à le faire (Cass. soc., 17.10.1990). Un inspecteur du travail peut ainsi refuser de communiquer un document révélant des faits confidentiels par nature ou qui lui auraient été confiés avec la conviction qu'ils ne seraient pas dévoilés, sauf s'il s'agit de renseignements ou de documents relatifs au travail dissimulé, au marchandage ou au prêt illicite de main-d'œuvre (art. L. 1454-1-2, C. travail).
Si une partie fait obstruction à la mission d'un conseiller rapporteur, il faut bien prendre conscience cependant que cela ne jouera pas en sa faveur auprès des juges !

TEXTES DE LOI

Le rôle des conseillers rapporteurs dans le Code du travail

Art. R. 1454-3. Le bureau de conciliation et d'orientation peut, par une décision non susceptible de recours, désigner un ou deux conseillers rapporteurs pour procéder à la mise en état de l'affaire.
La décision fixe un délai pour l'exécution de leur mission.
Art. R. 1454-4. Le conseiller rapporteur est un conseiller prud'homme. Il peut faire partie de la formation de jugement.
Lorsque deux conseillers rapporteurs sont désignés dans la même affaire, l'un est employeur, l'autre est salarié. Ils procèdent ensemble à leur mission.
Le conseiller rapporteur dispose des pouvoirs de mise en état conférés au bureau de conciliation et d'orientation. Il peut, pour la manifestation de la vérité, auditionner toute personne et faire procéder à toutes mesures d'instruction. Il peut ordonner toutes mesures nécessaires à la conservation des preuves ou des objets litigieux.
Art. R. 1454-5. Si les parties se concilient, même partiellement, le conseiller rapporteur constate dans un procès-verbal l'accord intervenu.

Art. R. 1454-6. Les décisions prises par le conseiller rapporteur sont provisoires et n'ont pas autorité de chose jugée* au principal.
Elles sont exécutoires. Elles ne peuvent faire l'objet d'un recours qu'avec le jugement sur le fond, sous réserve des règles particulières à l'expertise.
Art. R. 1454-19-1. Le bureau de jugement peut désigner au sein de la formation un ou deux conseillers rapporteurs qui disposent des pouvoirs mentionnés à l'article R. 1454-4.
Il peut ordonner toutes mesures nécessaires à la conservation des preuves ou des objets litigieux.

Les pouvoirs juridictionnels du bureau de conciliation et d'orientation

Même en cas de non-conciliation ou de conciliation partielle, le bureau de conciliation et d'orientation peut toujours ordonner, s'il y a lieu, les mesures provisoires suivantes (art. R. 1454-14, C. travail) :

- la délivrance du certificat de travail, des bulletins de paie et de toutes les pièces que l'employeur est tenu de remettre au salarié (attestation employeur destinée à France Travail – ex-Pôle emploi – en cas de licenciement, attestation d'accident du travail, par exemple). Cette délivrance peut être accompagnée d'une astreinte. La lettre de licenciement fait partie des pièces que l'employeur est tenu de délivrer au salarié (Cass. soc., 4.12.1990). La remise d'autres documents peut être exigée dans le cadre des mesures d'instruction* (Cass. soc., 7.6.1995) ;
- le versement d'une provision sur certaines créances dues au salarié, à condition que la dette ne soit pas contestable. Les créances concernées sont limitativement énumérées par l'article R. 1454-14 du Code du travail. Il peut s'agir :
  - du salaire de base, de ses accessoires et des commissions,
  - des indemnités de congés payés, de préavis ou de licenciement,
  - de l'indemnité de fin de contrat prévue pour les contrats à durée déterminée ou de l'indemnité de précarité d'emploi pour les travailleurs intérimaires,
  - de l'indemnité compensatrice de préavis et de l'indemnité spéciale de licenciement prévue en cas de rupture du contrat de travail à la suite d'un accident du travail ou d'une maladie professionnelle.

  Le montant total de la provision ne peut excéder 6 mois de salaire ;
- il peut également ordonner des mesures d'instruction* (la désignation d'un expert, d'un conseiller rapporteur ou encore l'audition de témoins, par exemple) ainsi que des mesures conservatoires* destinées à éviter que des preuves ou des objets litigieux ne disparaissent ultérieurement (dépôt au greffe, mise sous séquestre, saisie conservatoire).

Ces mesures provisoires sont exécutoires immédiatement : la partie condamnée est donc obligée de les respecter sauf si le bureau a excédé ses pouvoirs (provision excédant 6 mois de salaire, par exemple, ou encore mesure ne figurant pas à l'article R. 1454-14 du Code du travail). Dans ce cas, il est possible de faire appel immédiatement.

Toutes ces mesures étant provisoires, leur bien-fondé peut être contesté et remis en cause lorsque l'affaire sera jugée au fond par le bureau de jugement.

› La notification de la décision

Le greffe du conseil de prud'hommes notifie aux parties les décisions prises par le bureau de conciliation et d'orientation par lettre recommandée avec avis de réception.

Les mesures provisoires sont exécutoires dès cette notification*. En cas d'urgence, le bureau de conciliation et d'orientation peut décider qu'elles seront exécutoires, avant même la notification, par « minute »*. Le commissaire de justice peut alors procéder à l'exécution* de l'ordonnance à partir d'une simple copie du procès-verbal.

À NOTER

La médiation judiciaire Ce mode de règlement amiable des conflits a été introduit dans le Code de procédure civile par la loi du 8 février 1995 (art. 131-1 et s.). Surtout utilisé jusqu'à présent pour les litiges familiaux, il se développe lentement mais sûrement pour régler les conflits individuels du travail au sein des conseils de prud'hommes et de certaines cours d'appel (Paris, Lyon, Toulouse et Grenoble, en particulier). Cette pratique devrait monter en puissance. En effet, la loi n° 2015-990 du 6 août 2015 dite « Loi Macron » qui vise à encourager la résolution amiable des conflits, l'a inscrite dans le Code du travail (art. R. 1471-2).

C'est le juge qui décide d'avoir recours à la médiation, avec l'accord des parties. Si elles l'acceptent, il désigne alors un médiateur, choisi parmi des personnes ayant une connaissance en droit du travail et une expérience dans la pratique de la médiation (magistrat honoraire, ancien conseiller prud'homme, avocat, défenseur syndical, psychologue, chef d'entreprise, en général, ou encore représentant d'une association).

Le médiateur convoque alors les parties et confronte leurs points de vue afin de trouver une solution équitable à leur problème.

La durée de la médiation, fixée par le juge, ne peut excéder 3 mois. Elle peut être renouvelée une fois, pour une même durée, à la demande du médiateur, si nécessaire. Il faut noter que la médiation a un coût financier pour les parties.

À l'issue de la médiation, les parties sont convoquées devant le juge :

– si elles sont parvenues à un accord, l'affaire est terminée, tout au moins sur le point réglé en médiation. Les parties peuvent demander au conseil de prud'hommes d'homologuer l'accord afin de lui donner force exécutoire* ;

– si elles ne sont pas parvenues à un accord, le procès reprend son cours.

La médiation judiciaire peut avoir lieu à tout moment de la procédure (y compris en appel), sauf en cassation. Elle peut porter sur la totalité des demandes ou sur une partie seulement du litige.

SCHÉMA D'UNE PROCÉDURE DE CONCILIATION

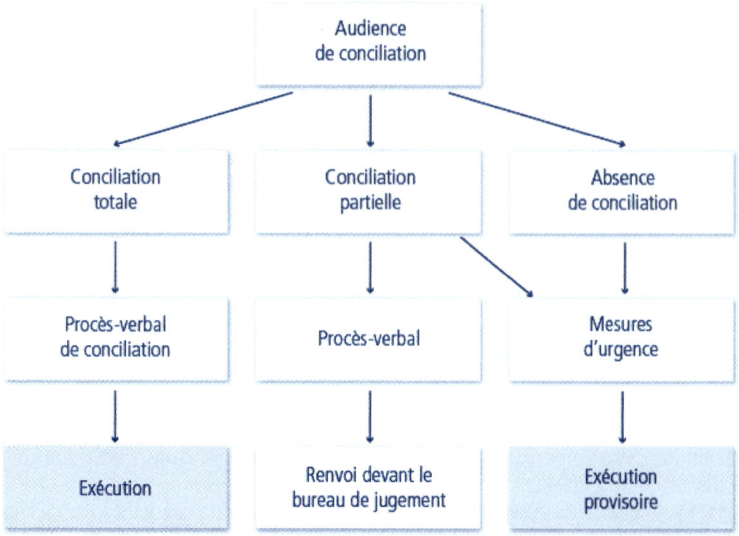

Comment se déroule la procédure devant le bureau de jugement ?

Hormis les cas prévus par le législateur où les parties peuvent saisir directement le bureau de jugement, l'affaire sera portée devant le bureau de jugement en l'absence de conciliation totale.
Dans un cas comme dans l'autre (saisine directe ou renvoi par le bureau de conciliation et d'orientation), les parties devront accomplir des diligences (échange des pièces, des demandes et moyens entre les parties). Il est conseillé de le faire par lettre recommandée avec avis de réception pour que l'affaire soit en l'état d'être entendue par le bureau de jugement et jugée.

La comparution des parties

Les règles d'assistance et de représentation sont identiques à celles observées devant le bureau de conciliation et d'orientation.
Les parties doivent être présentes dès l'appel des causes, effectué en début d'audience.

› L'absence du demandeur

Si le demandeur (ou son représentant) est absent sans motif légitime et non représenté, le conseil peut prononcer la caducité de la citation* (art. R. 1454-21, C. travail).

À NOTER
Relevé de caducité Le demandeur peut contester la décision de caducité de la citation dans les 15 jours suivants s'il justifie d'un motif légitime expliquant son absence qu'il n'était pas en mesure d'évoquer en temps utile. Dans ce cas, l'affaire sera renvoyée à une prochaine audience.

Le défendeur a par ailleurs la possibilité de demander à ce que l'affaire soit tout de même jugée. Si le juge accepte, le jugement sera réputé contradictoire. Le juge peut également décider de renvoyer l'affaire à une audience ultérieure (art. R. 1454-21, C. travail).

› L'absence du défendeur

Si le défendeur (ou son représentant) est absent le jour fixé, sans motif légitime, le juge doit d'office statuer sur le fond* (art. R. 1454-20, C. travail).

CONSÉQUENCES DE L'ABSENCE D'UNE DES PARTIES LORS DU JUGEMENT

Demandeur	Défendeur	Conséquence
Absent sans motif légitime	Présent	Au choix du juge et du défendeur : – caducité de la citation* – jugement réputé contradictoire – renvoi à une audience ultérieure
Absent avec motif légitime	Présent	Renvoi à une audience ultérieure
Présent	Absent sans motif légitime	Jugement
Présent	Absent avec motif légitime	Renvoi à une audience ultérieure

Si les parties justifient en temps utile d'un empêchement pour un motif légitime, l'audience est reportée à une date ultérieure.

MON CONSEIL

Le renvoi d'une affaire En cas de problèmes (témoins absents, pièces non communiquées par l'adversaire…), il ne faut pas hésiter à demander le renvoi de l'affaire à une audience ultérieure. Il vaut mieux perdre un peu de temps que d'arriver mal préparé devant les juges.

Le déroulement de l'audience

Le bureau de jugement comprend selon les cas :

- dans sa formation ordinaire : 4 conseillers dont 2 conseillers salariés et 2 conseillers employeurs (art. R. 1423-35, C. travail) ;
- dans sa formation restreinte : 2 conseillers dont 1 conseiller salarié et 1 conseiller employeur ;
- dans sa formation présidée par un juge du tribunal judiciaire : 4 conseillers et un juge du tribunal judiciaire (en cas de départage).

(Voir *L'échec de la conciliation et les pouvoirs d'orientation*, p. 76.)

› Les débats

Le président commence par faire l'appel des causes c'est-à-dire l'appel des affaires. Vous ou votre conseil devrez répondre présent (si vous êtes seul) ou présent et assisté (si vous êtes assisté d'un tiers). Si vous êtes absent et représenté, votre représentant répondra « représenté » à l'appel de votre nom.

L'appel des causes permet au président de déterminer quelles sont les affaires qui peuvent être retenues c'est-à-dire plaidées et celles qui doivent être renvoyées à une prochaine audience car les parties n'ont pas, par exemple, accompli les diligences qui leur étaient demandées.

À NOTER

Radiation En cas de non-respect des diligences mises à la charge des parties, le bureau de jugement peut décider de renvoyer l'affaire à une prochaine audience (avec fixation ou non de nouvelles dates pour l'échange des pièces et des arguments) ou de la radier.
La décision de radiation n'est pas susceptible de recours. L'affaire pourra être réintroduite par l'une ou l'autre des parties dans les conditions prévues dans la décision de radiation.
En pratique, il est souvent prévu que le demandeur pourra réintroduire l'affaire quand il justifiera avoir communiqué ses pièces et ses arguments. Il vous suffit pour cela d'adresser une lettre au greffe du conseil de prud'hommes avec la preuve de la réalisation des diligences dans les 2 ans.

Une fois l'appel des causes terminé, les affaires vont être appelées une par une.
Le président dirige les débats.
En pratique, quand une affaire est appelée, les parties remettent au greffe leur écrit avant de rappeler oralement leurs demandes (nature et montant de la demande ; exemple : rappel d'indemnité compensatrice de préavis : 2 000 €).
Ensuite, il invite le demandeur, puis le défendeur à exposer leurs arguments. Les juges peuvent leur demander de fournir des explications et des éléments de preuve (contrat de travail, lettre, attestation écrite de témoin, texte de la convention collective*...).
Les témoins, s'il y en a, peuvent être entendus. Ils n'assistent pas aux débats.
Les débats sont publics, sauf si le conseil décide qu'ils doivent avoir lieu à huis clos, soit parce que la publicité des débats entraînerait une atteinte à la vie privée des parties, soit parce que les parties le demandent, soit encore s'il survient des désordres dans le public de nature à troubler la sérénité de la justice.
Lorsque le bureau de jugement s'estime suffisamment éclairé par les plaidoiries des parties ou de leur conseil et par les réponses données aux questions éventuellement posées par les conseillers aux parties, le président clôt les débats.
Le président peut à tout moment interrompre une « plaidoirie fleuve » qui n'ajoute rien et retarde inutilement l'audience.
À l'issue des plaidoiries ou observations des parties, le président prononce la clôture des débats et donne une date de délibéré, c'est-à-dire une date à laquelle le bureau de jugement prononcera sa décision.
Après la clôture des débats, les parties ne peuvent plus déposer de note à l'appui de leurs observations, si ce n'est pour répondre aux demandes des juges.

À NOTER

La médaille : signe distinctif des conseillers Les audiences des conseils de prud'hommes sont moins solennelles que celles des autres tribunaux. Les conseillers ne portent pas les costumes spécifiques (robes) réservés aux magistrats. Toutefois, durant les audiences, ils doivent revêtir, en signe de leurs fonctions, une médaille en bronze doré pour le président et argenté pour les autres conseillers, suspendue à un ruban rouge et bleu.

› Le délibéré

Une fois les débats clos, les juges devront se concerter sur l'affaire afin de se prononcer par un vote sur la solution à donner au litige.
Le conseil délibère à huis clos, puis rend sa décision publiquement, soit le jour même de l'audience, soit dans la majorité des cas, à une date ultérieure.
Les décisions du bureau de jugement sont prises à la majorité absolue des voix. Si cette majorité ne peut être obtenue, l'affaire est renvoyée à une audience ultérieure, dite audience de départage (art. R. 1454-23, C. travail).

À NOTER

Départage partiel (en pratique rare) Lorsque la majorité des voix n'a pas été obtenue uniquement sur une question, seule cette question fait l'objet d'une audience de départage. Dans un tel cas, le tribunal rend deux décisions distinctes, chacune d'entre elles susceptible des voies de recours habituelles (appel et/ou cassation) (Cass. soc., 10.7.1986).

› L'audience de départage

L'audience de départage est présidée par un juge départiteur choisi parmi les juges du tribunal judiciaire dans le ressort duquel est situé le siège du conseil de prud'hommes. Le juge départiteur est donc un magistrat professionnel.
Elle a lieu, en principe, dans un délai d'1 mois devant le même bureau, donc devant les mêmes conseillers prud'homaux (art. R. 1454-29, C. travail).
Toutefois, lorsqu'un conseiller est empêché de siéger, il peut être remplacé.
Si le bureau ne peut se réunir au complet, le juge départiteur statue seul après avoir pris l'avis des conseillers présents (art. R. 1454-31, C. travail).
Le délai d'1 mois fixé par l'article R. 1454-29 du Code du travail n'est pas impératif et son non-respect n'est généralement pas sanctionné. Vous pouvez donc être amené à attendre un peu plus longtemps, pourvu que le délai reste dans une limite raisonnable. En pratique, devant certains conseils de prud'hommes, l'attente est de 8 à 18 mois.
Si la décision n'est pas immédiatement rendue, le juge départiteur indique aux parties la date à laquelle le jugement sera prononcé, le cas échéant par sa mise à disposition au greffe de la juridiction.
Le bureau de conciliation et d'orientation peut également renvoyer une affaire directement devant la formation de départage dans certains cas (voir *L'échec de la conciliation et les pouvoirs d'orientation*, p. 76).

› Les témoins

Le demandeur comme le défendeur peuvent faire comparaître des témoins à l'audience de jugement.
Aucun formalisme n'est exigé pour leur convocation. Il suffit de les informer du jour et de l'heure de l'audience et de prévenir le bureau de jugement, en début d'audience, de la présence de ce(s) témoin(s). Ceux-ci se font connaître à l'appel des causes et remettent au greffier une pièce d'identité.

Le conseil de prud'hommes peut également prendre de lui-même la décision de faire comparaître des témoins. Ceux-ci seront alors convoqués par lettre recommandée avec avis de réception.

Les témoins doivent prêter serment avant de faire leur déposition à la barre.

Ils peuvent être indemnisés sur une base forfaitaire. Cette indemnisation est comprise dans les dépens.

Il est également possible – et beaucoup plus simple – de présenter une attestation écrite.

Cette attestation doit être conforme à l'article 202 du Code de procédure civile, c'est-à-dire :

- contenir la relation des faits auxquels son auteur a assisté ou qu'il a personnellement constatés. L'auteur du témoignage doit adopter le ton le plus neutre possible et s'abstenir de porter un jugement sur les faits : ne pas écrire, par exemple, « Monsieur X, comme à son habitude, a injustement accusé Madame Y de telle chose alors qu'elle n'en était pas responsable » mais « À telle date, Monsieur X a accusé Madame Y de telle chose » ;
- mentionner les nom, prénoms, date et lieu de naissance, domicile et profession de son auteur ;
- s'il y a lieu, son lien de parenté, d'alliance, de subordination, de collaboration ou de communauté d'intérêt avec les parties ;
- indiquer qu'elle est établie en vue de sa production en justice et que son auteur a la connaissance qu'une fausse attestation de sa part l'expose à des sanctions pénales : jusqu'à 5 ans d'emprisonnement et 15 000 € d'amende ;
- être datée et signée de la main de son auteur (voir le modèle *Attestation de témoin*, p. 224).

Il faut, en outre, joindre à cette attestation la photocopie d'un titre d'identité.

Les attestations font partie des pièces à communiquer à l'adversaire.

Une attestation constitue un élément de preuve non négligeable. Si vous réussissez à en obtenir plusieurs, ce n'en sera que mieux. Mais veillez bien, dans ce cas, à ce que les témoignages soient concordants.

Il faut savoir, par ailleurs, qu'il est souvent difficile, pour le salarié, d'obtenir un témoignage d'un de ses collègues ou ex-collègues, soit par refus d'être impliqué dans une décision de justice, soit par peur des représailles : en effet, les personnes ayant constaté les faits sont la plupart du temps des collègues de travail donc, en tant que tels, placés sous la subordination de l'employeur.

Et cela même si la justice protège la liberté de témoigner, considérée comme une liberté fondamentale. La Cour de cassation a ainsi rappelé que « le licenciement prononcé en raison du contenu d'une attestation délivrée par un salarié au bénéfice d'un autre lors d'un litige prud'homal est atteint de nullité, sauf en cas de mauvaise foi de son auteur ». Cette nullité du licenciement ouvre droit à réintégration du salarié dans l'entreprise (Cass. soc., 29.10.2013).

Si vous avez été victime d'un licenciement, pensez à solliciter le témoignage du conseiller du salarié* qui vous a assisté lors de votre entretien préalable. Le témoignage de ce dernier peut avoir un grand poids.

La jurisprudence a d'ailleurs confirmé que, contrairement à ce que prétendait un employeur, la communauté d'intérêt entre le salarié et son conseiller ne justifie pas la mise à l'écart du témoignage de ce dernier. Encore faut-il, bien entendu, que ce témoignage se révèle effectivement sincère et objectif. Signalons à ce sujet qu'un conseiller ayant produit en justice une fausse attestation, relatant de façon mensongère les paroles prononcées par l'employeur au cours de l'entretien préalable, a été condamné à 2 mois d'emprisonnement avec sursis (Cass. crim., 26.3.2002).

Le jugement

Le jugement est rarement prononcé à l'issue des débats*. Si la décision n'est pas immédiatement rendue à la fin de l'audience, le président du bureau indique aux parties la date à laquelle le jugement sera prononcé, le cas échéant, par sa mise à disposition au greffe (art. R. 1454-25, C. travail).

Le jour où la décision est rendue correspond à la date du délibéré. En pratique, selon les conseils de prud'hommes, vous pouvez téléphoner ou envoyer un e-mail pour obtenir le résultat du jugement. En revanche, dans certains conseils de prud'hommes comme celui de Nanterre, il est nécessaire de se déplacer.

Si le bureau de jugement décide de renvoyer le prononcé du jugement à une date ultérieure à celle initialement fixée et indiquée aux parties, à l'issue des débats, le président en avise les parties par tous moyens. Cet avis comporte les motifs de la prorogation ainsi que la nouvelle date à laquelle le jugement sera rendu.

› Le texte du jugement

Le jugement doit exposer les prétentions des parties et leurs moyens.

Il doit être motivé, c'est-à-dire préciser sur quelles bases légales la décision a été prise. En revanche, le texte du jugement ne doit pas faire connaître la décision prise individuellement par chacun des juges, sous peine de nullité du jugement.

Ainsi, un jugement mentionnant que le tribunal était unanime pour condamner l'employeur poursuivi a été annulé par la Cour de cassation. Celle-ci, en effet, a estimé fort justement que cette formule révélait l'opinion de chacun des membres du conseil (Cass. soc., 20.1.1972).

Il en a été de même d'un jugement portant la mention « Je suis en désaccord avec le jugement rendu » écrite à la main par un conseiller en dessous du texte du jugement (Cass. soc., 9.10.1997).

Le jugement peut être :

- définitif s'il se prononce sur le fond* ;
- avant dire droit* si le conseil, sans se prononcer sur le fond, ordonne une enquête, une expertise ou une mesure d'instruction*.

À NOTER

Les experts Les conseillers du bureau de conciliation et d'orientation, comme ceux du bureau de jugement, peuvent nommer des spécialistes chargés de les éclairer sur une question technique qu'ils ne sont pas, par eux-mêmes, en mesure d'apprécier. Ils peuvent ainsi avoir recours à un comptable pour vérifier les commissions effectivement dues à un VRP, par exemple.

Le défendeur comme le demandeur peuvent également demander la nomination d'un expert.
L'expert est tenu de convoquer les parties à toutes les réunions d'expertise et de leur présenter les pièces dont il entend faire état dans son rapport (Cass. soc., 29.11.1989).
Les honoraires de l'expert sont alors intégrés dans les dépens.
Toutefois, la nomination d'un expert demeure, dans les faits, très rare.

TEXTES DE LOI

Le jugement dans le Code du travail

Art. R. 1454-18. En l'absence de conciliation ou en cas de conciliation partielle, l'affaire est orientée vers le bureau de jugement approprié au règlement de l'affaire, désigné dans les conditions prévues à l'article L. 1454-1-1, à une date que le président indique aux parties présentes.
Le greffier avise par tous moyens les parties qui ne l'auraient pas été verbalement de la date d'audience.
Lorsque l'affaire est en état d'être immédiatement jugée et si l'organisation des audiences le permet, l'audience du bureau de jugement peut avoir lieu sur-le-champ.
Art. R. 1454-20. Lorsque le défendeur ne comparaît pas le jour de l'audience du bureau de jugement, il est statué sur le fond. Toutefois, si le défendeur a justifié en temps utile d'un motif légitime, il est avisé par tous moyens de la prochaine audience du bureau de jugement.
Art. R. 1454-21. Dans le cas où, sans motif légitime, le demandeur ne comparaît pas devant le bureau de jugement, il est fait application de l'article 468 du Code de procédure civile. Si, après avoir été prononcée, la déclaration de caducité est rapportée, le demandeur est avisé par tous moyens de la date d'audience devant le bureau de jugement, à laquelle le défendeur est convoqué par lettre recommandée avec demande d'accusé de réception.
Art. R. 1454-22. Lorsque les parties se concilient, même partiellement, le bureau de jugement constate dans un procès-verbal la teneur de l'accord intervenu.
S'il y a lieu, le procès-verbal précise que l'accord a fait l'objet en tout ou partie d'une exécution immédiate devant le bureau de jugement.
Art. R. 1454-23. Les décisions du bureau de jugement sont prises à la majorité absolue des voix.
Si cette majorité ne peut se former, il est procédé comme en cas de partage des voix. Les débats sont repris.
Art. R. 1454-24. En l'absence du président ou du vice-président appelé à présider la séance du bureau de jugement, la présidence peut être exercée par un conseiller faisant partie de l'assemblée à laquelle appartient le président ou le vice-président défaillant et désigné comme suppléant dans les formes prévues aux articles L. 1423-3 à L. 1423-8 et R. 1423-13.
À défaut de cette désignation, la présidence revient au conseiller le plus ancien en fonctions dans la même assemblée. S'il y a égalité dans la durée des fonctions, la présidence revient au conseiller le plus âgé.
Art. R. 1454-25. À l'issue des débats et si la décision n'est pas immédiatement rendue, le président indique aux parties la date à laquelle le jugement sera prononcé, le cas échéant par sa mise à disposition au greffe de la juridiction.

S'il décide de renvoyer le prononcé du jugement à une date ultérieure, le président en avise les parties par tous moyens. Cet avis comporte les motifs de la prorogation ainsi que la nouvelle date à laquelle la décision sera rendue.

› La notification du jugement

Les jugements sont notifiés par le greffier aux parties par lettre recommandée avec avis de réception (art. R. 1454-26, C. travail). Il est vivement conseillé de conserver l'enveloppe contenant le jugement qui sert de preuve de la date de notification de la décision.

Attention, si l'une des parties n'a pas reçu de lettre recommandée notifiant la décision de justice, il est alors nécessaire de demander à un commissaire de justice de signifier le jugement. Cet acte est payant (environ 80 €) et rentre dans les dépens. Voir aussi *Les dépens*, p. 130.

L'acte de notification indique les délais de recours contre ces décisions (opposition, appel, pourvoi en cassation). Ces délais commencent à courir à compter du jour de la notification.

La notification indique également les modalités de ces recours. Elle est indispensable pour procéder à l'exécution du jugement.

À NOTER

Le SAUJ pour simplifier la vie des justiciables Plus besoin de vous déplacer à l'autre bout de votre département pour vous informer sur le suivi de votre procès, effectuer une démarche (demande d'aide juridictionnelle, par exemple) ou un acte de procédure. Grâce au service d'accueil unique du justiciable (SAUJ), vous pourrez désormais vous adresser au tribunal le plus proche de votre domicile ou de votre travail (tribunal judiciaire ou conseil de prud'hommes), même si votre affaire est suivie par une autre juridiction.

Vous pouvez actuellement suivre le déroulement de votre affaire en ligne (dates de convocation, d'audience, de renvoi éventuel, de délibéré) sur le portail Internet www.justice.fr.

SCHÉMA SIMPLIFIÉ D'UNE PROCÉDURE DE JUGEMENT

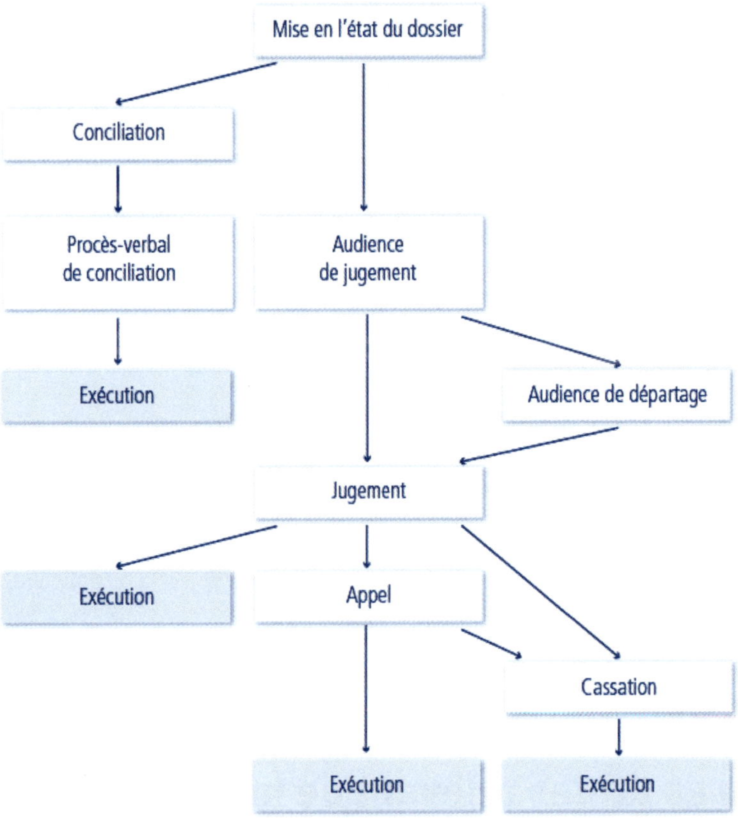

Comment se déroule la procédure devant la formation des référés ?

Chaque conseil de prud'hommes comprend une formation de référé commune à l'ensemble des sections et composée d'un conseiller employeur et d'un conseiller salarié.
La procédure de référé est dispensée de la phase de conciliation.
La formation des référés a le pouvoir de se transformer en bureau de conciliation et d'orientation quand la nature de l'affaire excède ses pouvoirs et de renvoyer les parties devant la section compétente en bureau de jugement.
Enfin, la formation des référés ne peut pas connaître de tous les litiges.

Les litiges ne relevant pas de la compétence des référés

La formation des référés ne peut pas connaître d'un litige à propos duquel la loi a indiqué que celui-ci devait être porté directement devant la formation du bureau de jugement. Il en est ainsi de tous les litiges exemptés du préliminaire de la conciliation.
De même, la formation des référés ne peut pas connaître des litiges qui supposent que soit tranchée une question qui relève du bureau de jugement. La formation des référés ne peut en aucun cas juger l'affaire au fond*, c'est-à-dire résoudre le litige ou donner raison à l'une ou l'autre des parties.

Les litiges relevant de la compétence des référés

Les litiges relevant de la compétence de la formation des référés sont définis aux articles R. 1455-5, R. 1455-6 et R. 1455-7 du Code du travail.
D'après l'article R. 1455-5 du Code du travail, dans tous les cas d'urgence, la formation de référé peut ordonner toutes les mesures qui ne se heurtent à aucune contestation sérieuse ou que justifie l'existence d'un différend.
D'après l'article R. 1455-6 du Code du travail, la formation de référé peut toujours, même en présence d'une contestation sérieuse, prescrire les mesures conservatoires* ou de remise en état* qui s'imposent pour prévenir un dommage imminent ou pour faire cesser un trouble manifestement illicite.
Enfin, en application de l'article R. 1 455-7 du Code du travail, si l'existence de l'obligation n'est pas sérieusement contestable, la formation des référés peut

accorder une provision au demandeur ou ordonner l'exécution de l'obligation même s'il s'agit d'une obligation de faire.

Cas pratique

- Un nouveau prestataire de service qui avait repris un restaurant d'entreprise refusait de reprendre les salariés qui travaillaient dans ce restaurant alors que la convention collective* prévoyait dans un tel cas le maintien des contrats de travail. Le juge des référés a ordonné à l'employeur de reprendre les intéressés afin de faire cesser ce trouble manifestement illicite (Cass. soc., 17.3.1998).
- A également été considéré comme un trouble manifestement illicite que le juge des référés était en droit de faire cesser, le refus par un employeur d'appliquer les majorations de salaire pour travail de nuit prévues par une convention collective (Cass. soc., 16.12.2005).

La formation de référé ne peut qu'ordonner des mesures urgentes qui ne peuvent attendre que l'affaire soit jugée au fond. Il faut se rappeler, en effet, qu'un jugement prud'homal peut demander plusieurs mois, voire plus d'une année avant d'être prononcé selon les conseils de prud'hommes (le délai moyen pour obtenir un jugement au fond était en 2022 de 9,9 mois alors qu'une ordonnance de référé est rendue beaucoup plus rapidement ; durée moyenne en 2022 : 2,4 mois).
Les référés peuvent ainsi ordonner :
- la réintégration d'un salarié protégé (représentant du personnel, par exemple) suite à un licenciement irrégulier (Cass. soc., 22.2.1995) ou d'un salarié licencié pour faits de grève (Cass. soc., 28.4.1994) ;
- le versement de provisions sur des sommes dues par l'employeur lorsque celles-ci ne sont pas contestables : provision sur indemnité de licenciement lorsqu'il est évident que la rupture du contrat constitue bien un licenciement, provision pour licenciement abusif lorsque le caractère abusif du licenciement est évident (la lettre de licenciement présentée par le salarié ne mentionne pas le motif du licenciement, par exemple) ;
- qu'un salarié lié à une clause de non-concurrence avec son précédent employeur cesse sa collaboration avec un nouvel employeur lorsque cette activité est incontestablement concurrente (Cass. soc., 25.10.1990) ;
- la remise de documents tels que les bulletins de paie, le certificat de travail ou l'attestation employeur destinée à France Travail (ex-Pôle emploi).

En revanche, la Cour de cassation a décidé qu'avait outrepassé ses pouvoirs une formation de référé ayant :
- ordonné la modification des mentions portées sur l'attestation d'assurance chômage remise à un salarié alors que la qualification de la rupture restait litigieuse (Cass. soc., 18.11.1987) ;
- accordé une provision sur salaire alors que le bien-fondé de cette créance n'était pas établi (Cass. soc., 5.12.1989).

La demande

La saisine des référés peut être faite soit :
- par requête, remise ou déposée au greffe du conseil de prud'hommes. Cette requête doit contenir les mêmes informations qu'une requête ordinaire (voir *Procurez-vous le formulaire établi par le ministère de la Justice*, p. 51). L'adversaire est alors convoqué par lettre recommandée avec avis de réception ;
- par acte de commissaire de justice délivré directement à l'adversaire. Dans ce cas, l'auteur de la demande devra remettre une copie de l'assignation* au greffe du conseil au plus tard la veille de l'audience de référé (art. R. 1455-9, C. travail).

La formation de référé peut être saisie à tout moment de la procédure, même si l'affaire est déjà devant le bureau de jugement, dès lors que le jugement définitif n'est pas encore intervenu et que les circonstances le justifient.

L'audience

S'agissant d'une procédure d'urgence, il est prévu dans chaque conseil au moins une audience de référé par semaine, même pendant les vacances judiciaires. Le caractère d'urgence ne dispense cependant pas les parties de respecter le principe du contradictoire* et le juge doit s'assurer qu'un délai suffisant a été respecté entre l'assignation et l'audience afin que le défendeur ait pu préparer sa défense.

L'audience de référé est publique et les débats* oraux. Les règles d'assistance et de représentation sont identiques à celles applicables devant le bureau de conciliation et d'orientation.

En cas de partage des voix entre les deux conseillers à l'issue des débats, l'affaire est tranchée par un juge départiteur. L'audience de départage doit être tenue au plus tard, en principe, dans les 15 jours du renvoi (art. R. 1454-29, C. travail).

ATTENTION

Des audiences très brèves Il faut savoir que les audiences en référé sont très courtes : elles ne durent généralement pas plus de quelques minutes. Inutile donc de perdre du temps en exposant ses griefs contre l'adversaire (n'oubliez pas que la formation de référé n'a pas pour mission de juger l'affaire sur le fond). Il est impératif de s'en tenir strictement aux mesures que l'on souhaite obtenir (provision, remise d'un document…).

L'ordonnance de référé

La décision rendue prend la forme d'une ordonnance qui est notifiée aux parties.

Les décisions de référé sont toujours provisoires. Elles n'ont pas, au principal, autorité de la chose jugée. Ce qui signifie qu'en pratique, le bureau de jugement du conseil de prud'hommes n'est pas lié par les constatations et les décisions rendues par la formation des référés. Il aura donc toute liberté d'appréciation.

Leur exécution est immédiate, par provision, le cas échéant sur minute*, et éventuellement avec condamnation sous astreinte (art. R. 1455-10, C. travail).

Il est toutefois possible de faire appel de la décision dans les 15 jours à compter de la notification de l'ordonnance lorsque celle-ci n'est pas rendue en dernier ressort* (art. R. 1455-11, C. travail).
Si l'ordonnance est rendue en dernier ressort par défaut, il est possible de faire opposition dans le même délai.

Les litiges soumis à la procédure accélérée au fond

› Devant la formation des référés

Depuis le 1er janvier 2020, l'appellation procédure accélérée au fond a remplacé celle de référé en la forme qui permettait à la formation des référés, dans des cas précis, de statuer sur le fond du litige. Avec cette nouvelle appellation, c'est toujours la formation des référés qui statue au fond.
Ainsi, par exception, la formation des référés peut donc juger l'affaire sur le fond* dans certains cas précis, prévus par le Code du travail. Cette procédure, instaurée par le décret d'application de la « Loi travail » du 8 août 2016, permet de régler rapidement le litige.
Elle s'applique :
- en cas de refus par l'employeur d'accorder certains congés :

TYPES DE CONGÉS	RÉFÉRENCES DANS LE CODE DU TRAVAIL
Congé pour création ou reprise d'entreprise*	art. L. 3142-113
Congé sabbatique*	art. L. 3142-29
Congés pour événements familiaux	art. L. 3142-3
Congé de solidarité familiale	art. L. 3142-13
Congé de proche aidant	art. L. 3142-25
Congé mutualiste de formation	art. L. 3142-39
Congé de participation aux instances d'emploi et de formation professionnelle ou à un jury d'examen	art. L. 3142-45
Congé pour catastrophe naturelle	art. L. 3142-51
Congé de formation des cadres et animateurs pour la jeunesse	art. L. 3142-57
Congé de représentation	art. L. 3142-63

TYPES DE CONGÉS	RÉFÉRENCES DANS LE CODE DU TRAVAIL
Congé de solidarité internationale	art. L. 3142-69
Congé pour acquisition de la nationalité française	art. L. 3142-76

* Dans ce cas, le salarié doit porter l'affaire devant la formation de référé dans les 15 jours suivant le refus.

La formation de référé statue alors en dernier ressort* ;

- aux contestations portant sur les éléments de nature médicale justifiant les avis, propositions, conclusions écrites ou indications émis par le médecin du travail (avis d'inaptitude, par exemple). La formation de référé doit être saisie dans les 15 jours suivant la notification de la décision du médecin du travail. Un médecin-expert sera désigné afin d'éclairer le tribunal (art. L. 4624-7, C. travail).

Dans de tels cas, l'affaire doit être portée directement devant la formation de référé. Elle sera examinée durant une audience, tenue à cet effet, aux jours et heures habituels des référés.

L'ordonnance prononcée peut être contestée dans les 15 jours en appel.

› Devant le bureau de jugement statuant en la forme des référés

Dans d'autres cas, expressément prévus par le Code du travail, le litige doit être porté devant le bureau de jugement statuant en référé. Cette procédure concerne :

- les actions en cas de carence de l'employeur malgré une alerte par le CSE d'une atteinte aux droits des personnes (art. L. 2312-59, C. travail). Il peut en être ainsi par exemple en cas de harcèlement sexuel ou moral ou de discrimination. Lorsqu'une telle atteinte est constatée, la victime ou un délégué du personnel de l'entreprise peut porter l'affaire devant le conseil de prud'hommes ;
- le refus de l'employeur d'accorder un congé de formation économique, sociale et syndicale (art. L. 2145-11 et R. 2145-5, C. travail).

De tels litiges doivent donc être portés directement devant le bureau de jugement (et non pas devant la formation de référé) sans passer par la phase de conciliation. Dans le 1er cas, le jugement peut être contesté en appel. Dans le 2d cas, il est statué en dernier ressort* et ne peut être contesté que par un pourvoi en cassation.

À NOTER

L'article R. 1455-12 du Code du travail prévoit que lorsque le conseil de prud'hommes statuant selon la procédure accélérée au fond est saisi à tort, l'affaire peut être renvoyée devant le bureau de jugement. Un droit à l'erreur qui peut s'avérer salutaire.

MON CONSEIL

Référé ou conciliation ? Le bureau de conciliation et d'orientation est également compétent pour ordonner certaines mesures provisoires d'urgence.

Vous pouvez donc, à juste titre, hésiter sur la formation à saisir lorsque vous désirez obtenir rapidement une décision, une provision, par exemple. Il faut savoir que :

– la décision en référé sera sans doute plus rapide (en 2022, durée moyenne entre la saisine et le bureau de conciliation et d'orientation : 3,7 mois contre 2,4 mois pour une ordonnance de référé). Renseignez-vous auprès du greffe pour connaître les délais de procédure ;

– la formation de référé sera plus efficace, sachant que cette provision est le seul problème qu'elle aura à traiter à l'audience alors que le bureau de conciliation et d'orientation cherchera également, et avant tout, à vous concilier avec votre adversaire ;

– la formation de référé a des compétences plus larges en matière de mesures d'urgence. En ce qui concerne les provisions, elle n'est pas limitée aux seules indemnités prévues à l'article R. 1454-14 du Code du travail ni à un montant maximal. Le juge des référés peut même accorder une provision égale au montant total de la créance (Cass. soc., 9.12.1997) ;

– enfin, s'il est possible de faire appel contre une ordonnance de référé, il n'y a pas de recours contre les décisions du bureau de conciliation et d'orientation ordonnant des mesures provisoires d'urgence.

SCHÉMA D'UNE PROCÉDURE DE RÉFÉRÉ

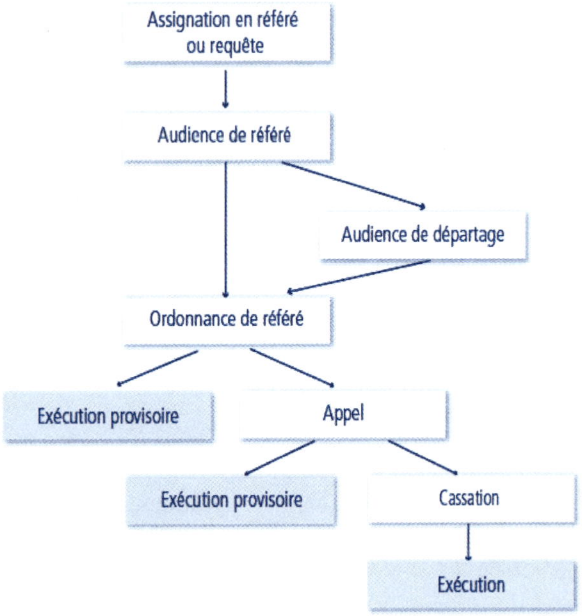

Quels sont les moyens de défense de votre adversaire ?

Outre les arguments qu'il peut développer au cours des débats, le défendeur dispose de plusieurs moyens spécifiques pour contrer son adversaire.
Il convient donc de connaître ces divers procédés afin de les éviter dans la mesure du possible, ou tout du moins de ne pas être pris de court lorsque l'un d'eux est utilisé au cours du procès.
En pratique, ce sont presque toujours les avocats qui ont recours à ces moyens de défense du fait de leur relative technicité.

Les exceptions de procédure

L'adversaire peut « soulever une exception de procédure », c'est-à-dire un moyen par lequel il considère que la procédure engagée par le demandeur est soit irrégulière, soit éteinte, soit suspendue. Il peut ainsi soulever :

› Une exception d'incompétence

Le défendeur conteste la compétence d'attribution* ou la compétence territoriale* du conseil de prud'hommes à qui a été confiée l'affaire. Il considère que le demandeur ne s'est pas adressé au conseil territorialement compétent ou bien il estime que le litige ne devrait pas être porté devant le conseil de prud'hommes, mais devant une autre juridiction. Dans de tels cas, l'adversaire doit impérativement désigner la juridiction qu'il considère comme compétente (autre conseil de prud'hommes ou bien tribunal judiciaire, tribunal administratif…) (art. 75, CPC).

› Une exception de nullité

Le défendeur ne conteste pas la régularité de la procédure dans son ensemble, mais celle d'un acte effectué au cours de ladite procédure. Il peut, par exemple, contester le représentant que le demandeur a choisi, soit parce qu'il n'était pas habilité à le représenter, soit parce qu'il n'était pas muni du pouvoir nécessaire pour le faire (art. 112, CPC).

› Une exception de connexité*

Ce moyen, très rare dans les faits, peut être invoqué par l'adversaire lorsqu'une autre juridiction est saisie d'une demande présentant des liens très étroits avec le litige (art. 100, CPC).

Dans ce cas :
- si la demande en question a été déposée auprès d'un autre conseil de prud'hommes, il sera procédé au désaisissement du second conseil de prud'hommes au profit du premier. Un seul conseil s'occupera alors de l'ensemble de l'affaire ;
- si la demande a été déposée auprès d'une autre juridiction, il peut être demandé à l'une des juridictions de se dessaisir et de renvoyer l'affaire à l'autre juridiction (il s'agira de la juridiction de degré supérieur lorsque les juridictions saisies ne sont pas de même degré).

À NOTER

Le pénal tient le civil en l'état Le principe bien connu des juristes selon lequel « le pénal tient le civil en l'état » n'est plus aussi strictement suivi aujourd'hui. Ainsi, si un même acte est poursuivi à la fois devant une juridiction pénale et devant une juridiction civile, cette dernière n'est plus tenue d'attendre la décision au pénal pour rendre sa propre décision, quand bien même la décision pénale serait susceptible d'exercer une influence sur la solution du procès civil (art. 4, CPP). En matière de faute inexcusable de l'employeur, l'arrêt de la Cour de cassation du 1/12/2022 estime désormais que l'autorité de la chose jugée au pénal s'impose au juge civil.

› Les conséquences

Les exceptions de procédure doivent être présentées avant toute défense au fond* ou fin de non-recevoir (art. R. 1451-2, C. travail), c'est-à-dire avant que les débats* ne commencent devant le bureau de jugement (plus tard même en ce qui concerne l'exception de connexité*). Celui qui soulève l'exception de procédure est celui qui la plaide en premier. L'adversaire peut donc attendre stratégiquement le dernier moment pour abattre ses cartes. En pratique, votre adversaire annoncera son intention au début de l'audience du bureau de jugement. Les débats porteront alors soit :
- sur l'examen de cette seule exception de procédure. Le bureau de jugement prendra alors une décision sur cette seule question. Vous pourrez la contester en appel dans un délai de 15 jours. Dans ce cas, la déclaration d'appel doit préciser qu'elle est dirigée contre un jugement statuant sur l'exception de procédure et doit être motivée soit dans la déclaration, soit dans des conclusions jointes à cette déclaration. Vous retournerez ensuite devant le conseil de prud'hommes pour que votre affaire soit jugée au fond* en cas de rejet de l'exception soulevée ;
- sur l'exception et le fond. L'affaire sera alors jugée si l'exception de procédure est rejetée. En cas de recours contre la décision rendue, il faudra faire appel de la décision portant sur l'exception de procédure en même temps que l'appel sur le jugement statuant sur le fond si ce jugement est rendu en premier ressort. Si le jugement sur le fond est rendu en dernier ressort, l'appel doit être limité à l'exception de procédure.

Les fins de non-recevoir

La fin de non-recevoir consiste à faire déclarer irrecevable la demande de l'adversaire sans examen au fond (art. 122, CPC). Le défendeur peut avoir recours à une fin de non-recevoir dans plusieurs cas :
- lorsqu'il estime que le demandeur n'a pas la qualité pour agir : syndicat non fondé à défendre un intérêt individuel, par exemple ;
- lorsqu'il considère que le demandeur n'a pas intérêt à agir, c'est-à-dire lorsque le litige ne le concerne pas personnellement : ce pourrait être le cas d'un salarié intentant une action au nom d'un tiers (conjoint, parent, collègue...) ou encore d'un salarié protestant contre une procédure de licenciement économique intervenue dans son entreprise mais dans laquelle il ne serait pas compris ;
- lorsqu'il y a prescription* ;
- lorsque la chose a déjà été jugée : le demandeur a déjà obtenu un jugement concernant la même affaire.

Les fins de non-recevoir peuvent être formulées au cours de l'audience. Elles mettent fin à l'action engagée.

La demande reconventionnelle

Celle-ci consiste pour le défendeur à présenter à son tour des demandes afin d'obtenir une réparation.

Exemple : l'employeur peut demander au conseil de prud'hommes le versement de dommages et intérêts* pour procédure abusive ou bien il peut profiter de l'occasion pour faire régler un vieux contentieux (remboursement d'une dette...).

Ces demandes peuvent être faites à tout moment de la procédure. Le principe du contradictoire* doit être respecté : le demandeur (devenu défendeur aux demandes reconventionnelles) doit être prévenu suffisamment à l'avance pour préparer sa défense.

La péremption d'instance

Le défendeur peut invoquer la péremption d'instance* si aucune des parties n'a accompli de diligences pendant 2 ans.

À NOTER

La récusation des conseillers prud'hommes Les conseillers prud'hommes peuvent être récusés (c'est-à-dire écartés en tant que juges d'une affaire et remplacés par d'autres) dans 5 cas :
– lorsqu'ils ont un intérêt personnel à la contestation (le fait d'être affilié à une organisation syndicale ne pouvant être considéré comme un intérêt personnel) ;
– lorsqu'ils appartiennent à la famille de l'une des parties (jusqu'au degré de cousins germains) ;
– lorsque, dans l'année qui précède, ils ont été opposés dans une action en justice à l'une des parties ou à sa famille (conjoint, concubin, partenaire de PACS, parents ou alliés en ligne directe) ;

– lorsqu'ils ont donné un avis écrit dans l'affaire, que ce soit à l'une des parties ou à un tiers (Cass. soc., 25.2.1960) ;
– lorsqu'ils sont employeurs ou salariés de l'une des parties en cause (art. L. 1457-1, C. travail).

On peut également demander la révocation d'un conseiller en invoquant la violation du principe d'impartialité prévu par l'article 6-1 de la Convention européenne de sauvegarde des droits de l'homme et des libertés fondamentales.

La Cour de cassation a ainsi considéré comme fondée la demande de révocation d'un conseiller prud'homme dont la nièce vivait maritalement avec le salarié demandeur (Cass. soc., 18.11.1998).

Les noms des conseillers prud'hommes qui vont juger votre affaire sont inscrits sur la « feuille de rôle » affichée à l'entrée de la salle d'audience. Il est donc important d'en prendre connaissance. Vous pouvez, par exemple, y découvrir que vous avez été en litige avec l'un d'entre eux.

Il faut demander la récusation du conseiller dès que possible et, en tout état de cause, avant la clôture des débats*. On ne peut donc pas, par exemple, invoquer une cause de récusation d'un conseiller prud'homme après avoir porté l'affaire devant la cour d'appel (Cass. soc., 20.3.1990) ou devant la Cour de cassation (Cass. soc., 26.10.1988).

La demande de récusation doit être présentée par un acte remis au greffe de la cour d'appel ou par une déclaration consignée dans un procès-verbal lorsque la cause justifiant la demande est découverte au cours d'une audience. Elle doit indiquer le motif et être accompagnée des justificatifs nécessaires. Cette demande peut être présentée par la partie elle-même ou par un mandataire, muni d'un pouvoir spécial.

Une copie de la demande est transmise au président du conseil de prud'hommes ainsi qu'au conseiller mis en cause. Ce dernier est invité à présenter ses observations. La décision est rendue dans un délai d'1 mois. Si la récusation est refusée, il est possible de présenter un pourvoi dans un délai de 15 jours. En revanche, si la récusation est acceptée, le conseiller mis en cause ne peut pas contester cette décision.

Le juge concerné par la demande de récusation doit s'abstenir de siéger jusqu'à ce qu'il soit statué sur la demande de récusation.

Si la demande est rejetée – parce que manifestement injustifiée – son auteur peut être condamné à une amende civile pouvant aller jusqu'à 10 000 €, plus des dommages et intérêts éventuels.

La récusation de plusieurs conseillers est possible. Elle doit être demandée par un même acte à moins qu'une cause de récusation d'un juge se révèle postérieurement.

Il est également possible de demander la récusation de tous les conseillers traitant l'affaire si l'on considère que l'ensemble des magistrats du conseil pris collectivement (et non individuellement) risque de faire preuve de partialité. Dans ce cas, l'affaire sera renvoyée pour cause de suspicion légitime* devant une autre formation du conseil de prud'hommes ou devant un conseil différent.

Comment contester une décision prud'homale ?

➤ **Les décisions rendues par les conseils de prud'hommes ne sont jamais irrévocables. Si vous – ou votre adversaire – n'êtes pas satisfait par le jugement rendu, plusieurs voies de recours s'offrent à vous.**

➤ **Celles-ci diffèrent selon la nature de la décision (jugement en premier ou en dernier ressort, jugement par défaut...), et également selon le motif de contestation.**

Comment faire appel ?

Si l'une des parties n'est pas d'accord avec la décision rendue, elle peut soumettre à nouveau le conflit devant la chambre sociale de la cour d'appel qui va juger l'affaire une seconde fois.

Dans quel cas pouvez-vous faire appel ?

L'appel n'est possible que pour les jugements qui sont rendus en premier ressort, c'est-à-dire lorsque la demande dépasse 5 000 € (art. D. 1462-3, C. travail, modifié par le décret n° 2020-1066 du 17.8.2020, entré en vigueur le 20.8.2020).

Si les intérêts en jeu sont inférieurs à cette somme, le jugement est rendu en dernier ressort. Les jugements rendus en dernier ressort ne sont pas susceptibles d'appel et ne peuvent être contestés que devant la Cour de cassation.

Ce montant, valable depuis le 1er octobre 2005, est réévalué périodiquement par décret, mais le chiffre à prendre en compte est celui en vigueur au moment de l'introduction de l'affaire devant le conseil de prud'hommes, même s'il a augmenté au moment où l'on fait appel.

Pour chiffrer le litige, il convient d'additionner le montant de chaque demande (art. R. 1462-1, C. travail).

Exemple : si un salarié réclame 1 000 € pour des heures supplémentaires non payées, une indemnité de licenciement de 3 500 € et 600 € d'indemnité compensatrice de congés payés, le jugement rendu sur cette affaire pourra faire l'objet d'un appel car, même si aucune demande prise isolément ne dépasse 5 000 €, la somme totale atteint 5 100 €.

À NOTER

Montants « en leur dernier état » Pour vérifier si ce montant est atteint, il faut prendre en compte les montants qui figurent « en leur dernier état » c'est-à-dire ceux inscrits dans les conclusions* écrites (Cass. soc., 9.5.1972) ou présentés lors des débats* et reproduits dans la partie du jugement rappelant les prétentions des parties (CA, Aix-en-Provence, 2.12.1997) et non pas ceux qui figurent dans la demande initiale, lorsqu'ils sont différents.

Lorsque la demande tend uniquement à la remise de pièces que l'employeur est tenu de délivrer (certificat de travail, bulletin de paie, attestation d'assurance chômage…), la décision n'est pas susceptible d'appel (art. R. 1462-1, C. travail).

Toutefois, en cas de concours de demande susceptible d'appel et de demande en dernier ressort, le conseil de prud'hommes se prononce alors sur tous les chefs de demande en premier ressort (art. R. 1462-2, alinéa 2, C. travail).

Lorsque le jugement concerne ou comprend une demande dont le montant ne peut être chiffré de par sa nature (maintien des avantages acquis en cas de dénonciation d'une convention collective*, nullité d'une sanction disciplinaire, demande d'annulation d'une clause de non-concurrence, suppression d'un jour férié chômé, résiliation d'un contrat d'apprentissage, corrections de mentions figurant sur le bulletin de paie, par exemple), on peut toujours faire appel.
L'appel est également possible contre les jugements ordonnant une expertise et ceux prononçant un sursis à statuer*, sur autorisation du premier président de la cour d'appel, pour motif grave.
L'acte de notification du jugement indique si celui-ci est susceptible d'appel. Vous pouvez également le vérifier dans le texte même du jugement. Le dispositif (texte figurant après la formule « par ces motifs ») indique si le conseil a statué en premier ou en dernier ressort.
Il se peut cependant qu'une erreur de calcul sur le montant des demandes ait été commise. Dans ce cas, vous pouvez faire appel.

À NOTER

Premier et dernier ressort Votre jugement n'indique pas la mention « premier ressort » pas plus que la mention « dernier ressort », mais la formule « premier et dernier ressort » : pas de panique, votre jugement est bien considéré, dans ce cas, comme un jugement en dernier ressort ; vous ne pouvez pas faire appel, mais vous avez la possibilité de vous pourvoir en cassation.

Dans quel délai ?

Le délai d'appel est d'1 mois à compter de la notification* du jugement statuant sur le fond et de 15 jours s'il s'agit d'une ordonnance de référé ou d'une décision d'incompétence.
Ce délai d'appel est interrompu en cas de demande d'aide juridictionnelle déposée dans ce même délai et un nouveau délai d'1 mois ou de 15 jours, selon les cas, pour faire appel court à compter de la décision du bureau d'aide juridictionnelle.
Lorsque la notification est faite par lettre recommandée avec avis de réception, la date de notification est la date de réception de la lettre.
Lorsque la notification est faite par remise contre émargement ou récépissé, la date de la notification est celle de la remise de la lettre.

À NOTER

Lorsque la notification n'a pas pu être faite (hypothèse notamment du retour de la lettre recommandée avec avis de réception avec la mention « non réclamée, retour à l'envoyeur »), le greffe du conseil de prud'hommes vous adressera un courrier en vous indiquant que vous devez saisir un commissaire de justice pour signifier la décision rendue. Vous devrez le faire pour que le délai de recours court contre votre adversaire et ainsi vous permettre de rendre la décision du conseil de prud'hommes définitive, c'est-à-dire insusceptible de recours, passé ce délai.

Quelles sont les formalités ?

La procédure devant la cour d'appel a été complètement remaniée par le décret n° 2016–660 du 20 mai 2016 qui a instauré devant les chambres sociales de la cour d'appel une procédure écrite avec représentation obligatoire, et par les décrets n° 2017–891 et n° 2017–1008 des 6 et 10 mai 2017, entrés en vigueur le 1er septembre 2017.

La procédure devant la cour d'appel est désormais une procédure avec représentation obligatoire telle que précisée aux articles 900 à 930-2 du Code de procédure civile (art. R. 1461-2, C. travail).

Ce qui signifie que devant la cour d'appel, les parties doivent être représentées soit par un avocat, soit par un défenseur syndical.

Vous ne pouvez donc plus faire appel seul, ni vous défendre seul devant la cour d'appel.

À NOTER

Suppression du contredit Le contredit a été supprimé au profit de l'appel qui doit être régularisé dans les 15 jours à compter de la notification du jugement (et non plus du prononcé). Le premier président doit être saisi dans le délai d'appel dans les formes de la procédure à jour fixe. La déclaration d'appel doit préciser qu'elle est dirigée contre un jugement statuant sur la compétence et doit, à peine d'irrecevabilité, être motivée soit dans la déclaration elle-même, soit dans des conclusions jointes à cette déclaration.

› La déclaration d'appel

L'article 901 du Code de procédure civile, modifié par le décret n° 2020-1452 du 27 novembre 2020, entré en vigueur au 1er janvier 2021, dispose maintenant que :

« La déclaration d'appel est faite par acte contenant, outre les mentions prescrites par les 2° et 3° de l'article 54 et par le 3e alinéa de l'article 57, et à peine de nullité :

1° La constitution de l'avocat de l'appelant ;

2° L'indication de la décision attaquée ;

3° L'indication de la cour devant laquelle l'appel est porté.

4° Les chefs du jugement expressément critiqués auxquels l'appel est limité, sauf si l'appel tend à l'annulation du jugement ou si l'objet du litige est indivisible.

Elle est signée par l'avocat constitué. Elle est accompagnée d'une copie de la décision. Elle est remise au greffe et vaut demande d'inscription au rôle. »

Ainsi, il est impératif d'indiquer dans la déclaration d'appel : les chefs du jugement critiqué, et ce à peine de nullité de la déclaration.

La faculté d'un appel général est donc supprimée, sauf si l'appel tend à l'annulation du jugement ou si l'objet du litige est indivisible.

Le renvoi aux 2° et 3° de l'article 54 et au 3e alinéa de l'article 57 du Code de procédure civile imposent d'indiquer :

- l'objet de la demande ;
- l'état civil des personnes physiques et pour les personnes morales, leur forme, leur dénomination, leur siège social et l'organe qui les représente.

Autre point important : la déclaration d'appel doit se faire par la voie électronique *via* le Réseau privé virtuel des avocats (RPVA).

Pour les cas où la voie du RPVA n'est pas possible (cas de l'avocat géographiquement éloigné de la cour d'appel ou du défenseur syndical), l'article 930-1 du Code de procédure civile dispose que lorsqu'un acte ne peut être transmis par voie électronique pour une cause étrangère à celui qui l'accomplit, il est établi sur support papier et remis au greffe ou lui est adressé par lettre recommandée avec avis de réception. En ce cas, la déclaration d'appel est remise ou adressée au greffe en autant d'exemplaires qu'il y a de parties destinataires, plus deux. La remise est constatée par la mention de sa date et le visa du greffier sur chaque exemplaire, dont l'un est immédiatement restitué.

Lorsque la déclaration d'appel est faite par voie postale, le greffe enregistre l'acte à la date figurant sur le cachet du bureau d'émission et adresse à l'appelant* un récépissé par tout moyen.

Les avis, avertissements ou convocations sont remis aux avocats des parties par voie électronique, sauf impossibilité pour cause étrangère à l'expéditeur.

Le greffier adresse aussitôt à l'intimé*, par lettre simple, un exemplaire de la déclaration et lui indique qu'il doit constituer (c'est-à-dire prendre) un avocat.

Si la lettre adressée à l'intimé est retournée au greffe ou s'il n'a pas pris d'avocat dans le délai d'1 mois, le greffier en avise le représentant de l'appelant afin qu'il procède à la signification de l'appel par acte de commissaire de justice dans le mois qui suit.

ATTENTION

Peu de cours d'appel Il n'existe que 36 cours d'appel sur tout le territoire et en Outre-mer. La cour compétente peut donc se révéler très éloignée du conseil de prud'hommes qui a jugé l'affaire.

Engorgement en vue Les cours d'appel sont également surchargées (en 2021, la durée moyenne d'un litige en droit du travail devant la cour d'appel est de 15,4 mois). À Paris, par exemple, il faut attendre plus de 2 ans en moyenne pour qu'un dossier soit traité.

À NOTER

Deux appels pour un jugement Les deux parties peuvent faire appel d'un même jugement. Ainsi, par exemple, si votre employeur fait appel parce qu'il considère que vous n'auriez pas dû avoir gain de cause, vous pouvez de votre côté faire appel parce que vous estimez que les indemnités que vous avez obtenues ne sont pas assez conséquentes. Même si votre employeur se désiste ensuite, votre appel sera examiné si vous ne vous êtes pas désisté personnellement (Cass. soc., 15.12.2006).

› La procédure devant la cour d'appel

Le principe est celui du circuit ordinaire. Dans certains cas (comme en référé ou en cas d'urgence ou si l'affaire est en état d'être jugée), le président de la chambre de la cour d'appel peut décider de recourir au circuit court (art. 904-1 et s. et art. 905-1, CPC). Il revient donc aux présidents de chambre de décider de l'orientation de l'affaire dès sa distribution à la chambre et aux greffes d'en informer les représentants des parties.

L'article 910-4 du Code de procédure civile dispose qu'à peine d'irrecevabilité relevée d'office, les parties doivent présenter, dès leurs premières conclusions l'ensemble de leurs prétentions sur le fond.

Les conclusions d'appel sont soumises à un formalisme strict, énoncé par l'article 954 du Code de procédure civile :

« Les conclusions d'appel contiennent, en en-tête, les indications prévues à l'article 961. Elles doivent formuler expressément les prétentions des parties et les moyens de fait et de droit sur lesquels chacune de ces prétentions est fondée avec indication pour chaque prétention des pièces invoquées et de leur numérotation. Un bordereau récapitulatif des pièces est annexé.

Les conclusions comprennent distinctement un exposé des faits et de la procédure, l'énoncé des chefs de jugement critiqués, une discussion des prétentions et des moyens ainsi qu'un dispositif récapitulant les prétentions. Si, dans la discussion, des moyens nouveaux par rapport aux précédentes écritures sont invoqués au soutien des prétentions, ils sont présentés de manière formellement distincte. La cour ne statue que sur les prétentions énoncées au dispositif et n'examine les moyens au soutien de ces prétentions que s'ils sont invoqués dans la discussion.

Les parties doivent reprendre, dans leurs dernières écritures, les prétentions et moyens précédemment présentés ou invoqués dans leurs conclusions antérieures. À défaut, elles sont réputées les avoir abandonnés et la cour ne statue que sur les dernières conclusions déposées.

La partie qui conclut à l'infirmation du jugement doit expressément énoncer les moyens qu'elle invoque sans pouvoir procéder par voie de référence à ses conclusions de première instance.

La partie qui ne conclut pas ou qui, sans énoncer de nouveaux moyens, demande la confirmation du jugement est réputée s'en approprier les motifs. »

Enfin, de nouveaux délais pour déposer les conclusions ont été fixés par le législateur.

Ainsi, l'appelant dispose :

- d'1 mois à compter de l'avis du greffe pour signifier par acte de commissaire de justice la déclaration d'appel en cas de non-constitution de l'intimé (art. 902, CPC) ;
- de 3 mois à compter de la déclaration d'appel pour remettre ses conclusions au greffe (art. 908, et ce à peine de caducité de la déclaration d'appel) et les notifier aux représentants des parties adverses (art. 911, CPC) ;
- d'1 mois à compter de la remise des conclusions au greffe de la cour d'appel pour les signifier par acte de commissaire de justice aux parties non constituées (art. 911, CPC) ;
- en cas d'appel incident ou provoqué, de 3 mois à compter de la notification des conclusions portant appel incident ou provoqué pour y répondre par voie de conclusions.

L'intimé dispose :

- de 3 mois à compter de la notification des conclusions de l'appelant pour remettre ses conclusions au greffe (art. 909, CPC) et les notifier aux représentants des parties adverses (art. 911, CPC), étant précisé que dans ces premières conclusions, un appel incident ou provoqué pourra être formé ;

- d'1 mois à compter de la remise de ses conclusions au greffe de la cour d'appel pour les signifier par acte de commissaire de justice aux parties non constituées (art. 911, CPC) ;

Dans le cas de la procédure « à bref délai » (ou circuit court), des délais impératifs sont instaurés.

L'appelant dispose :

- de 10 jours à compter de la réception de l'avis de fixation adressé par le greffe pour signifier la déclaration d'appel à la partie qui n'a pas constitué avocat, et ce, à peine de caducité de la déclaration d'appel relevé d'office. En cas de constitution d'avocat avant expiration de ce délai de 10 jours, l'appelant doit signifier la déclaration d'appel à l'avocat de l'intimé. Cette notification à avocat n'est pas requise à peine de caducité de la déclaration d'appel. Donc, en cas d'oubli (et dans ce dernier cas seulement), la caducité n'est pas prononcée (avis n° 15010, Cass. civ., 12.7. 2018) (art. 905-1, CPC) ;
- d'1 mois à compter de la réception de l'avis de fixation adressé par le greffe pour remettre ses conclusions au greffe (art. 905-2, CPC) et les notifier aux parties adverses (art. 911, CPC) ;
- d'1 mois à compter de la remise de ses conclusions au greffe de la cour d'appel pour les signifier aux parties non constituées (art. 911, CPC).

L'intimé dispose :

- d'1 mois à compter de la notification des conclusions de l'appelant pour remettre ses conclusions au greffe (art. 905-2, CPC) et les notifier aux parties adverses (art. 911, CPC), étant précisé qu'il peut dans ses conclusions former appel incident ou provoqué (art. 905-2, CPC) ;
- d'1 mois à compter de la remise de ses conclusions au greffe de la cour d'appel pour les signifier par acte de commissaire de justice aux parties non constituées (art. 911, CPC).

Ici, il faut noter les délais très courts imposés et leur point de départ, à savoir l'avis du greffe.

À NOTER

La transmission des actes de procédure Le principe est celui de la transmission des actes entre avocats et le greffe de la cour d'appel, par voie électronique. Quand cette transmission ne peut pas être faite par voie électronique pour une cause étrangère à celui qui doit accomplir cette transmission, il peut être procédé sur support papier.

Les actes de procédure effectués par le défenseur syndical sont établis sur support papier et remis au greffe ou lui sont adressés par lettre recommandée avec avis de réception (art. 930-2, alinéa 2, CPC).

Les notifications entre un avocat et un défenseur syndical sont effectuées par lettre recommandée avec avis de réception ou par voie de signification (art. 930-3, CPC).

› Le conseiller de la mise en état

Avant d'être jugée, l'affaire est examinée par un des magistrats de la cour d'appel. Ce conseiller de la mise en état examine le dossier présenté par les représentants des parties et peut leur demander de l'étoffer ou de le mettre en conformité. Il peut entendre les avocats, leur adresser des injonctions, les inviter à fournir les explications qu'il juge nécessaires. Il peut également :

- déclarer l'appel irrecevable ou caduc ;
- entendre les parties en personne ;
- ordonner des mesures d'instruction* ;
- ordonner, sous astreinte, la production de documents détenus par une partie ou un tiers ;
- accorder des provisions (lorsque l'existence de la dette n'est pas contestable) ou toute autre mesure provisoire ;
- obtenir la conciliation des parties.

Selon l'article 916 du Code de procédure civile : « Les ordonnances du conseiller de la mise en état ne sont susceptibles d'aucun recours indépendamment de l'arrêt sur le fond.

Toutefois, elles peuvent être déférées par requête à la cour dans les 15 jours de leur date lorsqu'elles ont pour effet de mettre fin à l'instance, [ou] lorsqu'elles constatent son extinction [...].

Elles peuvent être déférées dans les mêmes conditions lorsqu'elles statuent sur une exception de procédure, sur un incident mettant fin à l'instance, sur la fin de non-recevoir ou sur la caducité de l'appel.

La requête, remise au greffe de la chambre à laquelle l'affaire est distribuée, contient, outre les mentions prescrites par l'article 57 et à peine d'irrecevabilité, l'indication de la décision déférée ainsi qu'un exposé des moyens en fait et en droit.

Les ordonnances du président de la chambre saisie ou du magistrat désigné par le premier président, statuant sur la caducité ou l'irrecevabilité en application des articles 905-1 et 905-2, peuvent également être déférées à la cour dans les conditions des alinéas précédents. »

Enfin, le conseiller de la mise en état fixe la date de la clôture (où plus aucun échange de pièces et d'écritures ne pourra avoir lieu entre les parties) et celle des plaidoiries.

Selon l'article 912, alinéa 3, du Code de procédure civile : « Dans tous les cas, les dossiers, comprenant les copies des pièces visées dans les conclusions et numérotées dans l'ordre du bordereau récapitulatif, sont déposés à la cour 15 jours avant la date fixée pour l'audience de plaidoiries. »

Les plaidoiries

Les débats* se déroulent devant la chambre sociale de la cour d'appel composée d'1 président et de 2 juges. Ils peuvent également avoir lieu devant un juge rapporteur si aucune des parties ne s'y oppose.

Contrairement aux conseillers prud'hommes, les juges de la cour d'appel sont des magistrats professionnels.
Le représentant de l'appelant* est d'abord invité à rappeler les faits et à exposer les motifs de son appel. Le représentant de l'intimé* présente ensuite sa version des faits.
La décision (on parle dans ce cas d'« arrêt »*) est rendue par la cour d'appel, quelques semaines après l'audience. Devant la cour d'appel, les plaidoiries sont souvent beaucoup plus courtes que devant le CPH. Il s'agit de plaidoirie dite par observations.

ATTENTION
En pratique, il faut savoir que le nombre de demandes en appel représente près de la moitié des décisions rendues au fond en premier ressort. À l'issue de l'appel, les cours ne statuent pas sur le litige au fond pour 1/4 des décisions, ce qui rend celle rendue en première instance définitive. Pour les 25 500 décisions sur lesquelles elles statuent, elles confirment en totalité la décision dans 28 % des cas, partiellement à 56 % et l'infirment dans 16 % des cas (Références Statistiques Justice, 2023).

Quels sont les effets d'un appel ?

L'appel des décisions rendues au fond pour le conseil de prud'hommes a un effet suspensif*, ce qui veut dire que le jugement contesté ne peut pas être exécuté avant la décision de la cour d'appel, sauf exécution provisoire de droit ou ordonnée.
Au moment du dépôt de la déclaration, l'appelant reçoit un récépissé qui lui permet de s'opposer aux tentatives éventuelles d'exécution forcée du jugement.
L'arrêt* de la cour d'appel peut :
- infirmer totalement ou partiellement le jugement rendu par le conseil de prud'hommes. Les dispositions infirmées de ce jugement sont alors annulées. En cas d'exécution provisoire, son bénéficiaire peut avoir à rembourser les indemnités versées par son adversaire ;
- confirmer le jugement précédent. Celui-ci peut alors être exécuté.

Les arrêts rendus par la cour d'appel ne peuvent être remis en cause, sauf par la Cour de cassation.

À NOTER
Le salarié est protégé durant l'appel L'employeur ne peut imposer au salarié l'exécution du jugement alors que celui-ci est contesté en appel. La Cour de cassation a ainsi annulé le licenciement d'un salarié intervenu suite à une décision prud'homale dont le salarié avait fait appel, considérant que l'employeur avait en fait imposé au salarié sa propre solution dans le litige qui les opposait et qui n'était pas encore définitivement tranché (Cass. soc., 6.2.2013).

Qu'est-ce que le pourvoi en cassation ?

Le recours en cassation est possible contre :
– les jugements rendus par le conseil de prud'hommes en dernier ressort ;
– les arrêts rendus par la cour d'appel.
En règle générale, la Cour de cassation n'a pas pour mission de rejuger l'affaire, contrairement à la cour d'appel. Son rôle consiste uniquement à contrôler si la décision qui a été rendue est bien conforme au droit.
Les juges vont uniquement contrôler :
– qu'il n'y a pas eu violation de la loi ;
– que la juridiction qui a rendu sa décision était bien compétente pour le faire ;
– qu'elle n'a pas commis un excès de pouvoir ;
– que les formes ont bien été respectées.
La Cour de cassation peut toutefois statuer sur le fond* d'une affaire lorsque l'intérêt d'une bonne administration de la justice le justifie.

La demande

Le demandeur doit faire une déclaration écrite remise par voie électronique au greffe de la Cour de cassation (art. 974, CPC) dans un délai de 2 mois suivant la notification de la décision attaquée (art. 612, CPC).

Le délai de pourvoi est interrompu en cas de demande d'aide juridictionnelle et un nouveau délai de 2 mois court à compter de la décision du bureau d'aide juridictionnelle. Ce nouveau délai peut également être interrompu en cas de recours contre une décision de ce bureau.

La déclaration indique les nom, prénoms et adresse du demandeur ainsi que les nom, prénoms et adresse de l'adversaire (forme, dénomination et siège social de l'entreprise si l'employeur est une personne morale). Elle précise que le demandeur a pris un avocat au conseil*. Elle désigne la décision attaquée. La déclaration précise, le cas échéant, les points de la décision contestés. Elle est signée par l'avocat au conseil du demandeur (art. 975, CPC).

La déclaration est remise au greffe de la Cour de cassation en autant d'exemplaires qu'il y a de défendeurs, plus deux. La remise est constatée par la mention de sa date et le visa du greffier sur chaque exemplaire, dont un est immédiatement restitué (art. 976, CPC).

En pratique, c'est votre avocat au conseil qui se chargera de rédiger et d'envoyer cette déclaration.

Le greffier de la Cour de cassation adresse aussitôt à la partie adverse un exemplaire de cette déclaration en lui indiquant qu'il doit également prendre un avocat au conseil s'il entend se défendre.

À NOTER

Une seule Cour de cassation Il y a une seule Cour de cassation pour toute la France située 5, quai de l'Horloge, 75055 Paris Cedex 1 (accueil du public : 6, boulevard du Palais, 75001 Paris). Tél. : 01 44 32 95 95 ou 01 44 32 95 59.

Le mémoire

Lorsque l'on conteste une décision devant la Cour de cassation, il faut avoir de bonnes raisons pour le faire. Il ne suffit pas que celle-ci ne vous satisfasse pas, il faut prouver que la décision prise n'était pas conforme au droit.

Aussi l'avocat du demandeur doit-il fournir (s'il ne l'a pas déjà fait lors du dépôt du pourvoi) au greffe de la Cour de cassation, dans les 4 mois suivant la remise ou la réception du récépissé de la déclaration, un mémoire où il expose les raisons du pourvoi. Le mémoire doit être notifié dans le même délai à l'avocat du défendeur (art. 978, CPC). Ces raisons doivent être étayées par des arguments solides et fondés : textes de loi qui n'ont pas été respectés, contradiction des motifs… Ceci est d'autant plus vrai à l'heure actuelle, la Cour de cassation ayant institué une procédure de filtrage depuis 2002 : tous les pourvois qui ne reposent pas sur « un motif sérieux de contestation » sont systématiquement rejetés dès le dépôt du mémoire. Celui-ci doit être accompagné de la copie de la décision attaquée, des pièces invoquées à l'appui du pourvoi et des dernières conclusions* que les parties ont déposées devant la juridiction qui a rendu la décision (conseil de prud'hommes ou cour d'appel).

Le défendeur dispose alors d'un délai de 2 mois à compter de la notification du mémoire du demandeur pour remettre au greffe un mémoire en réponse, signé par son propre avocat et le notifier à l'avocat du demandeur (art. 982, CPC).

À NOTER

La Cour de cassation plus rapide Le fonctionnement de la Cour de cassation a connu une nette embellie grâce aux mesures prises pour remédier à son « engorgement » : renforcement des effectifs, locaux supplémentaires, procédure de non-admission, réorganisation de la chambre sociale (créations de sections spécialisées, dont celle chargée des contentieux liés au temps de travail, aux congés et aux rémunérations, regroupement des affaires dans des audiences thématiques…), instauration de la communication par voie électronique.

Toutefois, le délai moyen entre le dépôt du pourvoi et le prononcé de l'arrêt reste encore supérieur à 1 an (15,7 mois en 2020 ; Rapport annuel d'activité de la Cour de cassation pour l'année 2022).

Vous pouvez consulter, en temps réel, le suivi de votre affaire en vous inscrivant sur le site de la Cour de cassation : www.courdecassation.fr/formulaires/ou-en-est-mon-affaire.

L'audience

Le pourvoi est examiné par 3 magistrats de la Cour de cassation qui peuvent soit :
- statuer immédiatement lorsque la solution leur paraît évidente ;
- renvoyer l'affaire à une audience de la chambre sociale s'ils estiment que l'affaire demande réflexion, si le premier président le demande ou si l'une des parties l'exige.

Lors de l'examen du pourvoi, la Cour peut inviter toute personne dont les compétences ou les connaissances sont de nature à éclairer utilement sur la solution du litige à produire des observations d'ordre général sur les points qu'elle détermine.

Les débats sont publics sauf si leur publicité peut porter atteinte à l'intimité de la vie privée de l'une des parties, si les deux parties le demandent ou encore s'il survient dans la salle d'audience des désordres de nature à troubler la sérénité de la justice.

Les effets

• Si la Cour de cassation estime que la décision est conforme au droit, elle rejette le pourvoi en cassation et la décision ainsi confirmée devient définitive. Les arrêts de la Cour de cassation ne sont en effet susceptibles d'aucun recours.

À NOTER

La jurisprudence Les arrêts de la Cour de cassation reflètent ainsi le point de vue définitif de la justice sur l'interprétation à donner aux textes législatifs ou réglementaires. C'est pour cette raison que ce sont presque toujours les arrêts de cette Cour qui font jurisprudence.

ATTENTION

Les sanctions en cas de recours abusif L'arrêt de rejet peut condamner le demandeur à une amende, assortie éventuellement de dommages et intérêts en faveur de l'adversaire en cas de recours abusif.

• Si la Cour de cassation estime que la décision attaquée n'est pas conforme, elle la casse et désigne une juridiction de même degré que la précédente mais différente (c'est-à-dire un autre conseil de prud'hommes ou une autre cour d'appel, selon le cas, ou encore la même juridiction mais composée de magistrats différents) qui jugera l'affaire à nouveau sur ce seul point.

La juridiction de renvoi doit être saisie par déclaration à son greffe dans les 2 mois suivant la notification de l'arrêt de cassation (art. 1034, CPC).

La juridiction de renvoi peut soit :
- confirmer la cassation, l'affaire est alors définitivement jugée ;
- confirmer le premier jugement. Il est alors possible de saisir à nouveau la Cour de cassation qui statuera alors en assemblée plénière. L'affaire sera à nouveau

rejugée devant la juridiction de renvoi, mais celle-ci devra alors se plier à la décision prise par l'assemblée plénière.

- La Cour de cassation peut également casser sans renvoi lorsqu'elle estime qu'il n'y a pas à statuer à nouveau sur le fond*.

La cassation entraîne la nullité de la décision attaquée. Ainsi les parties sont éventuellement dans l'obligation de restituer les sommes qu'elles avaient obtenues en exécution de la décision cassée.

ATTENTION

Gare aux conséquences de la cassation ! Le pourvoi en cassation, contrairement à l'appel, n'est pas suspensif : la décision peut donc être exécutée entre-temps. Faites très attention cependant : si votre adversaire obtient la cassation de la décision rendue par les premiers juges, vous serez alors amené à rembourser les sommes perçues.

Quelles sont les autres voies de recours ?

Les jugements prud'homaux peuvent, sous certaines conditions, être contestés par opposition, tierce opposition ou encore par recours en révision. Ces trois procédures sont, en fait, peu fréquentes car elles ne peuvent être utilisées que dans des situations très précises. La question prioritaire de constitutionnalité ne constitue pas, à proprement parler, une mesure de recours contre un jugement, mais elle permet de contester un texte de loi ayant rapport avec le litige.

L'opposition

L'opposition n'est possible que pour les défendeurs défaillants contre lesquels a été rendu un jugement (ou une ordonnance de référé) prononcé par défaut.

Il faut donc que la décision ait été rendue par défaut et en dernier ressort et qu'il ne soit pas établi que le défendeur ait été touché par la convocation à comparaître.

Ainsi a-t-il été jugé qu'un employeur ne pouvait former opposition contre une décision rendue en dernier ressort dès lors qu'il avait bien reçu la lettre recommandée de convocation (Cass. soc., 28.10.1970) ou, autre exemple, alors que la citation à comparaître lui avait été signifiée par commissaire de justice (Cass. soc., 13.10.1965).

Les mesures d'instruction*, même ordonnées par défaut, ne peuvent faire l'objet d'une opposition.

Lorsqu'il s'agit d'une opposition à un jugement, celle-ci doit être portée directement devant le bureau de jugement par déclaration dans un délai d'1 mois à compter de la notification du jugement contesté.

S'il s'agit d'une opposition à une ordonnance de référé, le délai n'est que de 15 jours.

Le litige est alors réexaminé par le même juge, en présence, cette fois, des deux parties.

Si l'opposition est reconnue fondée, le nouveau jugement se substitue au précédent.

ATTENTION

Si le défendeur ne se présente pas le jour de l'audience, l'opposition est alors caduque et il ne peut réitérer sa demande (art. R. 1463-1, C. travail).

La tierce opposition

La tierce opposition, comme son nom l'indique, ne peut être formée que par des tiers qui s'estiment personnellement lésés par un jugement ou par un point d'un jugement. Ni le demandeur ni le défendeur ne peuvent donc avoir recours à la tierce opposition. Les Associations pour la gestion du régime de Garantie des créances des Salariés (AGS) peuvent faire tierce opposition par exemple d'un jugement rendu.

La tierce opposition ne peut être formée contre un jugement prud'homal dont l'affaire est en son entier pendante devant la cour d'appel. Dans ce cas, seule la voie de l'intervention en cause d'appel est ouverte aux personnes jusque-là étrangères à l'instance. (Cass. soc., 31.5.1989).

La tierce opposition peut être exercée dans un délai de 30 ans à compter du jugement (2 mois, si le jugement contesté a été notifié au tiers concerné) devant la juridiction qui a rendu la décision attaquée. Cependant, une tierce opposition « peut être formée sans limitation de temps contre un jugement produit au cours d'une autre instance par celui auquel on l'oppose » (art. 586, alinéa 2, CPC).

Si la tierce opposition est fondée, le point du jugement attaqué ayant porté préjudice au demandeur sera réformé (art. 582, CPC). Mais le premier jugement conservera ses effets entre les parties même pour les chefs annulés ou réformés (art. 591, alinéa 1er, CPC). Le jugement rendu sur tierce opposition est susceptible des mêmes recours que les décisions de la juridiction dont il émane (art. 592, CPC).

Le recours en révision

Le recours en révision n'est possible que lorsque l'on découvre des faits nouveaux et importants susceptibles de modifier le jugement qui a été rendu comme des pièces qui avaient été cachées par l'adversaire ou qui se sont révélées fausses, des faux témoignages...

Le délai de recours en révision est fixé à 2 mois à compter du jour où la partie a eu connaissance de la fraude (art. 596, CPC). Bien entendu, il faut que la fraude ne soit révélée qu'après le jugement pour que le recours en révision soit possible.

La question prioritaire de constitutionnalité

Ce dispositif, mis en place depuis le 1er mars 2010, permet de contester une disposition législative (loi ou ordonnance) que l'on considère comme contraire à un droit ou à une liberté garantis par la Constitution française (discrimination, liberté individuelle du salarié ou droit de grève, par exemple).

La question de constitutionnalité peut être posée à tout moment du procès, en première instance, en appel ou en cassation.

Elle doit être présentée par écrit devant la juridiction chargée de traiter le litige, cet écrit, distinct et motivé, n'étant soumis à aucun formalisme particulier (pas de formulaire à remplir ou de mention obligatoire à préciser). Si le demandeur a pris un avocat, c'est ce dernier qui se chargera de rédiger ce mémoire.

La juridiction saisie vérifie immédiatement la recevabilité de la question, c'est-à-dire que :

- la disposition contestée est bien applicable au litige ou à la procédure ou encore constitue le fondement des poursuites ;
- cette disposition n'a pas déjà été déclarée conforme à la Constitution par une décision du Conseil constitutionnel ;
- la question n'est pas dépourvue de caractère sérieux.

Si ces 3 conditions sont remplies, la juridiction transmet la demande dans les 8 jours à la Cour de cassation.

Le juge n'est également pas tenu de transmettre une question dont la Cour de cassation est déjà saisie par ailleurs.

MON CONSEIL

Renseignez-vous Si vous souhaitez poser une question prioritaire de constitutionnalité, vous pouvez vérifier au préalable que la disposition que vous souhaitez contester ne fait pas déjà l'objet d'une question identique, transmise à la Cour de cassation, sur le site Internet www.courdecassation.fr, et qu'elle n'a pas déjà fait l'objet d'une décision du Conseil constitutionnel sur le site www.conseil-constitutionnel.fr.

Dès que la question est transmise, la procédure est suspendue jusqu'à la décision de la Cour de cassation puis du Conseil constitutionnel. La juridiction peut toutefois prendre les mesures provisoires ou conservatoires qui s'imposent.

La Cour de cassation décide à son tour de transmettre ou non la demande devant le Conseil constitutionnel dans un délai de 3 mois à compter de la réception de la demande. Le refus de transmettre la question au Conseil constitutionnel n'est pas susceptible de recours.

S'il est saisi, le Conseil constitutionnel statue dans un délai de 3 mois à compter de sa saisine. S'il déclare la disposition litigieuse contraire à la Constitution, cette disposition est écartée dans le procès concerné puis abrogée. Cette abrogation prend effet immédiatement, sauf lorsque le Conseil constitutionnel décide de laisser au législateur le temps d'établir un nouveau texte (art. 126-1 et s., CPC).

L'aide juridictionnelle reste acquise au justiciable pendant l'examen de sa demande par la Cour de cassation ou le Conseil constitutionnel.

En droit social, le Conseil constitutionnel a rendu plusieurs décisions suite à ce dispositif, concernant, entre autres :

- l'indemnisation des accidents du travail (décision n° 2010-8, QPC 18.6.2010) ;
- la représentativité des organisations syndicales catégorielles (décision n° 2010-42, QPC 7.10.2010) ;
- les arrêtés préfectoraux de fermeture des commerces le dimanche (décision n° 2011-89, QPC 21.1.2011) ;
- la mise à la retraite d'office à 65 ans (décision n° 2011-98, QPC 4.2.2011) ;

- l'exclusion de certaines catégories de salariés dans l'effectif de l'entreprise (décision n° 2011-122, QPC 29.4.2011) ;
- la journée de solidarité (décision n° 2011-148, QPC 22.7.2011) ;
- le travail de nuit (décision n° 2014-377, QPC 4.4.2014) ;
- le portage salarial (décision n° 2014-388, QPC 11.4.2014).

LES DIFFÉRENTES VOIES DE RECOURS

	Quelles décisions ?	Qui ?	Délai*	Effet suspensif ?
APPEL	Jugement en 1er ressort	Partie n'ayant pas eu gain de cause totalement ou partiellement	1 mois	Dépend des condamnations (voir *L'expiration des délais de recours*, p. 123)
	Ordonnance de référé en 1er ressort		15 jours	
CASSATION	Jugement en dernier ressort	Partie n'ayant pas eu gain de cause totalement ou partiellement	2 mois	Non
	Arrêt de la cour d'appel			
OPPOSITION	Jugement par défaut	Partie condamnée	1 mois	Oui
	Ordonnance de référé par défaut		15 jours	
TIERCE OPPOSITION	Toute décision	Tiers lésé	– 30 ans ; – sans limitation ; – 2 mois. Les délais sont variables selon les cas prévus à l'article 586 du CPC.	Non
RECOURS EN RÉVISION	Décision passée en force de chose jugée*	Partie lésée	2 mois à compter de la découverte de la fraude	Non

*Les délais expirent le dernier jour, à 24 heures.

• Lorsque le délai est exprimé en jours, le premier jour ne compte pas. *Exemple* : le délai pour faire opposition à une ordonnance de référé notifiée un 13 janvier, expire le 28 janvier à minuit.

• Lorsque le délai est exprimé en mois ou en années, le délai expire le jour du mois ou de l'année qui porte le même quantième que le jour de la notification de l'acte. *Exemple* : le délai pour faire appel d'un jugement en premier ressort notifié un 15 avril expire le 15 mai à minuit.

• Lorsque le dernier jour correspond à un samedi, un dimanche ou un jour férié, les délais sont prolongés jusqu'au premier jour ouvrable suivant. *Exemple* : pour un jugement notifié le 1er octobre, la déclaration d'appel pourra être adressée à la cour jusqu'au 2 novembre (le 1er novembre étant férié).

• Enfin, lorsqu'une demande est portée devant une juridiction ayant son siège en France métropolitaine, les délais d'appel, d'opposition, de recours en révision et de pourvoi en cassation sont augmentés d'1 mois pour les personnes demeurant en Outre-mer (il en est de même pour les décisions prises en Outre-mer pour la personne demeurant en métropole), et de 2 mois si elles demeurent à l'étranger.

Comment faire exécuter une décision prud'homale ?

➤ Vous avez enfin reçu la copie de la décision qui condamne votre employeur à respecter vos droits. Ne criez pas victoire trop tôt : ce papier n'aura « aucune valeur » si vous ne parvenez pas à récupérer ce qui vous est dû. Une décision sur trois reste ainsi lettre morte, faute pour les salariés de connaître les moyens légaux permettant de faire exécuter les jugements rendus en leur faveur.

➤ Il faut dire qu'à partir de ce stade, les juridictions ont terminé leur tâche et ne peuvent donc plus vous être d'aucun secours. En cas de difficulté, il n'y a plus que le commissaire de justice qui peut vous apporter son aide.

Quand faire exécuter le jugement rendu ?

Après avoir reçu la notification de la décision, il appartiendra à la partie condamnée d'exécuter la décision à l'expiration des délais de recours, sauf exécution provisoire de droit ou ordonnée par le conseil de prud'hommes. En cas de refus, vous devrez faire procéder à l'exécution forcée du jugement.

La notification du jugement

Avant toute chose, il convient de notifier le jugement à son adversaire. Le greffe du conseil de prud'hommes effectue cette démarche en expédiant une copie du jugement à chacune des parties par lettre recommandée avec avis de réception.

Si votre adversaire ne va pas chercher le courrier recommandé, vous devrez lui signifier la décision en saisissant un commissaire de justice (ex-huissier).

Les commissaires de justice ne peuvent se présenter au domicile des particuliers qu'entre 6 h et 21 h et seulement les jours ouvrables.

L'acte de signification doit être remis à son destinataire ou à toute autre personne présente à son domicile. Si personne ne peut ou ne veut accepter de le prendre, le commissaire de justice dépose un avis de passage précisant que la copie de l'acte peut être retirée à son étude. Le destinataire est censé avoir eu connaissance de la signification le jour du dépôt de l'avis de passage.

Les actes de commissaire de justice peuvent être signifiés par voie électronique, avec l'accord du destinataire. Cet envoi fait alors l'objet d'un avis électronique de réception indiquant la date et l'heure de celle-ci. Si le destinataire n'en prend pas connaissance, une nouvelle signification doit être faite, à domicile cette fois.

MON CONSEIL

Relancez le greffe si le jugement n'est pas prêt ! Pour ce faire, il faut que le jugement soit matériellement prêt, c'est-à-dire rédigé et dactylographié afin qu'il puisse être expédié. Dans certains cas, il faut compter plusieurs semaines, voire des mois après que la décision ait été prononcée pour que le jugement soit mis en forme, faute de personnel administratif en nombre suffisant. N'hésitez pas à relancer le greffe et même à protester auprès du président du conseil de prud'hommes si l'attente se prolonge.

L'expiration des délais de recours

La date de notification du jugement fait courir les délais de recours.
Si le jugement est susceptible d'appel, il faudra donc attendre 1 mois avant de réclamer son exécution, sauf exécution provisoire.
Si votre adversaire fait appel durant ce laps de temps, le greffe de la cour d'appel vous le fera savoir. Dans ce cas, il faudra attendre l'arrêt que rendra la cour d'appel pour le faire exécuter.
Si le jugement n'est susceptible que d'un pourvoi en cassation, la décision est immédiatement exécutoire, vous n'avez pas à attendre que le délai de 2 mois pour former un pourvoi soit écoulé. En effet, le pourvoi en cassation n'est pas suspensif et le jugement attaqué doit donc être exécuté entre-temps.

L'exécution provisoire

L'exécution provisoire permet d'obtenir immédiatement l'exécution d'un jugement dès sa notification à l'adversaire, sans attendre l'expiration des délais de recours, et quand bien même l'adversaire aurait fait appel ou opposition.
L'exécution provisoire est de droit pour :
- les jugements qui ordonnent le paiement de sommes dues au titre de l'une des créances énumérées au 2° de l'article R. 1454-14 du Code du travail dans la limite d'un plafond fixé à 9 mois de salaire (calculé sur la moyenne des 3 derniers mois) (art. R. 1454-28-3, C. travail) ;
- les jugements qui ordonnent la remise d'un certificat de travail, de bulletins de paie ou de toute autre pièce que l'employeur est tenu de délivrer (art. R. 1454-28-2, C. travail) ;
- les décisions du bureau de conciliation ;
- les ordonnances de référé ;
- les décisions des conseillers rapporteurs ;
- les décisions qui prescrivent des mesures provisoires pour le cours de l'instance ou celles qui ordonnent des mesures conservatoires* ;
- les jugements qui statuent sur une demande en requalification en CDI d'un CDD (art. R. 1245-1, C. travail) ou en CDI d'une mission d'intérim (art. D. 1251-3, C. travail).
Mais on peut demander au conseil de prud'hommes d'ordonner l'exécution provisoire à propos d'autres mesures. La demande doit être motivée.
Il est conseillé de demander systématiquement l'exécution provisoire d'une demande. On ne risque en effet rien à le faire, sinon à voir sa demande rejetée.
Depuis le 1er janvier 2020, lorsque l'exécution provisoire est de droit ou a été ordonnée, le premier président de la cour d'appel ou le conseiller de la mise en état dès sa désignation peut, en cas d'appel, décider à la demande de l'intéressé, de la radiation de l'affaire jusqu'à l'exécution de la décision du conseil de prud'hommes, à moins qu'il lui paraisse que l'exécution provisoire serait de nature à entraîner des conséquences manifestement excessives ou que l'appelant est dans l'impossibilité d'exécuter la décision (art. 524, alinéa 1er, CPC). À noter que la demande de l'intéressé en radiation de l'affaire doit être présentée avant les

délais pour conclure en appel. La décision de radiation ne suspend pas les délais pour conclure de l'appelant. Elle suspend, en revanche, ces délais pour l'intimé. Enfin, le délai de péremption court à compter de la décision de radiation. À noter que la demande de radiation est un bon moyen pour forcer l'appelant à exécuter la décision, s'il veut que la cour d'appel statue sur son appel.
L'exécution provisoire a l'avantage d'être immédiate. Elle n'en reste pas moins provisoire comme son nom l'indique. Si le jugement est infirmé par la cour d'appel ou cassé par la Cour de cassation, l'intéressé devra rembourser les sommes qui lui ont été versées indûment, auxquelles s'ajouteront éventuellement des intérêts calculés à compter de la date de la notification* valant mise en demeure de la décision ouvrant droit à restitution. Attention aux mauvaises surprises !

Le bon vouloir de votre adversaire

La partie perdante peut exécuter spontanément la décision, ce qui constitue la décision la plus sage : elle évite ainsi les frais de poursuite qui seront mis à sa charge.
Mais il se peut aussi que l'adversaire fasse la sourde oreille. Dans ce cas, commencez par le relancer à l'amiable par courrier. S'il a pris un avocat, vous pouvez vous adresser directement à celui-ci. Si votre courrier reste sans effet, vous devrez alors faire procéder à l'exécution forcée du jugement.

Comment contraindre la partie adverse à exécuter la décision ?

Lorsque la partie perdante ne veut pas exécuter la décision (jugement ou arrêt) qui l'a condamnée, son adversaire peut la contraindre en procédant à l'exécution forcée par voie de commissaire de justice (ex-huissier). Ceci alourdira encore sa dette puisqu'elle devra régler les frais de commissaire de justice plus, éventuellement, des intérêts de retard.

L'exécution forcée

Pour procéder à l'exécution forcée, il faut s'adresser, en principe, à un commissaire de justice du ressort* du domicile de la partie condamnée. Vous devez donc choisir un commissaire de justice installé dans une commune rattachée à la même cour d'appel que le lieu de résidence de votre adversaire. Pour trouver les coordonnées d'un tel commissaire de justice, vous pouvez consulter le site Internet https://commissaire-justice.fr.

Avant toute chose, vous devez remettre au commissaire de justice :

- la « grosse* » du jugement ou de l'arrêt, c'est-à-dire une copie du jugement revêtue de la formule exécutoire : « En conséquence, la République française mande et ordonne à tous commissaires de justice, sur le requis, de mettre ledit jugement à exécution. » Cette copie est délivrée gratuitement par le greffe de la juridiction qui a rendu la décision. Si le greffe ne vous a pas spontanément adressé cette copie, vous pouvez la lui demander par lettre ou en remplissant un formulaire spécial en ligne sur www.service-public.fr/simulateur/calcul/11808 ;
- en cas d'exécution d'un jugement, un certificat de non-appel, délivré par le greffe de la cour d'appel dont relève le conseil de prud'hommes. Pour demander un certificat de non-appel, vous devrez avoir préalablement demandé au greffe du conseil de prud'hommes une copie des accusés de réception de notification aux parties de la décision. Cette demande peut se faire par lettre simple. Une fois la copie des accusés de réception de notification délivrée par le greffe du conseil de prud'hommes et le délai d'appel expiré, vous pouvez demander au greffe de la cour d'appel de vous délivrer un certificat de non-appel qui atteste que les délais pour faire appel ou opposition sont expirés. En effet, si la partie perdante a fait appel ou opposition, le jugement ne peut être exécuté, sauf en ce qui concerne les mesures pour lesquelles l'exécution provisoire a été ordonnée.

Le commissaire de justice remettra alors à l'adversaire un commandement de payer. Si celui-ci ne s'exécute toujours pas, il pourra procéder à des mesures de saisie : saisie-attribution (saisie des sommes appartenant à votre adversaire et détenues par des tiers, comme ses comptes bancaires, par exemple), saisie des rémunérations ou saisie-vente sur les meubles, selon les instructions données par son client.

À NOTER

Les frais de commissaire de justice La partie gagnante doit faire l'avance des frais de commissaire de justice (ex-huissier), mais ceux-ci lui seront remboursés par l'adversaire.

MON CONSEIL

La radiation de l'affaire En cas d'exécution provisoire, si votre adversaire ne s'est pas exécuté et fait appel du jugement, vous pouvez demander au premier président de la cour d'appel ou au conseiller de la mise en état de radier l'affaire. Votre adversaire ne pourra ainsi pas continuer la procédure d'appel avant de s'être soumis aux obligations prescrites par l'exécution provisoire (art. 524, CPC).

L'astreinte

L'astreinte consiste à condamner la partie perdante à payer une certaine somme par jour de retard pris dans l'exécution des obligations mises à sa charge par le jugement. Elle est utilisée lorsque la condamnation consiste en une obligation de faire : remise de documents ou bien mesure ayant pour but de faire cesser un trouble (réintégration d'un salarié, par exemple).

L'astreinte peut être ordonnée d'office par les juges. Il est également possible de demander au conseil de prud'hommes à ce qu'une mesure soit assortie d'une peine d'astreinte.

Si cette mesure ne parvient pas à dissuader l'adversaire et qu'il ne s'exécute pas, il faut alors demander au juge la « liquidation de l'astreinte » : il fera le décompte des sommes dues à ce titre et condamnera l'intéressé à les régler.

MON CONSEIL

La liquidation de l'astreinte N'oubliez pas de demander au conseil de prud'hommes qui ordonnera une astreinte de préciser dans sa décision qu'il se réserve la possibilité de liquider l'astreinte. À défaut et sauf si le conseil de prud'hommes reste saisi de votre affaire, vous devrez saisir le juge de l'exécution.

L'intérêt légal

Il s'agit d'intérêts de retard qui courent à partir du jour de la demande, ou du jour du jugement s'ils concernent des dommages et intérêts et s'ajoutent à une somme due.

Le taux de l'intérêt légal est fixé à 8,01 % pour le 1er semestre 2024. Il passe à 13,01 % à l'expiration d'un délai de 2 mois à compter du jour où la décision est devenue exécutoire, c'est-à-dire après qu'elle a été notifiée et que les voies de recours sont épuisées.

Ces taux, fixés par la Banque de France, sont révisés le 1er janvier et le 1er juillet de chaque année sur la base du taux directeur de la Banque centrale européenne. Au 1er semestre 2024, le taux d'intérêt légal s'établit à 5,07 % pour les créanciers professionnels.

Combien coûte une action prud'homale ?

➢ Ce n'est pas la procédure prud'homale en tant que telle qui vous ruinera : les frais de justice sont, en effet, gratuits.

➢ En revanche, vous serez contraint d'avancer les frais occasionnés par la participation des intervenants extérieurs éventuels : avocats, commissaires de justice (ex-huissiers), experts, témoins…

➢ Fort heureusement, une partie, voire l'ensemble de ces frais, peut vous être remboursée si vous gagnez votre procès, et, si vous ne disposez pas de ressources suffisantes, vous pouvez demander le bénéfice de l'aide juridictionnelle qui vous apportera une aide financière précieuse quelle que soit l'issue du procès.

Quels sont les frais de procès ?

Comme toute action en justice, l'action prud'homale entraîne certains frais : avocats et autres intervenants, amendes possibles…
Il est cependant possible de s'en faire rembourser tout ou partie.

Pas de frais de justice

La loi n° 77-1468 du 30 décembre 1977 a institué la gratuité des frais de justice. Ainsi les parties qui s'adressent à un conseil de prud'hommes n'ont plus à régler :
- les frais postaux nécessités par les actes et procédures ;
- les redevances et les émoluments perçus par les greffiers des conseils de prud'hommes.

Les copies d'extraits ou de certificats sont délivrées gratuitement.
Les actes de procédure, les jugements et tous les actes nécessaires à leur exécution sont exemptés de droits d'enregistrement et de timbre.
Les interventions des conseillers prud'hommes sont également gratuites (art. L. 1442-8, C. travail).

À NOTER
Pas de timbre fiscal en appel Bien que la procédure avec représentation obligatoire s'applique désormais en matière prud'homale devant la cour d'appel, le ministère de la Justice a précisé que les justiciables seront exemptés du droit de timbre de 225 € normalement exigé dans ce cas (Circulaire du ministère de la Justice, 5.7.2016).

La rémunération des divers intervenants

Les seuls frais qui peuvent rester à la charge des parties sont donc :

› Les honoraires des avocats

Chacune des parties doit régler les honoraires de l'avocat chargé de leur assistance ou de leur représentation durant les diverses phases de la procédure. Tout ou partie de ses frais d'avocat pourra être mis à la charge de la partie perdante par les juges sur le fondement de l'article 700 du Code de procédure civile.

› Les honoraires des commissaires de justice (ex-huissiers)

C'est généralement la partie gagnante qui devra faire l'avance des frais occasionnés par les actes dont elle a chargé le commissaire de justice : signification du jugement ou de l'arrêt, assignation*, exécution forcée et saisies éventuelles.

Pour ces activités, dont les commissaires de justice ont le monopole, leur rémunération comporte des droits fixes et des droits proportionnels calculés en fonction de l'acte considéré et de la somme en jeu lorsque ces actes sont relatifs à une obligation pécuniaire.

Ils peuvent également demander le remboursement de leurs frais de déplacement et de leurs débours (frais d'affranchissement des courriers, droits fiscaux, frais de serrurier en cas de saisie…).

Le montant de ces actes est tarifé (art. A 444-10 et s., C. commerce).

Les commissaires de justice ont le droit de pratiquer des honoraires libres sur leurs activités « hors monopole » (consultation juridique, procès-verbaux de constat…).

Les tarifs pratiqués doivent être affichés dans les cabinets des commissaires de justice ainsi que sur leurs sites Internet.

N'hésitez pas à demander un devis avant d'engager un commissaire de justice et, ensuite, une facture détaillée, accompagnée de justificatifs. Si la note vous semble trop salée, vous pouvez la contester en demandant au greffe de la juridiction qui a rendu la décision de vérifier le montant des dépens, en saisissant le président de la chambre régionale des commissaires de justice ou bien encore en saisissant le tribunal judiciaire.

À NOTER

Un tarif divisé par deux En matière prud'homale, les émoluments des commissaires de justice pour les activités dont ils ont le monopole sont divisés par 2 par rapport au tarif pratiqué en matière civile et commerciale (art. R. 1423-53, C. travail).

› Les frais des experts et des techniciens

Lorsque les conseillers prud'hommes ou les magistrats de la cour d'appel ont recours à un expert pour faire la lumière sur une question, ce sont les parties qui sont chargées de lui régler ses honoraires. Les experts exigent presque toujours une provision avant de commencer leur travail. Les juges peuvent également ordonner la consignation d'une provision supplémentaire en cours d'expertise, si la complexité de l'affaire le justifie.

Généralement, chacune des parties doit avancer la moitié de la provision, le gagnant pouvant, à la fin du procès, se faire rembourser sa contribution au titre des dépens.

Les tarifs pratiqués par les experts sont libres. Il faut compter entre 300 € et 3 000 € en fonction de l'importance et de la difficulté des opérations ainsi que du travail fourni.

› Les amendes civiles pour abus de procédure

Afin de limiter les recours abusifs contre les décisions prud'homales, les juges peuvent condamner à :
- une amende civile de 10 000 € au maximum plus à des dommages et intérêts* éventuels la partie qui exerce un recours abusif ;
- une amende civile du même montant (plus une indemnité envers la partie adverse) le demandeur en cassation qui succombe ou dont le pourvoi n'est pas admis lorsque celui-ci est jugé abusif.

Sont considérés comme abusifs les recours contre des décisions qui ne prêtent pas à contestation ou contestées dans le seul but de retarder les délais impartis pour exécuter ses obligations (manœuvres dilatoires*).

Les dépens

En principe, les juges condamnent la partie qui a perdu le procès à régler les frais exposés par l'adversaire.

Ils peuvent toutefois, par décision spéciale et motivée, laisser tout ou partie des dépens à la charge du gagnant.

Les dépens comprennent :
- les frais de commissaire de justice (ex-huissier) ;
- les rémunérations d'experts ;
- les frais d'interprétariat et de traduction, si nécessaire.

MON CONSEIL

Demandez la condamnation aux dépens ! La condamnation aux dépens est automatiquement prononcée par le juge. Il n'y a donc aucune formalité préalable à respecter pour l'obtenir. Par prudence, il est cependant conseillé de la demander, en particulier si l'on désire que son adversaire soit condamné aux dépens même s'il gagne le procès. À cet effet, cochez la case « Dépens », page 7 du formulaire de requête introductive (voir le modèle *Requête aux prud'hommes*, p. 209).

Le remboursement des autres frais

L'article 700 du Code de procédure civile prévoit que « le juge condamne la partie tenue aux dépens ou qui perd son procès à payer à l'autre partie la somme qu'il détermine, au titre des frais exposés et non compris dans les dépens [...] ».

Il est donc possible de se faire rembourser les frais non couverts par les dépens comme les honoraires d'avocat et, sur justificatifs, d'autres frais annexes tels que, par exemple, ses frais de déplacement et les heures de travail perdues pour se rendre aux audiences, les frais de constitution de dossier...

Mais attention, contrairement à la condamnation aux dépens, la condamnation sur la base de l'article 700 du Code de procédure civile n'est pas automatique. Il convient donc de la réclamer aux juges durant le procès, si possible dès la requête introductive. Une case est prévue à cet effet, page 7 du formulaire (voir le modèle *Requête aux prud'hommes*, p. 209).

Pouvez-vous obtenir l'aide juridictionnelle ?

L'aide juridictionnelle s'adresse aux personnes dont les ressources sont insuffisantes pour faire face aux frais occasionnés par une action en justice. Les bénéficiaires de cette aide n'ont pas à faire l'avance de ces frais qui sont pris directement en charge pour tout ou partie par l'État.
Elle est accordée aussi bien aux personnes qui attaquent en justice (les demandeurs) qu'à celles qui se défendent contre une action intentée contre elles (les défendeurs).

Que faut-il faire pour l'obtenir ?

Vous devez vous adresser au bureau d'aide juridictionnelle situé au tribunal judiciaire de votre domicile. Un formulaire de demande (voir le modèle *Demande d'aide juridictionnelle*, p. 228) et une notice explicative vous seront alors fournis. Vous pouvez également télécharger ces documents sur le site www.service-public.fr. Vous devrez remettre ce document rempli au tribunal judiciaire pour les procédures prud'homales. Si le conseil de prud'hommes n'est pas saisi, déposez votre demande au tribunal judiciaire de votre domicile. Attention, si le conseil de prud'hommes est déjà saisi, il faut déposer la demande au tribunal judiciaire dans le ressort duquel se trouve le conseil de prud'hommes. Si votre affaire est portée devant la cour d'appel, vous devez déposer votre demande au tribunal judiciaire, situé dans la même commune que la cour d'appel. Toutefois, si votre affaire est portée devant la Cour de cassation, c'est au greffe de la Cour de cassation que vous devez remettre ces documents.

Vous devez joindre à votre demande :

- une photocopie de votre dernier avis d'imposition ;
- les bulletins de paie de l'année précédente ;
- tous les documents nécessaires en cas de modification du niveau des ressources depuis le début de l'année (chômage, divorce, retraite, invalidité…) ;
- une copie des décisions de justice qui ont déjà pu être rendues et, le cas échéant, une copie de l'assignation* et de tous les actes de procédure ;
- un justificatif d'identité et de situation familiale (photocopie de la carte nationale d'identité, du passeport, du livret de famille…) ;
- en cas de demande d'aide juridictionnelle provisoire, tous documents démontrant qu'il y a urgence ou mise en péril de vos conditions essentielles de vie.

La décision d'octroi doit, en principe, intervenir dans un délai de 15 jours à 2 mois. En cas d'urgence, vous pouvez demander une admission provisoire.

L'aide juridictionnelle peut être demandée avant ou en cours de procès, aussi bien pour attaquer que pour se défendre ou encore pour faire exécuter un jugement déjà rendu. En cas de dépôt d'une demande d'aide juridictionnelle, la juridiction saisie doit surseoir à statuer jusqu'à la décision d'octroi ou de refus de l'aide.

ATTENTION

La décision d'octroi de l'aide juridictionnelle est valable 1 an. Vous devez donc impérativement saisir la justice avant l'expiration de ce délai.

L'aide couvre les frais de procédure, les honoraires d'avocat, des auxiliaires de justice (commissaire de justice), des experts ainsi que les frais éventuels d'interprètes.

Elle peut être totale ou partielle en fonction des ressources. Lorsqu'elle est totale, elle couvre la totalité des frais. Lorsqu'elle est partielle, elle prend en charge tous les frais de procédure, mais une partie seulement des honoraires d'avocat et des auxiliaires de justice qui varie toujours selon le niveau de ressources du bénéficiaire (voir *Quelles sont les ressources prises en compte ?*, p. 133).

En cas d'aide juridictionnelle partielle, l'avocat doit soumettre à son client une convention écrite fixant le complément d'honoraires qui restera à sa charge. Cette convention est contrôlée par le bâtonnier.*

Le bénéficiaire de l'aide juridictionnelle a droit de prendre l'avocat (ainsi que le commissaire de justice) de son choix. Il convient cependant de le prévenir car, dans ce cas, celui-ci peut ne pas accepter de vous défendre. La lettre d'acceptation de l'avocat doit de ce fait être jointe au dossier de demande. Si vous n'avez pas choisi d'avocat (ou si l'avocat choisi refuse de s'occuper de votre affaire), le bâtonnier peut en désigner un d'office.

Si le bénéficiaire de l'aide perd son procès ou qu'il est condamné aux dépens, le tribunal peut décider de laisser une partie de ceux-ci à la charge du Trésor public.

Si vous gagnez et que vous obtenez des dédommagements d'un montant tel que, si vous les aviez eus au jour de votre demande d'aide juridictionnelle, celle-ci ne vous aurait pas été accordée, l'avocat peut vous réclamer des honoraires (même si vous avez obtenu l'aide juridictionnelle totale). Dans ce cas, l'État peut également vous demander de rembourser tous les frais dont vous aviez été dispensé.

À NOTER

Aide juridictionnelle et règlement amiable On peut obtenir l'aide juridictionnelle pour couvrir les frais de justice (avocat, commissaire de justice) occasionnés par une transaction ou une procédure participative destinée à éviter le déclenchement du procès prud'homal. Dans ce cas, il faut faire une demande spéciale auprès du bureau d'aide juridictionnelle contenant notamment une brève description du différend, l'identité des parties et l'objet de la transaction envisagée (décret n° 91-1226 du 19.12.1991, art. 33).

L'aide juridictionnelle peut également couvrir les frais d'avocat et une partie de la rétribution du médiateur en cas de médiation judiciaire ou conventionnelle homologuée.

Quelles sont les ressources prises en compte ?

Les ressources prises en compte sont celles du foyer (ressources du demandeur, celles de son conjoint, de son concubin, de son partenaire de PACS et des autres personnes qui vivent habituellement sous son toit).
Il est tenu compte des revenus du travail mais également de tous les autres revenus du foyer tels que les retraites, les pensions alimentaires ou les loyers encaissés. Votre patrimoine mobilier (actions, obligations, capitaux...) et immobilier (maisons, terrains...) est également pris en compte.

À NOTER

Les « situations dignes d'intérêt » L'aide juridictionnelle peut être accordée, à titre exceptionnel, à des personnes ne remplissant pas les conditions de ressources exigées lorsque leur situation apparaît particulièrement digne d'intérêt au regard de l'objet du litige ou des charges prévisibles du procès (art. 5 de la loi du 10.7.1991).

On prend en compte la moyenne mensuelle de tous les revenus (salaires, pensions, éléments du train de vie, revenus locatifs, à l'exception notamment de l'APRE, de la prime d'activité, des prestations familiales et des allocations logement) de l'année civile précédente. Ainsi, l'aide juridictionnelle est accordée en 2024 aux personnes dont le plafond de ressources n'a pas dépassé un des trois plafonds suivants : revenu fiscal de référence, patrimoine mobilier et patrimoine immobilier. Voir à titre d'exemple, le tableau ci-après pour un foyer fiscal composé d'une ou de deux personnes.

NOMBRE DE PERSONNES DANS LE FOYER FISCAL	REVENU FISCAL DE RÉFÉRENCE	PLAFOND DU PATRIMOINE MOBILIER À NE PAS DÉPASSER	PLAFOND DU PATRIMOINE IMMOBILIER À NE PAS DÉPASSER	% DES FRAIS D'AVOCAT PRIS EN CHARGE
1	inférieur à 12 712 €	12 712 €	38 132 €	100 %
	de 12 713 € à 15 027 €	12 712 €	38 132 €	55 %
	de 15 028 € à 19 066 €	12 712 €	38 132 €	25 %

NOMBRE DE PERSONNES DANS LE FOYER FISCAL	REVENU FISCAL DE RÉFÉRENCE	PLAFOND DU PATRIMOINE MOBILIER À NE PAS DÉPASSER	PLAFOND DU PATRIMOINE IMMOBILIER À NE PAS DÉPASSER	% DES FRAIS D'AVOCAT PRIS EN CHARGE
2	inférieur à 15 001 €	15 001 €	44 996 €	100 %
	de 15 002 € à 17 315 €	15 001 €	44 996 €	55 %
	de 17 316 € à 21 354 €	15 001 €	44 996 €	25 %

Si le demandeur ne remplit pas les conditions de ressources, mais qu'il bénéficie de l'ASPA ou du RSA, l'aide juridictionnelle peut lui être exceptionnellement accordée à 100 %. En l'absence de revenu fiscal de référence, le plafond pris en compte est égal au double des revenus imposables des 6 derniers mois, après un abattement de 10 %.

À NOTER

Les indemnités de licenciement Les indemnités de licenciement accordées sur décision du conseil de prud'hommes ou de la cour d'appel (indemnité légale, conventionnelle ou pour licenciement abusif) sont exclues du montant des ressources pris en compte, en cas de pourvoi en cassation ayant cette décision pour objet. Une circulaire du ministère de la Justice indique que cette mesure tend à équilibrer l'instauration du caractère obligatoire de la représentation d'avocat en matière sociale devant la Cour de cassation.

Que faire si votre demande est rejetée ?

Si votre demande d'aide juridictionnelle est rejetée ou admise au titre de l'aide juridictionnelle partielle alors que vous aviez sollicité l'aide juridictionnelle totale, vous pouvez contester cette décision auprès du bureau d'aide juridictionnelle dans les 15 jours à compter de la notification de la décision. Le recours doit être adressé par lettre recommandée avec avis de réception et indiquer les raisons pour lesquelles vous contestez la décision prise. Vous devez joindre une copie de la décision contestée.

Une fois que le recours a été examiné par la juridiction compétente, la décision est notifiée par courrier. Cette deuxième décision est définitive et ne peut donc faire l'objet d'aucun recours.

Les principaux litiges de A à Z

➤ Vous trouverez ici les litiges les plus couramment soumis aux conseils de prud'hommes.

➤ Ceci vous aidera à chiffrer le montant des sommes que vous pouvez réclamer et vous permettra de rédiger le formulaire de demande.

➤ Ces informations, qui découlent des dispositions légales ou jurisprudentielles, sont données à titre indicatif. Chaque cas comporte des spécificités qui peuvent modifier la portée de ces textes. Consultez aussi votre convention collective qui peut prévoir des dispositions plus avantageuses.

A

› Abandon de poste

Depuis un décret du 17 avril 2023, un salarié qui abandonne son poste sans l'avoir repris après une mise en demeure de son employeur dans un délai de 15 jours est présumé avoir abandonné son poste. De ce fait, il n'aura pas le droit de bénéficier de l'assurance chômage.

› Accident du travail et maladie professionnelle

• Principe : interdiction de licencier les victimes d'un accident durant leur arrêt de travail proprement dit ainsi qu'éventuellement pendant le délai d'attente et la durée des stages de réadaptation, de rééducation ou de formation professionnelle suivis sur avis de la Commission des droits et de l'autonomie des personnes handicapées.
• Exceptions : possibilité de les licencier en cas de faute grave ou impossibilité de maintenir le contrat de travail pour des circonstances indépendantes du comportement du salarié (fermeture définitive de l'entreprise, par exemple), dûment justifiée.
• Sanction : en cas de licenciement du salarié en dehors des cas prévus par la loi, le salarié peut demander sa **réintégration dans l'entreprise** (voir *Réintégration dans l'entreprise*, p. 175).
Cette règle s'applique quelle que soit la nature du contrat (CDI, CDD, contrat d'apprentissage…).
• À l'issue de son arrêt de travail, le salarié doit retrouver son emploi ou, à défaut, un emploi similaire assorti d'une rémunération équivalente.
S'il est déclaré inapte par le médecin du travail, l'employeur doit lui proposer un nouvel emploi approprié à ses possibilités. Il ne peut être licencié que si son reclassement se révèle impossible ou s'il refuse le nouvel emploi qui lui est proposé et, dans ce cas, il a droit à une **indemnité compensatrice de préavis** (voir *Indemnité compensatrice de préavis*, p. 156) et à une **indemnité de licenciement** (voir *Indemnité de licenciement*, p. 157) égale au double de l'indemnité légale.
En cas de licenciement injustifié (licenciement d'un salarié apte ou d'un salarié inapte dont le reclassement n'est pas impossible), l'intéressé peut se voir octroyer par le conseil de prud'hommes une indemnité pour licenciement sans cause réelle et sérieuse (voir *Licenciement sans cause réelle et sérieuse (ou abusif)*, p. 159).
Attention : le médecin du travail peut désormais indiquer dans son avis d'inaptitude que le maintien du salarié dans l'entreprise serait gravement préjudiciable à sa santé ou que son état de santé fait obstacle à tout reclassement dans un emploi. Dans un tel cas, l'employeur est dispensé de son obligation de recherche de reclassement et peut engager directement une procédure de licenciement de la personne inapte.
En cas de désaccord avec l'avis du médecin du travail, il est possible de saisir le conseil de prud'hommes en référé dans un délai de 15 jours afin qu'il désigne un médecin expert chargé d'examiner le dossier.

› AGS

L'AGS (Association pour la gestion du régime de garantie des créances des salariés) est un fonds de solidarité interentreprises, constitué de cotisations patronales obligatoires payées pour toutes les entreprises.

L'association s'est fixée comme mission principale d'accompagner et soutenir les entreprises dans les procédures collectives (sauvegarde, redressement ou liquidation judiciaire) en avançant les fonds nécessaires au paiement des créances des salariés (salaires, indemnités de rupture du contrat de travail…). En cas de saisine du conseil de prud'hommes contre une entreprise en sauvegarde, redressement ou liquidation judiciaire, l'AGS doit être appelée dans la cause.

Voir *Sauvegarde, redressement ou liquidation judiciaires de l'entreprise*, p. 183.

› Allocation d'aide au retour à l'emploi

Pour percevoir l'allocation d'aide au retour à l'emploi (ARE), tout salarié du secteur privé doit avoir été involontairement privé d'emploi. Tel est notamment le cas :

- si le salarié a été licencié quel que soit le motif de licenciement retenu y compris pour faute grave ou pour faute lourde ;
- s'il a conclu une rupture conventionnelle ;
- à l'échéance de son CDD ou des missions d'intérim ;
- en cas de démission considérée comme légitime notamment pour suivre la personne avec qui le salarié vit en couple.

Le salarié doit également :

- ne pas avoir atteint l'âge minimum légal de départ à la retraite, ni remplir les conditions de trimestres ou d'âge ouvrant droit à la retraite à taux plein ;
- être physiquement apte à l'exercice d'un emploi ;
- résider en France ;
- justifier à la date de fin du contrat de travail, d'une période minimale de travail qui varie en fonction de l'âge du salarié.

Un simulateur sur le site Internet de France Travail (ex-Pôle emploi) permet d'estimer le montant de l'ARE qui peut être cumulé avec d'autres revenus d'activité, étant précisé que le versement de l'ARE sera revu à la baisse si certaines conditions sont remplies ou si le salarié retrouve une activité professionnelle salariée ou non, en France ou à l'étranger.

› Apprentissage

Le régime de la rupture du contrat d'apprentissage a été simplifié par la loi du 5 septembre 2018 (art. L. 6222-18 à L. 6222-22, C. travail).

Deux périodes doivent être distinguées :

- **Pendant les 45 premiers jours,** consécutifs ou non, de formation pratique en entreprise effectuée par l'apprenti, chaque partie peut rompre librement le contrat d'apprentissage sans avoir à motiver cette décision (art. L. 6222-18, alinéa 1er, et R. 6222-18, C. travail). La rupture ne peut donner lieu à indemnité à moins d'une stipulation contraire dans le contrat (art. L. 6222-21, C. travail).

• **Après cette période de 45 jours,** le contrat d'apprentissage peut être rompu :
- par accord des deux parties, constaté par écrit (art. L. 6222-18, alinéa 2, C. travail) ;
- en cas de force majeure, de faute grave de l'apprenti, d'inaptitude constatée par le médecin du travail ou en cas de décès d'un employeur maître d'apprentissage dans le cadre d'une entreprise unipersonnelle. La rupture prend la forme d'un licenciement pour motif personnel. En cas d'inaptitude constatée par le médecin du travail, l'employeur n'est pas tenu à une obligation de reclassement (art. L. 6222-18, alinéa 3, C. travail) ;
- à l'initiative de l'apprenti, après respect d'un préavis. Celui-ci doit au préalable solliciter le médiateur consulaire chargé de résoudre le différend entre l'apprenti et l'employeur (art. L. 6222-39, C. travail) ou le service chargé de la médiation dans le secteur public non industriel et commercial ;
- en cas de licenciement de l'apprenti décidé par l'employeur à la suite de l'exclusion définitive de l'apprenti prononcée par le centre de formation d'apprentis. Cette exclusion vaut cause réelle et sérieuse de licenciement. Si l'apprenti n'est pas licencié, il doit s'inscrire dans un nouveau CFA dans les 2 mois de son exclusion définitive ; à défaut, son maintien dans l'entreprise est subordonné à la conclusion soit d'un contrat de travail de droit commun, soit d'un avenant mettant fin à la période d'apprentissage (art. L. 6222-18-1, C. travail) ;
- en cas de liquidation judiciaire sans maintien de l'activité (art. L 6222-18, alinéa 5, C. travail) ;
- après une décision administrative d'opposition à l'engagement d'apprentis. L'employeur doit verser à l'apprenti les sommes dont il aurait été redevable si le contrat s'était poursuivi jusqu'à son terme ou jusqu'au terme de la période d'apprentissage (art. L. 6225-3, C. travail).

Sauf en cas d'exclusion définitive de l'apprenti, le CFA doit lui permettre de suivre sa formation théorique pendant 6 mois et contribuer à lui trouver un nouvel employeur afin de lui permettre d'achever son cycle de formation (art. L. 6222-18-2, C. travail).

Le contrat d'apprentissage ne peut pas faire l'objet d'une rupture conventionnelle (Circulaire DGT n° 2009-04 du 17.3.2009 relative à la rupture conventionnelle d'un contrat à durée indéterminée, 2.2).

En cas d'obtention du diplôme ou du titre préparé, l'apprenti peut rompre le contrat d'apprentissage avant le terme fixé initialement, à la condition d'en avoir informé l'employeur (art. L. 6222-19, C. travail).

› Attestation d'assurance chômage ou attestation employeur destinée à France Travail

Ce document permet au salarié de faire valoir ses droits au chômage auprès de France Travail (ex-Pôle emploi) après la rupture de son contrat de travail. Il doit lui être remis par l'employeur en même temps que le **certificat de travail** (voir *Certificat de travail*, p. 139). Comme pour ce dernier, on peut demander au conseil de prud'hommes la délivrance de l'attestation d'assurance chômage sous astreinte.

En attendant que l'employeur se conforme à ses obligations, le bureau de conciliation et d'orientation du conseil de prud'hommes peut fournir au salarié un document provisoire. Ce document reprend les informations contenues dans l'attestation d'assurance chômage et permet au salarié de faire valoir immédiatement ses droits aux allocations chômage. Il est notifié à France Travail (ex-Pôle emploi)i qui devra également recevoir la décision rendue sur le fond* par le bureau de jugement. Il pourra former tierce opposition de celle-ci dans les 2 mois à compter de sa notification.

B

› Bulletin de paie

Le bulletin de paie doit être remis au salarié au moment du paiement de son salaire. Il peut être remis sous version papier ou sous forme électronique à condition toutefois que :
- le salarié ne s'y oppose pas ;
- la remise s'effectue dans des conditions préservant l'intégralité, la disponibilité et la confidentialité des données ainsi que leur accessibilité dans le cadre du service en ligne du compte personnel d'activité. Le fichier utilisé ne doit donc pas être modifiable.

Il doit comporter certaines mentions comme le nom et l'adresse de l'employeur, l'intitulé de la convention collective, le montant des cotisations sociales. En revanche, il est interdit d'y porter des mentions relatives à l'exercice du droit de grève ou d'une activité de représentation (heures de délégation des représentants du personnel, par exemple).

Le salarié peut demander la délivrance des bulletins de paie, sous astreinte, au conseil de prud'hommes.

Il peut également obtenir à ce titre des dommages et intérêts* en cas de mauvaise foi ou de préjudice indépendant du retard (par exemple, si on lui a refusé une quelconque prestation parce qu'il n'a pas pu justifier de ses ressources, faute de ce bulletin de paie).

Précisons, par ailleurs, que la remise du bulletin de paie ne prouve plus, à elle seule, le versement des sommes qui y figurent. En cas de contestation, l'employeur doit prouver ce paiement en produisant les pièces comptables justificatives (Cass. soc., 2.2.1999).

C

› Certificat de travail

Au moment de la rupture du contrat de travail, l'employeur est tenu de délivrer au salarié ce document prouvant qu'il est libéré de son engagement.

En cas de non-remise de ce document, le salarié peut en exiger la délivrance devant le conseil de prud'hommes, au besoin sous astreinte – la délivrance du certificat de travail fait partie des mesures d'urgence provisoires – et réclamer des dommages et intérêts* éventuels.

› Clause de non-concurrence

Cette clause vise à interdire au salarié d'exercer, après la rupture de son contrat de travail, certaines activités professionnelles susceptibles de concurrencer son ancien employeur.

Pour être valable, cette clause doit être justifiée, c'est-à-dire répondre à la nécessité de protéger les intérêts légitimes de l'entreprise (exemple : protection d'un savoir-faire spécifique ou de la clientèle), être limitée dans le temps, dans l'espace (zone géographique) et quant à la nature des activités qui ne pourront être exercées.

Une clause de non-concurrence ne peut, en effet, empêcher le salarié d'exercer normalement son activité professionnelle.

Pour être valable, la clause de non-concurrence doit également être assortie d'une contrepartie pécuniaire qui sera versée au salarié (Cass. soc., 10.7.2002).

Le montant de cette indemnité peut être fixé par la convention collective ou le contrat individuel de travail. Elle ne doit pas être dérisoire.

L'article 17 de l'ANI (Accord national interprofessionnel) du 3 octobre 1975, applicable aux VRP, prévoit une indemnité mensuelle égale à 2/3 de mois de salaire si l'interdiction de concurrence est supérieure à 1 an et à 1/3 de mois si la durée de l'interdiction est inférieure. Ces montants sont réduits de moitié en cas de démission du VRP.

Le salarié peut contester une clause de non-concurrence s'il la trouve excessive ou la faire annuler si elle ne respecte pas les règles de validité énoncées ci-avant. Cette nullité peut ouvrir droit à des dommages et intérêts si le salarié peut démontrer qu'il a subi un préjudice (Cass. soc., 25.5.2016).

L'employeur, de son côté, peut poursuivre son ancien salarié ainsi que le nouvel employeur de celui-ci s'ils n'ont pas respecté la clause de non-concurrence. Il peut, à ce titre, obtenir des dommages et intérêts* et faire interdire, éventuellement sous astreinte et même en référé, la poursuite de l'activité. Le salarié est également tenu de rembourser le montant de la contrepartie pécuniaire qu'il a perçue (Cass. soc., 6.12.1995).

Enfin, une telle clause n'a vocation à s'appliquer que si l'employeur n'a pas libéré son salarié de cette clause dans les conditions prévues au contrat de travail ou dans la convention collective. En cas de levée de la clause de non-concurrence, le salarié est libéré de son obligation de ne pas concurrencer son employeur et ce dernier est libéré de son obligation d'avoir à lui verser une indemnité pécuniaire.

Même en l'absence de clause de non-concurrence, l'employeur peut poursuivre un salarié pour concurrence déloyale (voir *Concurrence*, p. 141).

› Commissions

Les commissions, qui représentent un pourcentage sur les affaires traitées, peuvent constituer l'intégralité ou une partie de la rémunération des VRP.

Elles sont dues sur les affaires directement traitées et conclues par le représentant. Elles peuvent l'être également sur les ordres indirects transmis par les clients à

l'employeur sans passer par le représentant, si le contrat de travail ou un usage le prévoient.
Le droit à commission est acquis en principe dès la passation de la commande.
Il peut cependant être subordonné à l'exécution de la commande et l'encaissement du prix, sauf si l'inexécution ou le défaut de paiement est dû à l'employeur.
Les commissions doivent être réglées au moins tous les 3 mois.
Les VRP disposent d'un délai de 3 ans pour réclamer le paiement des commissions qui leur sont dues.

› Concurrence

Le salarié doit s'abstenir d'exercer une activité faisant concurrence à celle de son employeur tant qu'il est à son service. Il doit donc se montrer loyal vis-à-vis de son employeur. Les actes de concurrence justifient le licenciement du salarié pour **faute grave** (voir *Faute grave*, p. 150), voire pour **faute lourde** (voir *Faute lourde*, p. 151).
À la cessation de son contrat de travail (par démission, licenciement, mise à la retraite…), le salarié redevient libre d'exercer une activité similaire à celle de son ancien employeur, sauf s'il est lié par une **clause de non-concurrence** (voir *Clause de non-concurrence*, p. 140). Cette liberté a cependant des limites et il est interdit à l'ancien salarié de pratiquer des manœuvres constituant une concurrence déloyale : dénigrement de l'ancien employeur, activité désorganisant son ancienne entreprise ou bien entretenant une confusion vis-à-vis de la clientèle, par exemple.
L'ancien employeur est alors en droit de poursuivre le salarié devant le tribunal judiciaire ou le tribunal de commerce lorsque les actes de concurrence ont été commis après l'expiration du contrat de travail, et devant le conseil de prud'hommes s'ils ont été commis avant.

› Congé de formation économique, sociale et syndicale

Tous les salariés ont droit au maximum à 12 jours d'absence dans l'année (18 pour les animateurs de stages et les responsables syndicaux) afin de participer à des stages qui se déroulent au sein d'organismes figurant sur une liste établie par le ministère du Travail.
L'employeur peut refuser ce congé dans un délai de 8 jours à compter de la réception de la demande du salarié, faite par écrit au moins 30 jours avant le début de la formation, laquelle doit préciser la date et la durée de l'absence ainsi que le nom de l'organisme responsable de la formation. Ce refus doit être motivé et ne peut être rendu qu'après avis conforme du CSE. Le salarié a la possibilité de contester ce refus devant le bureau de jugement statuant en dernier ressort, selon la procédure accélérée au fond.
Passé ce délai de 8 jours, l'employeur ne peut plus refuser ce congé.
Pendant ce congé, le salarié bénéficie d'un maintien total de sa rémunération. Son contrat de travail est suspendu. La durée de ce congé est assimilée à du temps de travail effectif pour le calcul des congés payés.

› Congé de paternité et d'accueil de l'enfant

Longtemps réservé au père de l'enfant (père biologique ou l'ayant reconnu), le congé de paternité et d'accueil de l'enfant est désormais ouvert également à la personne vivant maritalement avec la mère (conjoint, partenaire de PACS ou concubin), indépendamment de son sexe et de son lien de filiation avec le nouveau-né. Depuis le 1er juillet 2021, la durée du congé est portée de 11 à 25 jours (32 jours calendaires en cas de naissances multiples) à prendre dans les 6 mois suivant la naissance de l'enfant pour la période de 21 ou 28 jours. Le congé comporte 2 périodes distinctes :

- 1 période obligatoire de 4 jours calendaires prise immédiatement après le congé de naissance d'une durée minimale de 3 jours ouvrables ;
- 1 période de 21 jours calendaires, portée à 28 jours en cas de naissances multiples.

Le congé de paternité peut être pris de manière fractionnée ou non. En cas de fractionnement du congé, il doit être pris en 2 périodes d'une durée minimale de 5 jours pour chaque période.

Le congé peut être reporté au-delà de 6 mois :

- en cas d'hospitalisation de l'enfant. Le congé doit alors être pris dans les 6 mois qui suivent la fin de l'hospitalisation ;
- en cas de décès de la mère. Le congé doit être posé dans les 6 mois qui suivent la fin du congé dont bénéficie le père suite au décès, tel que prévu à l'article L. 1225-28 du Code du travail.

Pour ce faire, le salarié doit informer son employeur au moins 1 mois avant la date du début du congé par écrit ou oralement. Il doit lui préciser les dates de début et de fin de congé qu'il souhaite prendre. Il est préférable de procéder à cette information par écrit afin de pouvoir disposer de preuves si nécessaire. Si cette formalité est respectée, l'employeur ne peut pas s'opposer à ce congé, ni en exiger le report (Cass. soc., 31.5.2012).

Le congé de paternité et d'accueil de l'enfant entraîne la suspension du contrat de travail. Pendant ce congé, le salarié ne peut pas être licencié sauf si l'employeur justifie d'une faute grave ou de l'impossibilité de maintenir le contrat de travail du salarié pour un motif étranger au congé de paternité et d'accueil de l'enfant.

Ce congé n'est pas rémunéré par l'employeur mais ouvre droit aux indemnités journalières de l'assurance maladie, sous certaines conditions.

À l'issue du congé, le salarié doit retrouver son emploi précédent ou, à défaut, un emploi similaire assorti d'une rémunération équivalente.

› Congé pour création ou reprise d'entreprise

Les salariés justifiant de 2 ans d'ancienneté peuvent demander à bénéficier d'un congé à temps plein non rémunéré ou à travailler à temps partiel pendant 1 an renouvelable une fois – l'employeur devant être informé 2 mois avant le terme du congé initial et selon les mêmes modalités – pour créer ou reprendre une entreprise. Ce congé est également accordé aux salariés qui désirent exercer des responsabilités de direction au sein d'une jeune entreprise innovante.

Certaines conditions de mise en œuvre de ce congé (durée maximale, conditions d'ancienneté, conditions pour refuser ou différer le congé…) peuvent être fixées par convention ou accord d'entreprise ou, à défaut, par accord de branche. Ce n'est qu'à défaut d'accord collectif que s'appliquent les règles énoncées aux articles L. 3142-116 et suivants du Code du travail.

Dans les entreprises de moins de 300 salariés, l'employeur peut refuser ce congé ou le passage à temps partiel :

- s'il estime, après avis du CSE que ce congé ou cette activité à temps partiel aura des conséquences préjudiciables à la bonne marche de l'entreprise ;
- si le salarié demande ce congé ou cette période d'activité à temps partiel moins de 3 ans après un précédent congé de même nature.

L'employeur doit préciser le motif de son refus et en informer le salarié.

Le salarié peut contester ce refus auprès du conseil de prud'hommes, statuant selon la procédure accélérée au fond, s'il l'estime injustifié, dans les 15 jours suivant la réception de la lettre de refus.

À son retour, le salarié ayant bénéficié d'un congé doit être réintégré dans son emploi ou un emploi similaire.

› Congé parental d'éducation

Tout salarié ayant 1 an d'ancienneté a droit à un congé à plein temps non rémunéré ou de travailler à temps partiel pendant 1 an renouvelable deux fois après la naissance ou l'adoption d'un enfant de moins de 3 ans (1 an pour l'adoption d'un enfant âgé de 3 à 16 ans). Ce congé prend fin au plus tard au 3e anniversaire de l'enfant ou 3 ans à compter de l'arrivée de l'enfant au foyer.

À NOTER

En cas de naissances multiples En cas de naissance de jumeaux, le congé peut être prolongé jusqu'à l'entrée à l'école maternelle des enfants. Par ailleurs, en cas de naissance de triplés et plus (ou d'adoption d'au moins 3 enfants), le congé peut être prolongé jusqu'au 6e anniversaire des enfants.

Le congé peut également être prolongé d'1 an si l'enfant est victime d'une maladie, d'un accident ou d'un handicap grave. La gravité de la maladie ou de l'accident est attestée par un certificat médical indiquant également que l'état de santé de l'enfant rend nécessaire la présence d'une personne à ses côtés. Le handicap grave est établi dès lors qu'il ouvre droit à l'allocation d'éducation de l'enfant handicapé.

Le salarié doit informer son employeur par lettre recommandée avec avis de réception ou par lettre remise en main propre contre décharge du point de départ et de la durée de la période pendant laquelle il entend bénéficier du congé parental ou du travail à temps partiel :

- 1 mois avant le terme du congé de maternité ou d'adoption si ce congé suit immédiatement le congé maternité ;
- dans les autres cas, 2 mois avant le début du congé parental ou de l'activité à temps partiel.

Quand le salarié entend prolonger ce congé, il doit en informer son employeur par lettre recommandée avec avis de réception au moins 1 mois avant le terme initialement prévu du congé. S'il ne le fait pas, il sera en absence injustifiée et pourra être licencié (Cass. soc., 3.5.2016).

À son retour, le salarié doit retrouver son emploi précédent ou, à défaut, un emploi similaire assorti d'une rémunération équivalente. Il a également droit à un entretien professionnel avec son employeur afin de déterminer ses besoins en formation et examiner les conséquences du congé sur l'évolution de sa carrière et de sa rémunération. À la demande du salarié, cet entretien peut avoir lieu avant la fin du congé.

Le refus de l'employeur de réintégrer le salarié s'analyse en un licenciement ouvrant droit aux indemnités de rupture et pouvant donner lieu à l'attribution de dommages et intérêts.

› Congé sabbatique

Tout salarié peut prendre un congé sabbatique (non rémunéré) sans avoir à fournir de motif, à condition :

- d'avoir une ancienneté minimale dans l'entreprise ou le groupe correspondant à l'ancienneté définie par accord collectif ou à défaut, de 3 ans ;
- d'avoir au moins 6 années d'expérience professionnelle ;
- de ne pas avoir bénéficié depuis une durée définie par accord ou, à défaut, de 6 années, d'un congé sabbatique, d'un congé pour création d'entreprise ou d'un congé individuel de formation d'une durée d'au moins 6 mois.

À défaut d'accord collectif, le congé sabbatique dure au minimum 6 mois et au maximum 11 mois.

Ce congé est régi par les mêmes règles que le **congé pour création d'entreprise** (voir *Congé pour création ou reprise d'entreprise*, p. 142).

À son retour, le salarié a droit à un entretien professionnel avec son employeur portant sur ses perspectives d'évolution en termes de qualification et d'emploi.

› Congés payés

Les salariés ont droit à 2,5 jours ouvrables de congés payés par mois de travail, la durée totale de ces congés ne pouvant dépasser 30 jours ouvrables par an.

Les jeunes parents âgées de moins de 21 ans bénéficient de 3 jours supplémentaires par enfant de moins de 15 ans (pas de condition d'âge si l'enfant est handicapé).

En cas de prise des congés en dehors de la période du 1er mai au 31 octobre, le salarié peut bénéficier :

- d'1 jour supplémentaire s'il prend entre 3 et 5 jours de congés durant cette période ;
- de 2 jours supplémentaires s'il prend 6 jours ou plus.

Les accords d'entreprise ou, à défaut, les conventions ou accords de branche peuvent prévoir des congés plus longs, en fonction de l'ancienneté notamment.

Pendant leurs périodes de congés payés, les salariés ont droit au maintien de leur salaire ou à 1/10e de la rémunération totale perçue entre le 1er juin de l'année précédente et le 31 mai de l'année en cours (c'est la méthode la plus avantageuse qui doit être appliquée). Cette indemnité de congés payés doit être réglée lors de la

prise des congés. Il est également possible de prévoir une rémunération mensuelle forfaitaire, additionnant indemnité de congés payés et salaire de base (Cass. soc., 16.12.1992). Dans ce cas, la répartition des sommes versées doit être claire et compréhensible pour le salarié (Cass. soc., 14.11.2013).
Quelle que soit la solution choisie, le montant de l'indemnité doit figurer sur le bulletin de paie correspondant.
En cas de rupture du contrat de travail (par démission ou licenciement), le salarié a droit à une **indemnité compensatrice de congés payés** (voir *Indemnité compensatrice de congés payés,* p. 156) pour les jours lui restant dus.
Dans certaines professions (BTP, dockers, spectacles, personnel intermittent des transports), les indemnités de congés payés sont versées non pas par l'employeur, mais par des caisses de congés payés autonomes. En cas de contestation, il faut donc assigner ces organismes aux prud'hommes.
Afin de se mettre en conformité avec le droit européen, la Cour de cassation a affirmé pour la première fois que les salariés auront désormais droit à l'acquisition de congés payés pendant un arrêt de travail pour maladie ou accident non-professionnel (Cass. soc., 13.9.2023).

› Contingent annuel d'heures supplémentaires

Le contingent annuel d'heures supplémentaires, défini par convention ou accord collectif d'entreprise ou d'établissement ou, à défaut, par convention ou accord de branche, constitue le seuil de déclenchement de la contrepartie obligatoire en repos.
À défaut de contingent conventionnel, c'est le contingent réglementaire fixé à 220 heures par an et par salarié qui s'applique.
Les heures prises en compte dans ce contingent sont celles accomplies au-delà de 35 heures par semaine.
Toute heure supplémentaire accomplie au-delà du contingent applicable donne lieu, en plus des majorations de salaire, à une contrepartie obligatoire en repos fixée à :
- 50 % pour les entreprises de 1 à 20 salariés ;
- 100 % pour celles de plus de 20 salariés.

En cas de résiliation du contrat de travail, les repos non pris ouvrent droit à une indemnité correspondant aux droits acquis par le salarié.
Les heures supplémentaires accomplies dans la limite du contingent ne donnent pas droit à contrepartie en repos, sauf si la convention ou l'accord collectif applicable dans l'entreprise le prévoit.

› Contrat de travail à durée déterminée

Les contrats à durée déterminée sont strictement encadrés par la loi : conclusion, durée, renouvellement, contenu du contrat écrit.
Si certaines de ces conditions ne sont pas respectées, le salarié peut demander la **requalification** de son contrat en contrat à durée indéterminée (voir *Requalification du contrat de travail,* p. 177).
Le contrat à durée déterminée prend fin à l'arrivée du terme et ouvre droit, pour le salarié, à une indemnité de précarité égale à 10 % de la rémunération brute per-

çue par le salarié (cette indemnité est ramenée sous certaines conditions à 6 %), sauf exceptions prévues par le Code du travail (exemple : contrat à durée déterminée d'usage).
Le contrat à durée déterminée peut être rompu de manière anticipée dans les cas limitativement prévus par la loi (voir *Rupture anticipée d'un contrat à durée déterminée*, p. 179). Depuis la loi du 21/12/2022, il a été réintroduit la possibilité pour l'employeur de conclure un seul CDD ou contrat de missions avec un salarié afin de pourvoir au remplacement de plusieurs salariés.

ATTENTION
Depuis le 1er janvier 2024, en cas de refus par un salarié en CDD ou en intérim d'un CDI, l'employeur doit en informer France Travail. Si le salarié a refusé, au cours des 12 derniers mois, deux propositions de CDI, il sera privé de son droit à l'allocation d'assurance chômage.

› Contrat de sécurisation professionnelle

Le contrat de sécurisation professionnelle (CSP) est un dispositif d'accompagnement renforcé du salarié sous forme de suivi individualisé, mis en place par France Travail (ex-Pôle emploi), qui prévoit l'organisation et le déroulement d'un parcours de retour à l'emploi.
Il débute par une phase de pré-bilan d'évaluation des compétences et d'orientation professionnelle (un entretien doit être réalisé dans les 8 jours qui suivent la date d'adhésion). En fonction de l'issue de cet entretien, des mesures d'accompagnement peuvent être envisagées.
Le CSP doit être proposé par tout employeur employant moins de 1 000 salariés à chaque salarié concerné par un licenciement pour motif économique.
Dans le cadre de la procédure de licenciement et en cas d'entretien préalable au licenciement, l'employeur doit remettre, au plus tard le jour de l'entretien préalable, un document écrit au salarié, qui précise :

- le contenu du CSP ;
- le délai de réflexion de 21 jours calendaires dont le salarié dispose ;
- la date à partir de laquelle son contrat de travail est rompu s'il accepte la proposition ;
- le motif de licenciement économique envisagé, ce motif pouvant être précisé jusqu'à l'adhésion par le salarié au CSP. À défaut, si le salarié adhère au CSP sans avoir été informé préalablement à son adhésion du motif de licenciement envisagé, il pourra contester la rupture de son contrat de travail et demander des dommages et intérêts pour licenciement sans cause réelle et sérieuse.

L'absence de réponse dans le délai prévu est assimilée à un refus du CSP par le salarié.
Si le salarié accepte de bénéficier d'un CSP, son contrat de travail est rompu d'un commun accord, à la date d'expiration du délai de réflexion.
Le salarié conserve le droit de contester la rupture de son contrat de travail.
À défaut de proposition par l'employeur, France Travail (ex-Pôle emploi) proposera le CSP au salarié.

Au titre des indemnités de rupture, en cas d'adhésion au CSP, il n'y a pas de carence France Travail. Le salarié perçoit l'indemnité légale ou conventionnelle de licenciement (s'il remplit les conditions d'ancienneté).
Le salarié qui a au moins 1 an d'ancienneté ne perçoit pas d'indemnité compensatrice de préavis dans la limite de 3 mois de salaire. En d'autres termes, si le délai de préavis est supérieur à 3 mois, le salarié percevra la différence. L'employeur verse à France Travail l'équivalent de l'indemnité que le salarié aurait perçue s'il n'avait pas bénéficié du CSP, dans la limite de 3 mois de salaire.
Le bénéficiaire du CSP a droit au versement de l'allocation de sécurisation professionnelle (ASP) pendant 12 mois dont le montant, qui peut être plus élevé que l'ARE, varie en fonction de l'ancienneté du salarié (inférieure à 1 an ou d'au moins 1 an).
Si, au terme du CSP, le bénéficiaire est toujours à la recherche d'un emploi, il peut percevoir l'allocation d'**aide au retour à l'emploi** (voir *Allocation d'aide au retour à l'emploi*, p. 137) sans différé d'indemnisation, ni délai d'attente, étant précisé que la durée d'indemnisation est réduite du nombre de jours durant lesquels le bénéficiaire du CSP a perçu l'allocation de sécurisation professionnelle (ASP).

› Contrat de travail temporaire

Les règles de validité sont identiques à celles prévues pour le **contrat de travail à durée déterminée** (voir *Contrat de travail à durée déterminée*, p. 145).
Le salarié intérimaire peut obtenir la requalification de son contrat d'intérim en contrat à durée indéterminée auprès de l'entreprise utilisatrice lorsque :
- celle-ci continue de le faire travailler après la fin de la mission sans nouveau contrat de mission ;
- le recours au travail temporaire ne repose pas sur un motif légitime ou en cas de violation des règles relatives à la durée de la mission, à son renouvellement et à l'aménagement de son terme.

L'action en requalification peut aussi être intentée contre l'entreprise de travail temporaire lorsque « les conditions à défaut desquelles toute opération de prêt de main-d'œuvre est interdite » (formulation de la Cour de cassation pour des décisions rendues qui n'ont pas été respectées – exemple : absence d'un contrat écrit).

ATTENTION
Depuis l'ordonnance n° 2017-1387 du 22 septembre 2017, la méconnaissance de l'obligation de transmettre le contrat dans les 2 jours ne peut pas, à elle seule, entraîner la requalification en contrat à durée indéterminée. Elle ouvre droit, pour le salarié, à une indemnité d'1 mois de salaire au maximum.

Enfin, deux actions en requalification peuvent être intentées à l'encontre d'une part, de l'entreprise utilisatrice et d'autre part, de l'entreprise de travail temporaire qui peuvent être condamnées *in solidum* (c'est-à-dire toutes les deux), dès lors que ces deux actions ont deux fondements juridiques différents.

D

› Décès de l'employeur

Voir *Modification de la situation juridique de l'employeur*, p. 166.

› Déclaration préalable à l'embauche

Les employeurs sont tenus de déclarer leurs salariés à l'URSSAF (ou à la MSA pour les salariés agricoles) au plus tôt dans les 8 jours précédant leur embauche et au plus tard, le dernier jour ouvrable précédant l'embauche (si la déclaration est envoyée par voie postale) et dans les instants précédant l'embauche si elle est envoyée par Internet ou télécopie. L'employeur doit remettre au salarié concerné une copie de la déclaration ou de l'accusé de réception de ce document transmis par l'organisme concerné, sauf s'il a mentionné les coordonnées de cet organisme dans le contrat de travail. À défaut d'une telle déclaration, l'employeur peut être poursuivi pour travail dissimulé.
Le non-respect de l'obligation de déclaration entraîne également des sanctions civiles (recouvrement des cotisations), des sanctions administratives, c'est-à-dire une pénalité égale à 300 fois le taux horaire du minimum garanti (soit 1 245 € au 1.6.2024) qui sera recouvrée par l'URSSAF dont relève l'employeur et éventuellement des sanctions pénales (délit de travail dissimulé par dissimulation d'emploi salarié).

› Démission

La démission consiste en la rupture par le salarié de son contrat de travail à durée indéterminée.
Sauf dispositions contraires dans la convention collective, la démission n'est soumise à aucun formalisme. Un écrit n'est donc pas obligatoire mais conseillé pour déterminer avec certitude la date à laquelle la démission est donnée et le point de départ du préavis.
De même, la démission n'a pas à être motivée, ni à être acceptée par l'employeur. Seule est exigée de la part du salarié une volonté claire et non équivoque de rompre son contrat de travail. En outre, la démission ne se présume pas. En d'autres termes, la volonté de démissionner doit s'exprimer librement et ne peut pas être déduite du comportement du salarié (exemple : un employeur ne peut pas considérer qu'un salarié qui ne reprend pas son travail après un arrêt maladie est démissionnaire). Dans le cas contraire (exemple : démission donnée sous la pression de l'employeur ou sous le coup de la colère ou de l'énervement ou à la suite d'un comportement fautif de l'employeur), la rupture peut être requalifiée en licenciement sans cause réelle et sérieuse par le conseil de prud'hommes.
Le salarié qui démissionne doit effectuer un préavis dont la durée est fixée pour les VRP et les journalistes par la loi et pour les autres salariés, par la convention collective ou, en l'absence de convention collective, par les usages pratiqués dans la localité et la profession. Les règles sur l'abandon de poste ont modifié ces règles. Un salarié en abandon de poste peut être considéré comme démissionnaire.

À NOTER
Le contrat de travail peut prévoir un préavis de démission d'une durée plus courte que celle fixée par la convention collective, mais jamais plus long (Cass. soc., 18.2.2015).

› Discrimination

Constitue une discrimination toute mesure fondée sur l'origine, les mœurs, l'orientation sexuelle, l'identité de genre, les opinions politiques, les activités syndicales ou mutualistes, l'exercice normal du droit de grève, l'ethnie, la nation, la prétendue race, la religion, l'état de santé ou le handicap, le sexe, les caractéristiques génétiques, la grossesse, l'apparence physique, l'âge, le patronyme, le lieu de résidence ou de domiciliation bancaire, la capacité à s'exprimer dans une langue autre que le français, la particulière vulnérabilité d'une personne résultant de sa situation économique ou encore la situation de famille du salarié.

Les salariés ne peuvent également pas faire l'objet d'une mesure discriminatoire pour avoir relaté ou témoigné de bonne foi à leur employeur ou aux autorités judiciaires des faits relatifs à un risque grave pour la santé publique ou l'environnement que ferait courir l'entreprise. Il en est de même pour les lanceurs d'alerte ayant révélé ou signalé de manière désintéressée et de bonne foi un crime ou un délit, une violation grave et manifeste de la loi ou du règlement, une menace ou un préjudice grave pour l'intérêt général dont ils ont eu personnellement connaissance.

Toute mesure discriminatoire (rémunération, sanction disciplinaire, licenciement) peut être annulée par le conseil de prud'hommes.

Le conseil de prud'hommes est compétent pour accorder des dommages et intérêts aux salariés victimes d'une discrimination lors d'une procédure de recrutement (Cass. soc., 20.12.2006).

Il est à noter que ce n'est pas au salarié de prouver que la mesure dont il a été victime est discriminatoire. C'est l'employeur qui est tenu d'établir que la disparité constatée est justifiée par des éléments objectifs étrangers à toute discrimination.

Les organisations syndicales et les associations de lutte contre les discriminations (ainsi que les associations œuvrant dans le domaine du handicap pour les discriminations fondées sur le handicap) peuvent engager une action en justice à la place des victimes de tels actes. Elles peuvent également engager une action de groupe en cas de discrimination collective.

Précisons également qu'aucun salarié ne peut faire l'objet d'une discrimination pour avoir témoigné ou relaté de tels agissements dans l'entreprise ou encore en raison de l'action en justice qu'il aurait engagée ou qui aurait été menée en sa faveur suite à de tels faits.

En cas de licenciement fondé sur un motif discriminatoire, le salarié a droit à sa **réintégration dans l'entreprise** (voir *Réintégration dans l'entreprise*, p. 175).

De plus, toute personne qui s'estime victime d'une discrimination peut s'adresser au Défenseur des droits.

› Dommages et intérêts pour rupture abusive

Voir *Licenciement sans cause réelle et sérieuse (ou abusif)*, p. 159.

E

› Égalité salariale

Les employeurs sont tenus d'assurer une rémunération identique aux salariés effectuant un même travail ou un travail de valeur égale.
En cas de litige, c'est l'employeur qui doit fournir les éléments de nature à justifier une inégalité de rémunération (exemples : ancienneté plus importante, sauf s'il existe déjà une prime d'ancienneté prenant en compte cet élément ou encore, diplômes différents).
Le principe « à travail égal, salaire égal » doit en particulier s'appliquer entre les hommes et les femmes (voir *Discrimination*, p. 149).
Il appartient au salarié qui invoque une atteinte au principe « à travail égal, salaire égal » de soumettre au juge des éléments de fait susceptibles de caractériser une inégalité de rémunération. Il incombe ensuite à l'employeur de rapporter la preuve d'éléments objectifs et matériellement vérifiables justifiant cette différence (exemple : différence de traitement résultant d'un transfert de personnel).

À NOTER
Le salarié peut demander au conseil de prud'hommes, en référé ou devant le bureau de conciliation et d'orientation, sur le fondement de l'article 145 du Code de procédure civile, la communication par l'employeur de tout document utile à l'établissement de la preuve tel que les bulletins de paie, les contrats de travail, etc., d'autres collègues.

Il est à noter que le licenciement d'un salarié en raison de l'action en justice qu'il aurait engagée ou qui serait engagée en sa faveur sur la base de dispositions relatives à l'égalité professionnelle est considéré comme nul et non avenu. Dans un tel cas, le salarié doit être réintégré dans l'entreprise (voir *Réintégration dans l'entreprise*, p. 175).

F

› Faute grave

La faute grave résulte d'une violation par le salarié des obligations découlant du contrat de travail ou des relations de travail qui rend impossible son maintien dans l'entreprise (Cass. soc., 10.11.2010).
La faute grave ne dispense pas l'employeur de respecter la procédure de licenciement ou, en cas de rupture d'un contrat à durée déterminée pour faute grave, la procédure disciplinaire.

En revanche, en cas de licenciement, la faute grave prive le salarié de son préavis et de l'indemnité légale ou conventionnelle de licenciement.
En cas de rupture anticipée d'un contrat à durée déterminée pour faute grave, le salarié sera privé de son indemnité de précarité.
Dans les deux cas, seule l'**indemnité compensatrice de congés payés** (voir *Indemnité compensatrice de congés payés,* p. 156) sera versée.
La faute grave permet aussi à l'employeur de ne pas rémunérer la mise à pied conservatoire.
Le salarié peut contester le caractère grave de la faute qui lui est reprochée. Il appartient aux juges d'apprécier la gravité de la faute invoquée par l'employeur. Si la faute grave n'est pas reconnue, le salarié licencié a droit à son indemnité de licenciement et à une indemnité compensatrice de préavis ; et le salarié dont le contrat à durée déterminée a été rompu de manière anticipée, a droit à son indemnité de précarité et à des dommages et intérêts correspondant au minimum aux salaires bruts qu'il aurait perçus jusqu'à l'arrivée du terme.
Sont généralement considérés comme des fautes graves l'abandon de poste, l'insubordination, la concurrence déloyale, les injures, les actes de violence, les vols, la mise en danger des autres salariés (par exemple, harcèlement moral ou sexuel sur un collègue ; voir *Harcèlement sexuel ou moral,* p. 153).
Par un revirement de jurisprudence, la Cour de cassation a permis à un employeur de produire en justice un enregistrement audio pris à l'insu de son salarié pour justifier un licenciement pour faute grave. En revanche, s'il existe d'autres modes de preuve, il n'est pas nécessaire de recourir à des preuves déloyales. Il ne faut pas non plus que la production d'une preuve déloyale soit susceptible de causer un préjudice disproportionné sur le plan privé à la personne enregistrée à son insu (Cass. ass. plén., 22.12.2023).

ATTENTION
Le fait que l'employeur verse à un salarié une somme équivalente à l'indemnité compensatrice de préavis, voire l'indemnité de licenciement, ne l'empêche pas de se prévaloir de la faute grave du salarié (Cass. soc., 27.9.2007).

› Faute légère

La faute légère n'est pas susceptible de justifier un licenciement. Elle peut, en revanche, justifier une sanction disciplinaire de moindre importance (avertissement, rappel à l'ordre, mise à pied disciplinaire, etc.).

› Faute lourde

Constitue une faute lourde un fait d'une gravité exceptionnelle et qui suppose, de la part du salarié, l'intention de nuire à l'entreprise. Comme la faute grave, la faute lourde entraîne la rupture du contrat de travail sans préavis, ni indemnité de licenciement.
En revanche, le Conseil constitutionnel, saisi d'une question prioritaire de constitutionnalité, a considéré que la faute lourde ne dispensait pas l'employeur de ver-

ser l'indemnité compensatrice de congés payés éventuellement due à l'intéressé (Conseil constitutionnel, QPC 2.3.2016).
De plus, l'employeur peut poursuivre le salarié ayant commis une faute lourde et obtenir des dommages et intérêts* pour réparer les préjudices subis.
Comme pour la **faute grave** (voir *Faute grave*, p. 150), le salarié peut contester une faute lourde devant le conseil de prud'hommes.
La faute lourde peut résulter des mêmes agissements que la faute grave mais commise avec l'intention de nuire à l'employeur.
Exemples : le salarié qui crée une entreprise concurrente de celle de son employeur commet une faute grave. Si cette concurrence s'accompagne du « détournement » de plusieurs membres du personnel démissionnant pour suivre le salarié fautif, ce dernier commet alors une faute lourde.
Le salarié qui falsifie des documents pour masquer son insuffisance de résultats commet une faute grave. S'il a falsifié des documents dans le but d'infliger une perte financière à l'entreprise, il commet une faute lourde.

› Faute sérieuse

La faute sérieuse permet le licenciement d'un salarié et ouvre droit, pour ce dernier, sous réserve de remplir les conditions d'ancienneté prévues par la loi ou la convention collective, à un préavis, et à percevoir une indemnité légale ou conventionnelle de licenciement. Il percevra également son indemnité compensatrice de congés payés.
En cas de mise à pied à titre conservatoire, celle-ci devra être rémunérée.

› Femmes

Voir *Égalité salariale*, p. 150 et *Maternité*, p. 165.

› France Travail (ex-Pôle emploi)

Depuis le 1er février 2023, la durée d'indemnisation par France Travail dépend de la situation du marché de l'emploi. La durée d'indemnisation a été réduite de 25 % tant que ce marché est en tension. Par exemple, pour un salarié de moins de 53 ans, la durée d'indemnisation est passée de 24 mois à 18 mois.

› Frais professionnels (remboursement)

L'employeur doit rembourser à ses salariés les frais qu'ils ont engagés pour les besoins de leur activité professionnelle et dans son intérêt : frais de restauration, de transport, d'hébergement pour un salarié en déplacement, par exemple. Le remboursement se fait sur justificatif.
Ces frais ne peuvent être imputés sur le salaire. Il est toutefois possible de convenir que le salarié conservera ces frais à sa charge moyennant le versement d'une somme fixée à l'avance de manière forfaitaire. Cette indemnité ne doit pas être manifestement dérisoire par rapport aux frais réellement exposés. À défaut, le salarié peut réclamer au conseil de prud'hommes le paiement de la différence entre le montant réel des frais et le montant de l'indemnité perçue.

Les sommes versées au titre du remboursement des frais professionnels n'ont pas la nature d'un salaire. Elles ne sont ni soumises à cotisations sociales ni imposables. Elles sont insaisissables.

G

› Grève

L'employeur peut ne pas payer le salaire des grévistes pendant la durée du mouvement, sauf si celui-ci a été déclenché suite à un manquement grave et délibéré de l'employeur à ses obligations (salaires non payés, non-respect des règles de sécurité…).

Les non-grévistes doivent en revanche être payés, sauf cas de force majeure. Dans de tels cas, ils peuvent demander des dommages et intérêts* aux grévistes lorsque ceux-ci sont responsables de leur perte de salaire (piquets de grève, occupation des locaux).

Toute mesure fondée sur le fait que le salarié a exercé (normalement) son droit de grève est discriminatoire (voir *Discrimination,* p. 149). En cas de licenciement, le salarié peut demander sa **réintégration dans l'entreprise** (voir *Réintégration dans l'entreprise,* p. 175) en référé.

En cas de **faute lourde** (voir *Faute lourde,* p. 151) commise au cours de la grève (violence, destructions, séquestration…), le salarié peut être licencié.

› Grossesse

Voir *Maternité,* p. 165.

H

› Harcèlement sexuel ou moral

Le harcèlement sexuel est caractérisé par le fait d'imposer à une personne, de façon répétée, des propos ou agissements à connotation sexuelle, soit portant atteinte à sa dignité en raison de leur caractère dégradant ou humiliant, soit créant à son égard une situation intimidante, hostile ou offensante. Est assimilé au harcèlement sexuel le fait, même non répété, d'user de toutes formes de pression grave accomplies dans le but réel ou apparent d'obtenir un acte de nature sexuelle à son profit ou au profit d'un tiers. Ce délit est aggravé lorsqu'il est accompli par une personne qui abuse de l'autorité que lui confèrent ses fonctions (supérieur hiérarchique ou employeur, par exemple), sur un mineur, une personne vulnérable, du fait de sa précarité ou de sa situation économique, ou encore par plusieurs personnes en qualité d'auteur ou de complice.

Le harcèlement moral, quant à lui, consiste en des propos ou comportements répétés ayant pour objet ou pour effet une dégradation des conditions de travail

susceptibles de porter atteinte aux droits et à la dignité du salarié, d'altérer sa santé physique ou mentale ou encore de compromettre son avenir professionnel.
Les actes fautifs peuvent avoir été commis tant par un supérieur hiérarchique que par un autre collègue de travail. Il peut également avoir été commis par une personne étrangère à l'entreprise, chargée d'exercer une autorité sur le personnel (Cass. soc., 1.3.2011), un fournisseur, un client ou un parent de l'employeur (Cass. soc., 3.11.2011).
Les victimes de harcèlement au travail peuvent engager une procédure devant le conseil de prud'hommes contre l'auteur du harcèlement mais aussi contre leur employeur en réparation de leur préjudice moral, corporel ou financier. En effet, les employeurs sont tenus de prendre toutes les dispositions nécessaires en vue de protéger leurs salariés du harcèlement sexuel et moral. Ils sont donc tenus pour responsables si un salarié est victime de tels faits dans l'entreprise. Les victimes peuvent également demander la **résiliation judiciaire de leur contrat de travail** (voir *Résiliation judiciaire du contrat de travail*, p. 177) ou prendre acte de la rupture du contrat aux torts de l'employeur (voir *Prise d'acte de la rupture du contrat par le salarié*, p. 173). L'employeur peut cependant dégager sa responsabilité s'il démontre qu'il a fait cesser immédiatement les agissements en question et qu'il a préalablement mis en œuvre des actions de formation et d'information propres à prévenir leur survenance (Cass. soc., 1.6.2016).
Les organisations syndicales peuvent mener cette action en justice à la place du salarié à condition de justifier d'un accord écrit de l'intéressé.
Comme en matière de **discrimination** (voir *Discrimination*, p. 149), le plaignant n'a pas à prouver qu'il a bien été victime de harcèlement. Il lui suffit de présenter des éléments de fait laissant supposer l'existence d'un harcèlement. C'est alors à la personne poursuivie de se justifier.
Les victimes de harcèlement moral, ainsi que les personnes mises en cause peuvent également tenter une procédure de médiation préalable, le choix du médiateur devant faire l'objet d'un accord entre les parties.
Les victimes de harcèlement peuvent également porter plainte au pénal contre l'auteur des faits. Les auteurs de harcèlement sont passibles de sanctions pénales (pouvant aller jusqu'à 45 000 € d'amende et 3 ans d'emprisonnement pour les faits les plus graves).
Enfin, précisons qu'aucun salarié ne peut faire l'objet d'une **sanction disciplinaire** (voir *Sanctions disciplinaires*, p. 182) pour avoir subi ou refusé de subir des actes de harcèlement sexuel ou moral ou pour avoir dénoncé de tels actes dans l'entreprise.
En cas de licenciement, les victimes et témoins de tels actes doivent être réintégrés (voir *Réintégration dans l'entreprise*, p. 175).
Les inspecteurs du travail sont compétents pour constater les délits de harcèlement sexuel et moral dans les entreprises.

› Heures complémentaires

Sont qualifiées d'heures complémentaires les heures effectuées par un salarié à temps partiel au-delà de la durée du travail prévue dans son contrat de travail.

Ce nombre d'heures, qui doit être prévu dans le contrat de travail, ne peut avoir pour effet de porter la durée du travail effectuée par un salarié au niveau de la durée légale ou conventionnelle du travail. Ce nombre d'heures ne peut dépasser 1/10e de la durée hebdomadaire ou mensuelle prévue au contrat. Ce plafond peut être porté à 1/3 de cette durée par convention ou accord collectif.
Ces heures donnent droit à une majoration de salaire égale à :
- 10 % pour celles qui n'excèdent pas 1/10e de la durée du travail ;
- 25 % pour celles excédant cette limite. Une majoration moindre mais au moins égale à 10 % peut être prévue par accord ou convention collective.

ATTENTION
Le refus d'exécuter des heures complémentaires par le salarié dans les limites légales et contractuelles alors qu'il en a été informé plus de 3 jours auparavant peut justifier le licenciement du salarié.
En revanche, le refus d'exécuter des heures complémentaires par le salarié au-delà des limites fixées par le contrat ne constitue ni une faute, ni un motif de licenciement.

› Heures supplémentaires

Est considérée comme heure supplémentaire, toute heure effectuée au-delà de la durée légale de travail, soit 35 heures par semaine ou 1 607 heures par an.
Les heures supplémentaires doivent faire l'objet d'une majoration de salaire à un taux fixé par convention ou accord de branche étendu ou encore par accord d'entreprise. Ce taux ne peut être inférieur à 10 %. À défaut de disposition conventionnelle :
- les 8 premières heures supplémentaires (entre la 36e et la 43e heure hebdomadaire) donnent droit à une majoration de salaire de 25 % ;
- à compter de la 44e heure, la majoration de salaire passe à 50 %.
Le paiement de tout ou partie des heures supplémentaires et de leur majoration peut être remplacé par un repos compensateur équivalent, soit 1 heure 06 de repos pour les heures majorées de 10 %, 1 heure 15 pour celles majorées de 25 % et 1 heure 30 pour celles majorées de 50 %.
Les heures compensées intégralement par un repos ne s'imputent pas sur le **contingent annuel d'heures supplémentaires** (voir *Contingent annuel d'heures supplémentaires*, p. 145).
Sauf stipulations contraires d'un accord d'entreprise ou d'établissement, les heures supplémentaires se décomptent par semaine civile, soit du lundi à 0 heure au dimanche à 24 heures.

ATTENTION
Le salarié ne peut pas refuser d'effectuer des heures supplémentaires. Tout refus peut entraîner son licenciement. Toutefois, le salarié peut refuser d'exécuter des heures supplémentaires lorsque l'employeur ne l'a pas rémunéré des heures supplémentaires précédemment effectuées (Cass. soc., 7.12.1999). De même, le licenciement n'est pas justifié si le refus du salarié est exceptionnel et est fondé sur un motif légitime (exemple : délai de prévenance trop court).

En cas de non-paiement des heures supplémentaires effectuées par le salarié, ce dernier peut demander au conseil de prud'hommes de condamner son employeur à les lui payer. À cette demande viendront s'ajouter une demande en condamnation de l'employeur du salarié à lui payer les congés payés y afférant et, éventuellement, une demande de dommages et intérêts en réparation du préjudice subi.

S'agissant de la preuve des heures accomplies, il appartient au salarié de fournir au juge des éléments de nature à étayer sa demande (exemples : relevés d'heures, agendas, e-mails, attestations, etc.). À charge pour l'employeur de pouvoir y répondre et de justifier des heures réellement accomplies par le salarié. La charge de la preuve ne reposant spécialement sur aucune des deux parties, le juge se prononce au vu des éléments fournis par le salarié et par l'employeur (Cass. soc., 27.1.2021).

ATTENTION
Seules les heures supplémentaires accomplies avec l'accord au moins implicite de l'employeur peuvent donner lieu à rémunération (Cass. soc., 31.1.2012). Tel est notamment le cas d'un employeur qui ne s'oppose pas à ce qu'un salarié prolonge son travail au-delà de la durée normale. Cette absence d'opposition équivaut à une autorisation implicite d'accomplir des heures supplémentaires (Cass. soc., 2.6.2010). En cas de non-respect d'heures supplémentaires, le salarié peut également faire une demande de dommages et intérêts pour travail dissimulé (6 mois de salaire).

I

› Indemnité compensatrice de congés payés

Le salarié dont le contrat de travail est rompu avant d'avoir pu bénéficier de la totalité des congés payés auxquels il avait droit doit recevoir une indemnité à ce titre.

Cette indemnité, calculée comme l'**indemnité de congés payés** (voir *Congés payés*, p. 144) est versée au moment du départ du salarié de l'entreprise.

› Indemnité compensatrice de préavis

Cette indemnité est due par la partie (employeur ou salarié) qui ne respecte pas la durée de **préavis** (voir *Préavis*, p. 171) prévue en cas de rupture du contrat de travail.

Elle est égale au montant des salaires qu'aurait perçus le salarié s'il avait travaillé pendant cette période.

Si le salarié a demandé à ne pas accomplir son préavis et que l'employeur lui a accordé ce droit, il ne peut prétendre à cette indemnité.

Au contraire, en cas de dispense de préavis à la demande de l'employeur, le salarié aura droit à une indemnité compensatrice de préavis.

Les salariés licenciés pour **faute grave** (voir *Faute grave*, p. 150) et à plus forte raison pour **faute lourde** (voir *Faute lourde*, p. 151) n'ont pas droit à cette indemnité.

› Indemnité de clientèle

Cette indemnité a pour but de réparer le préjudice subi par un VRP en perdant le bénéfice de la clientèle qu'il a créée, apportée ou développée, à la cessation de son contrat de travail.
Son montant peut être fixé à l'amiable avec l'employeur au moment du départ ou par les juges à défaut d'un tel accord.
Pour les VRP relevant de l'accord national du 3 octobre 1975, cette indemnité peut être remplacée par une indemnité spéciale de rupture fixée à :
- 0,70 mois de salaire pour les années d'ancienneté comprises entre 0 et 3 ans ;
- 1 mois pour les années d'ancienneté comprises entre 3 et 6 ans ;
- 0,70 mois pour celles comprises entre 6 et 9 ans ;
- 0,30 entre 9 et 12 ans ;
- 0,20 entre 12 et 15 ans ;
- 0,10 au-delà de 15 ans.

L'indemnité doit se calculer, en principe, sur le salaire du VRP au moment de la rupture du contrat. Elle peut cependant être calculée sur la rémunération perçue avant la date de la modification unilatérale du secteur par l'employeur lorsque les résultats du représentant ont diminué du fait de cette modification de secteur (Cass. soc., 18.3.2003).
Mais attention, ces indemnités ne sont pas cumulables avec l'indemnité légale de licenciement. Le VRP doit donc choisir l'indemnité la plus avantageuse.

› Indemnité de congés payés

Voir *Congés payés*, p. 144.

› Indemnité de départ à la retraite

Voir *Retraite*, p. 178.

› Indemnité de déplacement

Voir *Frais professionnels (remboursement)*, p. 152.

› Indemnité de licenciement

Tout salarié ayant au moins 8 mois d'ancienneté à la date d'envoi de la lettre de licenciement a droit à l'indemnité légale de licenciement qui constitue un minimum.
Elle est calculée comme suit :
- 1/4 de mois de salaire par année d'ancienneté jusqu'à 10 ans d'ancienneté ;
- 1/3 de mois de salaire par année d'ancienneté pour les années au-delà de 10 ans d'ancienneté.

En cas d'année incomplète, l'indemnité est calculée proportionnellement au nombre de mois complets.

Exemple :
Un salarié ayant 14 ans d'ancienneté dans l'entreprise aura le droit à une indemnité de : (1/4 × 10) + (1/3 × 4) = 3,83 mois de salaire.
Pour un salarié ayant 2 ans et 5 mois d'ancienneté, le montant de l'indemnité sera de : (1/4 × 2) + (1/4 × 5/12) = 0,60 mois de salaire.
Cette indemnité peut être doublée pour les salariés licenciés suite à un **accident de travail** ou une **maladie professionnelle** (voir *Accident du travail et maladie professionnelle*, p. 136).
L'indemnité est calculée sur le 1/12e des rémunérations brutes des 12 derniers mois ou la moyenne mensuelle de l'ensemble des salaires en cas d'ancienneté inférieure à 1 an ou si le calcul est plus avantageux, sur le tiers des 3 derniers mois. Dans ce cas, toute prime ou gratification de caractère annuel ou exceptionnel versée au salarié pendant cette période n'est prise en compte qu'au prorata.
L'ancienneté du salarié lui permettant d'avoir droit à cette indemnité est calculée à la date de notification du licenciement (date d'envoi de la lettre de licenciement). Les périodes de suspension du contrat de travail pour maladie ne sont pas prises en compte (art. L. 1234-11, C. travail ; Cass. soc., 27.4.2017). Il sera, en revanche, tenu compte de l'ancienneté acquise, après exécution ou non du préavis, pour le calcul de l'indemnité de licenciement.
En général, les conventions collectives prévoient des dispositions plus favorables qui sont alors appliquées.
Mais attention, les salariés licenciés pour **faute grave** (voir *Faute grave*, p. 150) ou pour **faute lourde** (voir *Faute lourde*, p. 151) n'ont pas droit à leur indemnité de licenciement.

› Indemnité de repas

Voir *Frais professionnels (remboursement)*, p. 152.

› Indemnité pour licenciement sans cause réelle et sérieuse

Voir *Licenciement sans cause réelle et sérieuse (ou abusif)*, p. 159.

› Indemnité pour non-respect de la procédure de licenciement

Voir *Licenciement irrégulier (en la forme)*, p. 163.

J

› Jours fériés

On compte, en France, 11 jours fériés : 1er janvier, lundi de Pâques, 1er mai, 8 mai, Ascension, lundi de Pentecôte, 14 juillet, 15 août, 1er novembre, 11 novembre et 25 décembre.

En principe, le repos des jours fériés n'est légalement obligatoire que pour les jeunes et les apprentis de moins de 18 ans. Légalement, seul le 1er mai est un jour férié et chômé.

Le paiement des jours fériés chômés (autres que le 1er mai) est obligatoire pour les salariés ayant 3 mois d'ancienneté dans la même entreprise.

Aucune majoration légale de la rémunération n'est prévue pour le travail un jour férié, sauf pour le 1er mai qui est payé double.

De nombreuses conventions collectives prévoient cependant une majoration de salaire pour travail un jour férié.

La loi n° 2004-626 du 30 juin 2004 a posé le principe d'une journée de solidarité pour les personnes âgées et handicapées qui se traduit par une journée de travail supplémentaire, non rémunérée, par an. Cette journée est fixée par convention ou accord collectif. Il peut s'agir d'un jour férié précédemment chômé (sauf le 1er mai), d'un jour de repos accordé au titre de l'aménagement du temps de travail sur plusieurs semaines ou sur l'année ou de toute autre modalité permettant le travail de 7 heures précédemment chômées. La journée de solidarité peut donc être fractionnée en heures sur plusieurs dates. À défaut d'accord collectif, la journée de solidarité est fixée par l'employeur, après consultation des représentants du personnel.

L

› Licenciement sans cause réelle et sérieuse (ou abusif)

En cas de licenciement sans cause réelle et sérieuse (ou abusif), les sanctions dépendent de la taille de l'entreprise et de l'ancienneté du salarié.

Le conseil de prud'hommes peut proposer la réintégration du salarié dans l'entreprise. La réintégration présente un caractère facultatif. Elle ne peut donc pas être imposée à l'employeur ou au salarié.

Dans l'hypothèse où il n'y a pas réintégration du salarié dans l'entreprise, le juge octroie au salarié, pour les licenciements prononcés postérieurement au 23 septembre 2017, une indemnité qui doit être comprise entre les montants minimaux et les montants maximaux fixés par la loi, selon le tableau récapitulatif ci-après (art. L. 1235-3, C. travail).

Ancienneté du salarié dans l'entreprise (en années complètes)	Indemnité maximale pour toutes les entreprises (en mois de salaire brut)	Indemnité minimale pour les entreprises d'au moins 11 salariés (en mois de salaire brut)	Indemnité minimale pour les entreprises de moins de 11 salariés (en mois de salaire brut)
Moins d'1 an	1	0	0
1	2	1	0,5
2	3,5	3	0,5
3	4	3	1
4	5	3	1
5	6	3	1,5
6	7	3	1,5
7	8	3	2
8	8	3	2
9	9	3	2,5
10	10	3	2,5
11	10,5	3	3
12	11	3	3
13	11,5	3	3
14	12	3	3
15	13	3	3
16	13,5	3	3
17	14	3	3
18	14,5	3	3
19	15	3	3
20	15,5	3	3
21	16	3	3

Ancienneté du salarié dans l'entreprise (en années complètes)	Indemnité maximale pour toutes les entreprises (en mois de salaire brut)	Indemnité minimale pour les entreprises d'au moins 11 salariés (en mois de salaire brut)	Indemnité minimale pour les entreprises de moins de 11 salariés (en mois de salaire brut)
22	16,5	3	3
23	17	3	3
24	17,5	3	3
25	18	3	3
26	18,5	3	3
27	19	3	3
28	19,5	3	3
29	20	3	3
30 et au-delà	20	3	3

Pour déterminer le montant de l'indemnité, le juge peut tenir compte, le cas échéant, des indemnités de licenciement versées à l'occasion de la rupture, à l'exception de l'indemnité légale de licenciement mentionnée à l'article L. 1234-9 du Code du travail.

ATTENTION

Ces barèmes ne sont pas applicables en cas de licenciement reposant sur la violation d'une liberté fondamentale (droit de grève, liberté syndicale…), des faits de harcèlement moral ou sexuel, une **discrimination** (voir *Discrimination*, p. 149) ou la violation des protections spécifiques liées à l'exercice d'un mandat, à la maternité ainsi qu'aux accidents du travail et maladies professionnelles. Dans ces cas, les montants accordés ne peuvent être inférieurs à 6 mois de salaire.

En cas de licenciement abusif, le tribunal peut également demander à l'employeur de rembourser à France Travail (ex-Pôle emploi) tout ou partie des allocations chômage versées au salarié dans la limite de 6 mois d'indemnisation.

À NOTER

Par deux décisions plénières de la Cour de cassation du 11 mai 2022 (n° 21-14.490 et 21-15.247), les barèmes Macron ont été jugés compatibles avec l'article 10 de la Convention n° 158 de l'Organisation internationale du travail et doivent donc être appliqués par les cours d'appel.

› Licenciement économique

Ce type de licenciement obéit à certaines règles :

1) Le motif du licenciement économique ne peut être inhérent à la personne du salarié. Il doit résulter d'une suppression, d'une transformation d'emploi ou du refus par le salarié d'une **modification d'un élément essentiel du contrat de travail** (voir *Modification du contrat de travail,* p. 166) consécutives notamment :

- à des difficultés économiques se caractérisant, soit par l'évolution significative d'au moins un indicateur économique, comme une baisse significative des commandes ou du chiffre d'affaires pendant au moins 1 trimestre dans les entreprises de moins de 11 salariés, 2 trimestres consécutifs dans celles de 11 à 49 salariés, 3 trimestres consécutifs dans celles de 50 à 299 salariés et 4 trimestres consécutifs dans celles de 300 salariés et plus, soit par des pertes d'exploitation, soit par une dégradation de la trésorerie ou de l'excédent brut d'exploitation, soit par tout autre élément de nature à justifier ces difficultés ;
- ou à des mutations technologiques ;
- ou à une réorganisation de l'entreprise nécessaire à la sauvegarde de sa compétitivité ;
- ou à la cessation d'activité de l'entreprise.

2) La procédure de licenciement pour motif économique varie selon le nombre de salariés licenciés. On parle de licenciement économique individuel quand un seul salarié est licencié. On distingue également les licenciements économiques, sur une période de 30 jours, de 2 à 9 salariés, des licenciements collectifs d'au moins 10 salariés. Dans ce dernier cas, la procédure sera différente selon que l'entreprise comprend entre 11 et 49 salariés ou plus de 50 salariés et qu'elle est ou non pourvue d'institutions représentatives du personnel.

Dans tous les cas (licenciement individuel ou licenciement collectif), l'employeur doit préalablement au licenciement pour motif économique :

- chercher à **reclasser** le salarié au sein de l'entreprise ou des entreprises appartenant au même groupe (voir *Reclassement préalable des salariés avant tout licenciement pour motif économique,* p. 174) ;
- fixer l'**ordre des licenciements** (voir *Ordre des licenciements,* p. 168).

Dans les entreprises employant moins de 1 000 salariés, l'employeur devra proposer à chaque salarié dont le licenciement est envisagé d'adhérer au **contrat de sécurisation professionnelle** (voir *Contrat de sécurisation professionnelle,* p. 146).

Pour les entreprises employant au moins 1 000 salariés, l'employeur devra proposer à chaque salarié concerné par la procédure de licenciement un congé de reclassement.

En cas de licenciement collectif d'au moins 10 salariés sur une même période de 30 jours et dans les entreprises employant au moins 50 salariés, pourvues ou non d'institutions représentatives du personnel, un **plan de sauvegarde de l'emploi** doit être mis en place (voir *Plan de sauvegarde de l'emploi,* p. 170).

Enfin et dans tous les cas, l'employeur devra informer le salarié dans la lettre de licenciement qu'il bénéficie d'une **priorité de réembauche** (voir *Priorité de réembauchage ou de réembauche,* p. 172).

Il devra également informer la DREETS du ou des licenciement(s) prononcé(s), par écrit, dans les 8 jours de l'envoi de la ou des lettre(s) de licenciement.

› Licenciement irrégulier (en la forme)

Est considéré comme irrégulier un licenciement prononcé pour un motif réel et sérieux mais intervenu alors qu'une des règles de procédure exigées par la loi n'a pas été respectée (absence de convocation à un entretien préalable par lettre recommandée avec avis de réception ou lettre remise en main propre contre décharge, mentions obligatoires absentes de la lettre de convocation telles que les règles d'assistance du salarié au cours de l'entretien, délai séparant la réception de la lettre de convocation de la date de l'entretien non respecté, absence d'entretien préalable, respect des délais entre l'entretien et l'envoi ou la remise de la lettre de licenciement, etc.).

La sanction applicable en cas de violation de la procédure de licenciement est désormais unifiée alors qu'il fallait auparavant distinguer selon l'ancienneté du salarié et le nombre de salariés dans l'entreprise.

En cas de non-respect de la procédure de licenciement mais lorsque celui-ci est par ailleurs justifié par une cause réelle et sérieuse, le juge doit accorder au salarié une indemnité, à la charge de l'employeur qui ne peut pas excéder 1 mois de salaire brut.

Cette indemnité ne se cumule pas avec l'indemnité pour licenciement sans cause réelle et sérieuse. En d'autres termes, lorsque le licenciement est à la fois sans cause réelle et sérieuse et irrégulier en la forme, le salarié percevra uniquement l'indemnité prévue pour le défaut (c'est-à-dire l'absence) de cause réelle et sérieuse.

› Licenciement personnel

1) Le licenciement d'un salarié doit être fondé sur un motif à la fois réel (c'est-à-dire exact, précis et objectif) et sérieux (c'est-à-dire d'une gravité rendant impossible la continuation du contrat de travail). Ce motif doit être énoncé clairement et précisément dans la lettre de licenciement. Ces motifs peuvent désormais être précisés après la notification au salarié de son licenciement :

- soit à la demande du salarié qui peut, dans les 15 jours suivant la notification de son licenciement, demander des précisions sur ces motifs par lettre recommandée avec avis de réception adressée à son employeur qui disposera de 15 jours à compter de la réception de cette demande pour apporter les précisions qu'il souhaite par lettre recommandée avec avis de réception ou par lettre remise en main propre contre décharge ;

ATTENTION

Si le salarié ne demande pas de telles précisions à l'employeur, l'insuffisance de motivation de la lettre de licenciement ne privera pas, à elle seule, le licenciement de cause réelle et sérieuse. Le salarié ne pourra prétendre de ce chef qu'à une indemnité maximale d'1 mois de salaire.

• soit de la propre initiative de l'employeur dans les mêmes formes que le salarié et dans un délai de 15 jours également.

À noter que le décret n° 2017-1820 du 29 décembre 2017 (consultable sur le site www.legifrance.gouv.fr) a établi en annexe des modèles de lettre de licenciement pour motif disciplinaire ou non, inaptitude et pour motif économique, mis à disposition des employeurs qui devront les adapter en tenant compte des spécificités propres à la situation ou aux régimes conventionnels ou contractuels qui seraient éventuellement applicables. D'après la loi n° 2018-217 du 29 mars 2018, ces modèles seront désormais fixés par arrêtés.

2) L'employeur est tenu d'accomplir les procédures de licenciement prévues par la loi, faute de quoi le salarié peut le poursuivre pour **licenciement irrégulier** (voir *Licenciement irrégulier (en la forme)*, p. 163).

3) En cas de litige, ce sont les conseillers prud'hommes qui recherchent la preuve du caractère réel et sérieux du licenciement. En cas de doute, celui-ci doit profiter au salarié. Si l'employeur ne donne pas de motif ou si celui-ci n'est pas reconnu par les juges comme réel et sérieux, le salarié a droit aux indemnités prévues en cas de **licenciement abusif** (voir *Licenciement sans cause réelle et sérieuse (ou abusif)*, p. 159).

4) Les salariés licenciés ont droit à :

- un **préavis** (voir *Préavis*, p. 171) ou, à défaut, une indemnité compensatrice de préavis ;
- une **indemnité de licenciement** (voir *Indemnité de licenciement*, p. 157) ;
- éventuellement une **indemnité compensatrice de congés payés** (voir *Congés payés*, p. 144).

Ces indemnités sont cumulables avec les indemnités pour licenciement abusif ou pour licenciement irrégulier éventuellement dues.

Attention : les salariés licenciés pour **faute grave** (voir *Faute grave*, p. 150) ou **faute lourde** (voir *Faute lourde*, p. 151) n'ont pas droit à certaines de ces indemnités.

Les **salariés protégés** (voir *Salariés protégés*, p. 181) ne peuvent être licenciés sans une autorisation préalable.

› Lock-out

Le *lock-out* consiste en la fermeture temporaire de l'entreprise décidée par l'employeur en réponse à une grève ou une menace de grève interne dans l'entreprise.

Sauf cas de force majeure, ou impératifs de sécurité ou impossibilité pour l'employeur du fait de la grève de fournir du travail aux salariés, le *lock-out* est illicite et les salariés sont en droit de réclamer une indemnité compensatrice pour les salaires perdus.

M

› Maternité

1) Les employeurs ne peuvent refuser d'embaucher une femme en raison de son état de grossesse, la muter ou résilier son contrat même au cours de la période d'essai (voir *Discrimination*, p. 149).

2) La salariée enceinte bénéficie d'une protection contre le licenciement. Il faut distinguer selon que la salariée, enceinte, est ou non en congé de maternité.
Il existe une interdiction relative de licencier une salariée enceinte pendant sa grossesse en ce sens qu'il est interdit de licencier une salariée enceinte pendant cette période, sauf **faute grave (ou lourde)** (voir *Faute grave*, p. 150) non liée à son état de grossesse ou impossibilité pour l'employeur, pour un motif étranger à la grossesse, de maintenir le contrat de la salariée (par exemple, en cas de fermeture de l'entreprise). Pour bénéficier de cette protection, la salariée doit remettre à son employeur un certificat attestant de son état de grossesse. Toutefois, cette protection contre le licenciement s'appliquera également si l'employeur était informé de la grossesse de la salariée quand il a pris la décision de la licencier. Si l'employeur licencie une salariée en ignorant son état de grossesse, la salariée doit lui adresser, dans les 15 jours, un certificat médical pour obtenir l'annulation de son licenciement.
Il existe une interdiction absolue de licencier une salariée pendant son congé maternité (ou d'adoption). Tout licenciement notifié pendant cette période et ce, quel que soit son motif, est nul (voir *Nullité du licenciement*, p. 167).
Au retour du congé de maternité (ou d'adoption) de la salariée, les règles évoquées ci-avant à propos de l'interdiction relative de licencier une salariée enceinte s'appliquent. Cette protection joue :

- pendant les congés payés pris après le congé de maternité ;
- pendant les 10 semaines qui suivent l'expiration du congé de maternité (ou d'adoption) ou la période de congés payés prise immédiatement après celui-ci.

Pendant cette période en cas de licenciement pour un motif autre qu'une faute grave ou l'impossibilité, pour un motif étranger à la grossesse ou à l'adoption, de maintenir le contrat de la salariée, le licenciement est nul.
Il est toutefois possible de signer une **rupture conventionnelle du contrat** durant la période de protection (Cass. soc., 25.3.2015) (voir *Rupture conventionnelle du contrat de travail*, p. 180).
À noter que cette interdiction relative de licenciement s'applique également aux pères pendant les 10 semaines suivant la naissance de leur enfant ou l'adoption de celui-ci.

3) Au terme de ce congé, les salariées doivent retrouver leur travail antérieur ou, à défaut, un emploi similaire assorti d'une rémunération équivalente. Elles ont droit à un entretien professionnel avec leur employeur portant sur leurs perspectives d'évolution en termes de qualification et d'emploi. Elles doivent par ailleurs bénéficier des augmentations générales de salaire accordées durant leur absence ainsi que de la moyenne des augmentations individuelles accordées aux salariés relevant de la même catégorie professionnelle ou, à défaut de la moyenne

de l'ensemble des augmentations individuelles accordées dans l'entreprise. Elles peuvent également demander à bénéficier d'un **congé parental d'éducation** (voir *Congé parental d'éducation,* p. 143).

› Modification de la situation juridique de l'employeur

En cas de transmission de l'entreprise pour cause de décès, de fusion, de transformation du fonds de commerce, de mise en société, de vente ou encore de transfert d'une entité économique autonome conservant son identité, et dont l'activité est poursuivie (succession de prestataires de services, par exemple), les contrats de travail doivent être maintenus dans les mêmes conditions (rémunération, qualification, ancienneté...) (art. L 1224-1, C. travail). À noter qu'en cas de transfert de l'activité d'une entité économique employant des salariés de droit privé vers une personne publique, reprenant cette activité dans le cadre d'un service public administratif, l'article L. 1224-3 du Code du travail édicte des règles particulières. Tout changement constitue donc une **modification du contrat de travail** (voir *Modification du contrat de travail*, ci-après).

› Modification du contrat de travail

Les tribunaux distinguent la modification du contrat de travail de la modification des conditions de travail par l'employeur.

On entend par modification du contrat de travail, la modification de tout élément qui a été déterminant pour la conclusion du contrat, par nature (qualification du salarié, rémunération, durée du travail), ou par la volonté des parties qui ont alors précisé que tel élément est essentiel.

Sont habituellement considérés comme des changements dans les conditions de travail par l'employeur, une modification des horaires de travail (sauf pour les salariés à temps partiel), une modification des tâches sans modification de la qualification du salarié, une modification du lieu de travail dans le même secteur géographique.

Il est donc essentiel de qualifier la modification que l'employeur souhaite imposer afin de déterminer les règles applicables.

Cette distinction entre modification du contrat de travail et modification des conditions de travail présente un intérêt non négligeable puisqu'en cas de modification du contrat de travail, l'employeur ne pourra pas imposer cette modification sans l'accord du salarié. Ce qui signifie que le salarié est en droit de refuser la modification ainsi proposée par l'employeur et ne pourra en conséquence, pas être sanctionné, ni licencié pour son refus. En cas de refus, l'employeur devra alors, soit renoncer à la modification envisagée, soit licencier le salarié sur la base du motif ayant présidé à la proposition de modification. Ce motif doit naturellement constituer une cause réelle et sérieuse de licenciement.

À noter qu'en cas de modification du contrat de travail, le silence gardé par le salarié ne vaut pas acceptation de la modification du contrat de travail.

Enfin, si l'employeur passe outre le refus du salarié et impose unilatéralement une modification de son contrat de travail, le salarié pourra saisir le conseil de prud'hommes en référé afin qu'il soit ordonné à l'employeur d'appliquer son contrat de travail dans les termes convenus initialement ou au fond, d'une demande en **résiliation judiciaire** de son contrat de travail en cas de manquement grave de son employeur, empêchant pour le salarié la poursuite de son contrat de travail (voir *Résiliation judiciaire du contrat de travail*, p. 177). De même, en cas de manquement grave, le salarié pourra prendre **acte de la rupture** de son contrat de travail (voir *Prise d'acte de la rupture du contrat par le salarié*, p. 173). En cas de contrat à durée déterminée, il pourra mettre fin de manière anticipée à son contrat en invoquant une faute grave de son employeur.

En revanche, en cas de modification des conditions de travail, l'employeur peut imposer cette modification au salarié. En d'autres termes, il n'a pas besoin de l'accord du salarié (sauf s'il s'agit d'un **salarié protégé**, voir *Salariés protégés*, p. 181). Ce qui signifie également que si le salarié refuse cette modification, l'employeur peut mettre fin à son contrat de travail pour ce motif : le refus par le salarié d'un changement de ses conditions de travail est un motif réel et sérieux de licenciement.

ATTENTION

Ce refus ne constitue pas toujours une faute grave. En cas de CDD, l'employeur ne pourra dès lors pas toujours rompre le contrat de manière anticipée pour faute grave du salarié (Cass. soc., 20.11.2013).

N

› Non-concurrence

Voir *Clause de non-concurrence*, p. 140 et *Concurrence*, p. 141.

› Nullité du licenciement

Encourt la nullité le licenciement notamment prononcé :

- pour un motif discriminatoire ;
- suite à un harcèlement moral ;
- pour avoir subi ou refusé de subir des agissements de harcèlement sexuel ;
- en violation avec les dispositions protectrices contre le licenciement de la femme enceinte ;
- en cas de violation par l'employeur d'une liberté fondamentale.

Le salarié victime d'un licenciement nul a droit à la réintégration dans son emploi ou, à défaut dans un emploi équivalent.

Le salarié réintégré mais aussi celui qui ne demande pas de réintégration a droit au paiement d'une somme en réparation de la totalité du préjudice subi au cours de la période qui s'est écoulée entre son licenciement et sa réintégration, dans la

limite du montant des salaires dont il a été privé, déduction faite des indemnités ou salaires qu'il a pu percevoir pendant cette même période.
En cas de violation des dispositions protectrices contre les licenciements (cas de la femme en congé maternité notamment), la salariée a droit au paiement de ses salaires jusqu'à la fin du statut protecteur.
Enfin, le salarié dont le licenciement est nul, et qui ne demande pas sa réintégration, a également droit à des dommages et intérêts réparant l'intégralité de son préjudice et qui ne sauraient être inférieurs aux salaires des 6 derniers mois (art. L. 1235-3-1, C. travail).

O

› Ordre des licenciements

En cas de licenciement économique individuel ou collectif, l'employeur doit arrêter la liste des salariés concernés en fonction de certains critères fixés, soit par la convention collective, soit à défaut, par lui-même après consultation des représentants du personnel. Ces critères doivent, dans tous les cas, tenir compte des charges de famille, de l'ancienneté des salariés dans l'entreprise, de leur qualité professionnelle et des possibilités de réinsertion professionnelle des intéressés (pour les personnes âgées ou handicapées, par exemple). Ces critères doivent s'appliquer aux salariés appartenant à une même catégorie professionnelle.
Les salariés peuvent demander à l'employeur qu'il leur communique les critères qu'il a retenus, par lettre recommandée avec avis de réception ou par lettre simple remise en main propre contre décharge, 10 jours au plus tard à compter de la date où ils quittent leur emploi. L'employeur est tenu de donner sa réponse dans un délai de 10 jours suivant la réception de la demande. En cas de réponse tardive ou à défaut de réponse, le salarié peut prétendre à des dommages et intérêts* si cet état de fait lui a causé un préjudice.
Si l'employeur n'observe pas l'ordre des licenciements qu'il a établi, le salarié peut demander réparation du préjudice subi, pouvant aller jusqu'à la réparation intégrale de la perte de son emploi (Cass. soc., 14.1.1997). Les dommages et intérêts pour non-respect des critères de l'ordre des licenciements ne se cumulent pas avec l'indemnité pour licenciement sans cause réelle et sérieuse (Cass. soc., 5.10.1999).

P

› Période d'essai

La période d'essai est une période d'observation mutuelle qui se situe au début de la relation de travail et pendant laquelle le salarié va apprécier ses conditions de travail et l'employeur les capacités professionnelles du salarié à occuper l'emploi pour lequel il a été embauché.

L'existence de la période d'essai et la possibilité de la renouveler ne se présumant pas, elles doivent être expressément stipulées dans la lettre d'engagement du salarié ou son contrat de travail.

• Pour les contrats à durée indéterminée, sa durée maximale est de 2 mois pour les ouvriers ou employés, 3 mois pour les agents de maîtrise et les techniciens et 4 mois pour les cadres.

Elle peut être renouvelée une fois, si cette possibilité a été prévue expressément dans le contrat de travail ou la lettre d'engagement du salarié et si un accord de branche étendu prévoit cette possibilité. Le renouvellement de la période d'essai doit être nécessairement accepté par le salarié avant la fin de la première période.

La durée de la période d'essai, renouvellement compris, ne peut cependant dépasser 4 mois pour les ouvriers et employés, 6 mois pour les agents de maîtrise et les techniciens et 8 mois pour les cadres.

En cas de rupture du contrat en cours de période d'essai, l'employeur doit respecter un délai de prévenance qui ne peut être inférieur à 24 heures en deçà de 8 jours de présence, 48 heures entre 8 jours et 1 mois, 2 semaines après 1 mois de présence et 1 mois après 3 mois de présence. Des délais plus longs peuvent être prévus dans le contrat de travail. Le non-respect de ce délai ouvre droit à une indemnité compensatrice. Le montant de cette indemnité est égal aux salaires et avantages que le salarié aurait perçus s'il avait accompli son travail jusqu'à l'expiration du délai de prévenance.

Lorsque le salarié rompt sa période d'essai, il doit respecter un délai de prévenance de 24 heures en deçà de 8 jours de présence et de 48 heures au-delà.

• Pour les contrats à durée déterminée, la durée de la période d'essai ne peut excéder 1 jour par semaine, dans la limite de 2 semaines pour un contrat d'une durée de 6 mois ou moins et 1 mois pour un contrat de plus de 6 mois. Lorsque le contrat ne comporte pas de terme précis, la période d'essai est calculée par rapport à sa durée minimale.

L'employeur qui rompt la période d'essai d'un contrat prévu pour une durée supérieure à 7 semaines doit respecter un préavis de 24 heures en deçà de 8 jours de présence et de 48 heures au-delà.

• Sauf dispositions conventionnelles contraires, la rupture de la période d'essai par l'employeur ou par le salarié n'obéit à aucune procédure, ni formalisme, sous réserve de respecter les règles applicables au délai de prévenance. En d'autres termes, l'employeur n'a pas à convoquer le salarié à un entretien préalable, sauf s'il entend rompre le contrat de travail pour faute. Dans ce cas, la procédure disciplinaire doit être respectée avec notamment une convocation à un entretien préalable.

Dès lors que l'employeur n'invoque pas un motif disciplinaire, il peut mettre fin à la période d'essai verbalement. Il est toutefois conseillé, pour des problèmes de preuve, de rompre la période d'essai par écrit. La lettre de rupture de la période d'essai n'a pas à être motivée.

Si l'employeur peut mettre fin au contrat de travail du salarié en période d'essai à tout moment et sans avoir à motiver la lettre de la rupture, il ne faut pas que son droit dégénère en abus (exemples : légèreté blâmable de l'employeur ou rupture pour un motif autre que les qualités professionnelles du salarié). En cas de rupture

abusive de la période d'essai, le juge pourra accorder au salarié des dommages et intérêts en fonction du préjudice subi.
En pratique, deux types de contentieux peuvent s'élever à l'occasion de la rupture de la période d'essai :
- le premier concerne une rupture de contrat de travail hors période d'essai : l'employeur pensait avoir recruté le salarié sous période d'essai ou avoir valablement renouvelé sa période d'essai alors qu'en réalité, les conditions de validité de la période d'essai ou de son renouvellement n'avaient pas été respectées. La rupture du contrat de travail étant intervenue hors période d'essai, l'employeur devait respecter les règles applicables en cas de licenciement si le salarié était embauché en CDI ou à la rupture anticipée du CDD. Le non-respect de ces règles ouvrira aux salariés le droit à des indemnités pour licenciement sans cause réelle et sérieuse ou pour rupture anticipée du CDD en dehors des cas prévus par la loi ;
- le deuxième concerne l'abus commis par l'employeur dans la rupture de la période d'essai. Dans ce cas, le salarié aura droit à des dommages et intérêts en fonction du préjudice subi.

› Plan de sauvegarde de l'emploi

Ce plan qui comprend des mesures concrètes et précises de nature à éviter les licenciements ou à en limiter le nombre (réduction du temps de travail, passage au temps partiel…) et à assurer le reclassement interne ou externe des salariés menacés (formation professionnelle, création d'activités nouvelles…) est obligatoire en cas de projet de licenciement économique d'au moins 10 salariés sur une période de 30 jours dans les entreprises d'au moins 50 salariés.

• Le contenu du plan est fixé soit par accord collectif, soit par un document élaboré par l'employeur. L'accord ou le document est transmis à la direction régionale de l'économie, de l'emploi, du travail et des solidarités (DREETS) qui le contrôle et le valide. Les représentants du personnel ou les salariés peuvent saisir le tribunal administratif pour contester la décision des DREETS dans les 2 mois à compter de la date à laquelle la décision de validation ou d'homologation du plan de sauvegarde de l'emploi a été portée à leur connaissance.
Les salariés peuvent également contester ultérieurement l'application des mesures individuelles contenues dans le plan devant le conseil de prud'hommes.
L'absence ou l'insuffisance du plan de sauvegarde de l'emploi entraîne la nullité du licenciement économique. Dans un tel cas, les salariés concernés peuvent exiger leur **réintégration dans l'entreprise** (voir *Réintégration dans l'entreprise*, p. 175).

• Si l'employeur ne respecte pas les mesures de reclassement prévues dans le plan, les salariés licenciés peuvent le poursuivre pour **licenciement abusif** (voir *Licenciement sans cause réelle et sérieuse (ou abusif)*, p. 159).

• S'il ne respecte pas les autres dispositions du plan, les salariés peuvent obtenir des dommages et intérêts* en fonction du préjudice qu'ils ont subi.

À NOTER

Seul l'employeur est tenu de respecter le plan de sauvegarde de l'emploi. Les salariés, en revanche, sont en droit de refuser toutes les mesures de reclassement qui leur sont proposées. Bien entendu, dans ce cas, ils seront licenciés, mais dans le cadre du licenciement économique uniquement. L'employeur ne peut se prévaloir de ce refus pour licencier les salariés pour **faute grave** (voir *Faute grave*, p. 150) et les priver ainsi de l'ensemble des indemnités auxquelles ils ont droit (Cass. soc., 29.1.2003).

› Préavis

On distingue le préavis de démission du préavis de licenciement. Le préavis est un délai qui court à compter de la rupture du contrat de travail et que doit respecter le salarié en cas de démission ou l'employeur, en cas de licenciement avant que le salarié ne quitte définitivement les effectifs. Pendant le préavis et sauf dispense de l'exécuter, les relations de travail se poursuivent comme auparavant.

• En cas de démission, aucun délai de préavis n'est fixé par la loi sauf pour les VRP (art. L. 7313-9, C. travail) et les journalistes (art. L. 7112-2, C. travail). Un préavis peut toutefois être prévu par une convention collective, un contrat de travail ou, à défaut, par un **usage** (voir *Usage*, p. 184).

Il est généralement :
- d'1 semaine pour les ouvriers non mensualisés ;
- d'1 mois pour les employés, agents de maîtrise et techniciens ;
- de 3 mois pour les ingénieurs et les cadres.

À NOTER

Dans certains cas prévus par la loi, un salarié peut démissionner sans préavis (exemple : pour les femmes enceintes).

• En cas de licenciement, la loi fixe la durée du préavis en fonction de l'ancienneté du salarié à la date d'envoi de la lettre de licenciement. Cette durée minimale ne s'applique qu'à défaut de contrat de travail, de convention collective ou d'usage prévoyant une durée plus importante.

La durée légale du préavis est :
- d'1 mois pour les salariés ayant une ancienneté comprise entre 6 mois et moins de 2 ans ;
- de 2 mois pour ceux ayant au moins 2 ans d'ancienneté.

La durée du préavis de licenciement est doublée (dans la limite de 3 mois) pour les travailleurs handicapés.

En cas de licenciement pour **faute grave** (voir *Faute grave*, p. 150) ou pour **faute lourde** (voir *Faute lourde*, p. 151), le salarié n'exécutera pas son préavis et n'aura pas droit à une indemnité compensatrice de préavis.

La partie qui ne respecte pas le délai de préavis (salarié ou employeur) doit à l'autre une **indemnité compensatrice de préavis** (voir *Indemnité compensatrice de préavis*, p. 156).

› Primes

L'employeur est tenu de verser à ses salariés les primes :
- prévues soit par une convention collective, soit par le contrat de travail ;
- résultant d'un **usage** (voir *Usage*, p. 184), à condition que cet usage soit constant (la prime doit avoir été versée un certain nombre de fois), fixe (il faut qu'elle ait été toujours calculée suivant les mêmes modalités) et général (prime versée à l'ensemble du personnel ou à une catégorie bien déterminée).

Les primes bénévoles qui ne répondent pas à ces critères relèvent de la décision de l'employeur qui peut décider de les supprimer.

En cas de litige, ce sont les juges des prud'hommes qui déterminent si une prime doit ou non être versée par l'employeur. La Cour de cassation a ainsi décidé qu'un employeur était tenu de verser à ses salariés la prime de 457 € prévue par la recommandation des organisations patronales prise à la suite de l'échec des négociations salariales lors du conflit de novembre 1996 dans le secteur des transports routiers (Cass. soc., 29.6.1999).

› Priorité de réembauchage ou de réembauche

Tout salarié licencié pour motif économique bénéficie d'une priorité de réembauche, pendant 1 an à compter de la date de la rupture de son contrat de travail, dans tout emploi devenu disponible et compatible avec la qualification qu'il possédait au moment de son licenciement et, le cas échéant, avec la nouvelle qualification qu'il a pu acquérir à condition d'en avoir informé son employeur. Cette mention doit figurer dans la lettre de licenciement. Pour bénéficier de cette priorité, le salarié doit avoir informé son employeur de son désir d'en user dans le délai de 12 mois à compter de la date de la rupture de son contrat de travail, c'est-à-dire de la date à laquelle son préavis exécuté ou non prend fin.

L'employeur, informé du désir de son salarié d'user de cette priorité de réembauche, devra, à compter de cette même date et pendant le temps restant à courir du délai précité de 12 mois, informer le salarié de tous les postes devenus disponibles et susceptibles d'être pourvus par le salarié en fonction de sa qualification.

Si l'employeur ne mentionne pas dans la lettre de licenciement l'existence de la priorité de réembauche et ses conditions de mise en œuvre, l'oubli de cette mention cause nécessairement un préjudice au salarié qui doit être réparé. Toutefois, ce préjudice est sanctionné par une indemnité à la charge de l'employeur au moins égale à 2 mois de salaire si le salarié a au moins 2 ans d'ancienneté dans une entreprise qui emploie au moins 11 salariés et s'il démontre qu'un poste était disponible (Cass. soc., 16.12.1997).

Si le salarié a informé l'employeur qu'il entendait user de la priorité de réembauche mais que l'employeur ne respecte pas cette priorité en ne proposant pas au salarié des postes qu'il pourrait pourvoir, le salarié a droit à une indemnisation égale au minimum à 2 mois de salaire s'il a au moins 2 ans d'ancienneté dans une entreprise comprenant au moins 11 salariés. À défaut, le salarié a droit à une indemnité en fonction du préjudice subi, fixée par le juge (art. L. 1235-13 et L. 1235-14, C. travail).

› Prise d'acte de la rupture du contrat par le salarié

La prise d'acte de la rupture du contrat de travail à durée indéterminée est un mode de rupture autonome par lequel le salarié prend l'initiative de rompre son contrat de travail tout en considérant que cette rupture est imputable à son employeur en raison des graves manquements qu'il a commis et qui rendent donc impossible pour le salarié la poursuite de son contrat de travail (exemples : non-paiement des salaires, harcèlement moral ou sexuel).

En pratique, le salarié adresse un courrier à son employeur lui indiquant qu'il prend acte de la rupture de son contrat de travail en raison des manquements commis par celui-ci. La prise d'acte mettant fin immédiatement au contrat de travail, l'employeur ne peut pas exiger du salarié qu'il exécute un préavis. Mais le salarié peut décider d'exécuter un préavis dont la durée sera celle du préavis de démission.

La prise d'acte n'ouvrant pas droit à une indemnité de licenciement, ni au versement de l'allocation de retour à l'emploi, le salarié devra, s'il veut percevoir ces indemnités et allocations, saisir le bureau de jugement du conseil de prud'hommes d'une demande en requalification de la rupture afin que celle-ci produise les effets d'un licenciement sans cause réelle et sérieuse.

En principe, les juges disposent alors d'1 mois à compter de la saisine pour statuer sur les effets de cette rupture. Dès lors :

- si le conseil de prud'hommes considère que la prise d'acte est justifiée, celle-ci produit les effets d'un **licenciement abusif** (voir *Licenciement sans cause réelle et sérieuse (ou abusif)*, p. 159), et même d'un licenciement nul en cas de harcèlement ou si le demandeur fait partie des **salariés protégés** (voir *Salariés protégés*, p. 181) ;
- s'il juge que les manquements reprochés ne sont pas établis ou pas suffisamment graves pour empêcher la poursuite du contrat, la prise d'acte produit les effets d'une démission. Le salarié ne peut alors prétendre à aucune indemnité de rupture. Il peut même être condamné à verser une indemnité à son employeur pour non-respect du préavis s'il ne l'a pas exécuté.

Lorsque le salarié prend acte de la rupture de son contrat de travail, l'employeur doit lui remettre aussitôt un certificat de travail et une attestation destinée à France Travail (ex-Pôle emploi). Sur cette attestation doit figurer le réel motif de la rupture du contrat de travail : l'employeur doit donc cocher la case « autres motifs » et préciser qu'il s'agit d'une prise d'acte.

ATTENTION

Une mention inexacte sur l'attestation destinée à France Travail telle que « démission » cause nécessairement un préjudice au salarié ouvrant droit au versement de dommages et intérêts en fonction du préjudice subi (Cass. soc., 24.6.2015).

ATTENTION

Une opération à haut risque La prise d'acte de la rupture du contrat de travail étant une opération risquée, on ne saurait trop conseiller aux salariés confrontés aux manquements graves de leur employeur de continuer à effectuer leur prestation de travail et d'engager

plutôt une action en **résiliation judiciaire de leur contrat** (voir *Résiliation judiciaire du contrat de travail*, p. 177) tant qu'ils n'ont pas retrouvé un emploi. En effet, si les manquements de l'employeur ne sont pas considérés comme suffisants, dans le premier cas, le contrat de travail est rompu et le salarié considéré comme démissionnaire alors que dans le second, les relations de travail peuvent se poursuivre.
Il faut donc bien peser dans chaque cas, en fonction de la situation personnelle et professionnelle du salarié, les avantages et les inconvénients d'une prise d'acte de la rupture ou d'une action en résiliation judiciaire du contrat de travail.

› Promesse d'embauche

La promesse d'embauche est un contrat par lequel l'employeur accorde au bénéficiaire de celle-ci la possibilité d'opter pour la conclusion d'un contrat de travail pendant un temps déterminé dont les éléments essentiels sont définis (emploi, rémunération et date d'entrée envisagée) et pour la formation duquel il ne manque que le consentement du bénéficiaire.
La révocation de la promesse par l'employeur pendant le temps laissé au bénéficiaire pour opter, n'empêche pas la formation du contrat de travail promis. En conséquence, le non-respect d'une promesse d'embauche par l'employeur est assimilé à un licenciement sans cause réelle et sérieuse et ouvre au salarié le droit aux indemnités dues en cas de licenciement sans cause réelle et sérieuse, soit sous condition d'ancienneté à une **indemnité compensatrice de préavis** (voir *Indemnité compensatrice de préavis*, p. 156), à une **indemnité de licenciement** (voir *Indemnité de licenciement*, p. 157) et à des dommages et intérêts pour **licenciement sans cause réelle et sérieuse** (voir *Licenciement sans cause réelle et sérieuse (ou abusif)*, p. 159).

R

› Reclassement préalable des salariés avant tout licenciement pour motif économique

L'employeur est tenu de chercher à reclasser les salariés à plusieurs phases de la procédure de licenciement pour motif économique.
Ainsi, un licenciement pour motif économique ne peut intervenir que lorsque tous les efforts de formation et d'adaptation ont été réalisés et que le reclassement du salarié dont le licenciement pour motif économique est envisagé est impossible.
Pèse donc sur l'employeur une obligation préalable de reclassement de tout salarié dont le licenciement pour motif économique est envisagé et ce, même si un **plan de sauvegarde de l'emploi** existe (voir *Plan de sauvegarde de l'emploi*, p. 170).
Le reclassement doit être recherché au niveau de l'établissement ou de l'entreprise mais aussi au niveau du groupe parmi les entreprises dont les activités, l'organisation ou le lieu d'exploitation leur permettent la permutation de tout ou partie du personnel.

ATTENTION
Pour les procédures de licenciement engagées depuis le 24 septembre 2017, le reclassement n'a plus à être recherché parmi les entreprises du groupe établies à l'étranger (art. L. 1233-4, C. travail). En revanche, si une convention collective prévoit des recherches de reclassement à l'extérieur du groupe, l'employeur est tenu de respecter cette obligation.

L'employeur est tenu d'exécuter loyalement cette obligation de reclassement. Sont donc prohibées les lettres circulaires adressées aux sociétés du groupe. Depuis le 23 décembre 2017, il peut choisir d'adresser les offres de reclassement détaillées et précises (intitulé du poste et descriptif, nom de l'employeur, nature du contrat, localisation du poste, rémunération, classification) de manière personnalisée ou de communiquer une liste des postes disponibles à tous les salariés (exemple : diffusion par e-mail) (art. D. 1233-2-1, C. travail).
Si l'employeur a manqué à son obligation de reclassement (absence de recherches réelles ou sérieuses de reclassement ou absence de proposition d'un poste disponible pouvant être pourvu par le salarié), le salarié pourra demander au juge de déclarer son **licenciement sans cause réelle et sérieuse** (voir *Licenciement sans cause réelle et sérieuse (ou abusif)*, p. 159) et de lui allouer une indemnité à ce titre.

› Réembauchage ou réembauche

Voir *Priorité de réembauchage ou de réembauche*, p. 172.

› Réintégration dans l'entreprise

Contrairement à une idée reçue, la reconnaissance du caractère abusif ou l'irrégularité de la procédure d'un licenciement n'entraîne pas la réintégration automatique de l'intéressé dans l'entreprise.
La réintégration des salariés n'est obligatoire dans les textes que pour les licenciements :
- prononcés pour fait de **grève** (voir *Grève*, p. 153) ;
- des **salariés protégés** (voir *Salariés protégés*, p. 181) intervenus sans autorisation ou après annulation de l'autorisation de les licencier donnée par l'inspecteur du travail ou le ministre du Travail ;
- des femmes enceintes (voir *Maternité*, p. 165) ;
- économiques d'au moins 10 salariés dans les entreprises de 50 salariés et plus en cas d'absence de validation de l'accord collectif ou du document de l'employeur fixant la procédure du licenciement concerné, lorsque une décision négative a été rendue par l'administration ou en cas d'annulation de la décision administrative pour absence ou insuffisance du **plan de sauvegarde de l'emploi** (voir *Plan de sauvegarde de l'emploi*, p. 170) ;
Attention : si l'annulation de la décision administrative intervient pour le seul motif d'insuffisance de motivation de celle-ci par la DREETS, le licenciement reste valable et ne peut donner lieu à réintégration ni au versement d'indemnité (art. L. 2135-12, C. travail).
- d'un salarié en arrêt de travail suite à un **accident du travail** (voir *Accident du travail et maladie professionnelle*, p. 136) ;

- des victimes ou témoins de **harcèlement sexuel ou moral** (voir *Harcèlement sexuel ou moral,* p. 153) ou d'une **discrimination** (voir *Discrimination,* p. 149) ;
- d'un salarié en raison d'une action en justice qu'il aurait engagée, ou qui aurait été engagée en sa faveur sur la base des dispositions relatives à l'**égalité professionnelle** (voir *Égalité salariale,* p. 150).

Les juges peuvent également imposer cette réintégration lorsque le licenciement contrevient à une liberté fondamentale : salarié licencié alors qu'il avait exercé légitimement son droit de retrait face à une situation de travail présentant un danger grave et imminent pour sa vie ou sa santé (Cass. soc., 28.1.2009) ou ayant témoigné en justice en faveur d'un collègue dans un litige prud'homal (Cass. soc., 29.10.2013).

Le salarié réintégré a droit au versement des salaires perdus entre la date de son licenciement et celle de sa réintégration (différence entre les revenus touchés après le licenciement et l'ancien salaire, sauf en cas de grève. Dans ce cas, en effet, le salarié doit percevoir l'intégralité des salaires que l'employeur aurait dû lui verser jusqu'à sa réintégration). Il peut également obtenir des dommages et intérêts s'il justifie d'un préjudice supplémentaire (expulsion de son logement du fait de sa baisse de revenus, par exemple).

Si la réintégration est devenue impossible ou si le salarié la refuse, il a alors droit à une indemnité qui ne peut être inférieure aux 6 derniers mois de salaire perçus.

La réintégration peut également être proposée par le conseil de prud'hommes en cas de licenciement :
- sans cause réelle et sérieuse (voir *Licenciement sans cause réelle et sérieuse (ou abusif),* p. 159) d'un salarié ayant 2 ans d'ancienneté dans une entreprise d'au moins 11 salariés ;
- suite à la **modification de la situation juridique de l'employeur** (voir *Modification de la situation juridique de l'employeur,* p. 166).

Cependant, dans ces cas, la réintégration ne peut être imposée à l'employeur.

Si la réintégration est refusée par l'employeur ou par le salarié, le salarié a alors droit à une indemnité pour **licenciement sans cause réelle et sérieuse** (voir *Modification de la situation juridique de l'employeur,* p. 166).

› Repos compensateur

Voir *Heures supplémentaires,* p. 155.

› Repos dominical

En cas d'infraction concernant la règle du repos dominical, les syndicats peuvent saisir le juge des référés pour ordonner sous astreinte la fermeture de l'établissement. Il est également possible de s'adresser à l'inspecteur du travail. Celui-ci pourra alors saisir le tribunal judiciaire en référé pour faire cesser le travail illicite.

Les syndicats et les salariés concernés peuvent également obtenir des dommages et intérêts* pour réparer le préjudice subi.

› Requalification du contrat de travail

Lorsque l'employeur ne respecte pas une disposition légale concernant un contrat de travail à durée déterminée, un contrat de travail temporaire ou un stage (conclusion, durée du contrat, certaines mentions écrites obligatoires, absence de signature du salarié...), le salarié peut demander au conseil de prud'hommes la requalification de ce contrat. Le contrat sera alors considéré comme un contrat de travail à durée indéterminée avec toutes les conséquences qui en découlent. La requalification ouvre droit à une indemnité d'1 mois de salaire au minimum à la charge de l'employeur. Cette indemnité est cumulable, le cas échéant, avec les indemnités dues en cas de rupture du contrat : indemnité de préavis, de licenciement et éventuellement indemnité pour **licenciement sans cause réelle et sérieuse** (voir *Licenciement sans cause réelle et sérieuse (ou abusif)*, p. 159).

En cas de requalification en contrat à durée indéterminée d'une succession de contrats à durée déterminée ou de contrats de travail temporaires, une seule indemnité d'1 mois de salaire est due (Cass. soc., 15.3.2006). Le salarié dans cette situation peut toutefois réclamer des rappels de salaires pour les périodes intermédiaires entre deux contrats à durée déterminée ou contrats d'intérim pendant lesquels il s'est tenu à la disposition de l'entreprise (Cass. soc., 9.12.2009).

La requalification peut être demandée directement au bureau de jugement (sans passer par la phase de conciliation). Celui-ci dispose, en principe, d'un délai d'1 mois pour se prononcer. La saisine directe permet de traiter non seulement la demande en paiement de l'indemnité de requalification du contrat, mais également toutes les autres demandes éventuelles liées au même contrat, comme la reconnaissance d'une mesure discriminatoire, par exemple (Cass. soc., 11.7.2007).

Ce traitement rapide est une faculté offerte au salarié. Il peut choisir de suivre la procédure normale en introduisant sa demande devant le bureau de conciliation (Cass. soc., 4.2.2003).

À NOTER

En cas de poursuite d'un contrat à durée déterminée après l'échéance de son terme, celui-ci devient également un contrat à durée indéterminée. Mais, dans ce cas, le salarié ne peut prétendre à l'indemnité de requalification d'1 mois de salaire, sauf si sa demande concerne une irrégularité du contrat à durée déterminée initial ou de ceux qui lui ont fait suite (Cass. soc., 22.3.2006). Il a droit, en revanche, à son indemnité de précarité (Cass. soc., 3.10.2007).

› Résiliation judiciaire du contrat de travail

Lorsque l'employeur refuse d'exécuter ses obligations, le salarié peut saisir le conseil de prud'hommes afin d'obtenir la résiliation judiciaire de son contrat de travail aux torts de son employeur (art. 1224 à 1230, C. civil).

La résiliation du contrat peut ainsi être demandée en cas de **modification du contrat de travail** (voir *Modification du contrat de travail*, p. 166) lorsque l'employeur ne tient pas compte du refus de l'intéressé.

Elle peut également être demandée par un salarié sous **contrat à durée déterminée** (voir *Contrat de travail à durée déterminée,* p. 145).
Sauf cas très précis, comme en matière d'**apprentissage** (voir *Apprentissage,* p. 137), il n'est pas permis à l'employeur de demander la résiliation judiciaire d'un contrat de travail (Cass. soc., 13.3.2001).
La résiliation judiciaire produit les effets d'un licenciement sans cause réelle et sérieuse ouvrant droit aux indemnités correspondantes (voir *Licenciement sans cause réelle et sérieuse (ou abusif),* p. 159). Si la résiliation est prononcée du fait d'actes de harcèlement sexuel ou moral dont a été victime le salarié, le licenciement produit alors les effets d'un licenciement nul ouvrant droit à une indemnité minimale de 6 mois de salaires (Cass. soc., 20.2.2013).
En principe, la résiliation judiciaire est prononcée à la date de la décision de justice, et produit ses effets à cette même date, dès lors que le salarié est toujours au service de son employeur à cette même date, et que le contrat de travail n'a pas été rompu avant la décision prononçant la résiliation. À noter que si le contrat a été rompu avant la décision de justice, la date de la résiliation doit être fixée à la date de la rupture du contrat (Cass. soc., 15.5.2007). De même, si le salarié a été embauché avant la décision judiciaire qui doit prononcer la résiliation, celle-ci prend effet à la date du nouveau contrat de travail (Cass. soc., 21.9.2016).

À NOTER
Les contrats de travail des **salariés protégés** (voir *Salariés protégés,* p. 181) peuvent désormais faire l'objet d'une résiliation judiciaire à la demande des salariés (Cass. soc., 16.3.2005).

› Retraite

Le salarié peut demander à partir en retraite (départ volontaire à la retraite). Cette initiative peut également être prise par son employeur (mise à la retraite par l'employeur).
• La mise en retraite à l'initiative de l'employeur ne peut intervenir, en principe, avant l'âge de 70 ans. L'employeur peut toutefois mettre à la retraite un salarié dès que celui-ci atteint l'âge lui permettant d'obtenir une retraite à taux plein et jusqu'à son 69e anniversaire s'il a sollicité son accord préalable par écrit dans un délai de 3 mois avant son anniversaire. En cas de refus du salarié dans le délai d'1 mois, l'employeur ne peut mettre l'intéressé à la retraite pendant l'année qui suit la date de cet anniversaire (mais il pourra réitérer sa demande, dans les mêmes conditions, chaque année, jusqu'aux 69 ans inclus du salarié).
L'employeur doit alors respecter le délai de **préavis** (voir *Préavis,* p. 171) dû en cas de licenciement et verser au salarié :
- soit l'indemnité légale de licenciement, ou l'indemnité conventionnelle si la mise à la retraite résulte de l'application d'un plan de sauvegarde de l'emploi (voir *Indemnité de licenciement,* p. 157) ;
- soit l'indemnité de départ à la retraite fixée par la convention collective ou le contrat de travail si celle-ci est plus favorable que les deux indemnités précédentes.

Si ces conditions ne sont pas remplies, la mise à la retraite équivaut à un licenciement discriminatoire, car prononcé en raison de l'âge du salarié (Cass. soc., 21.12.2006). Le salarié ainsi licencié a droit à sa **réintégration dans l'entreprise** (voir *Réintégration dans l'entreprise*, p. 175).

• Le salarié qui part volontairement en retraite doit également observer le délai de préavis. Il a alors droit à une indemnité de départ égale à 1/2 mois de salaire après 10 ans d'ancienneté, 1 mois après 15 ans, 1 mois 1/2 après 20 ans et 2 mois après 30 ans s'il a demandé la liquidation de sa pension de vieillesse.

› Rupture anticipée d'un contrat à durée déterminée

La rupture du contrat à durée déterminée, après expiration de la période d'essai et avant l'arrivée du terme (CDD à terme précis) ou avant la durée minimale stipulée au contrat ou une fois cette durée écoulée avant la réalisation de l'objet du contrat (CDD à terme imprécis), ne peut intervenir que dans les cas limitativement autorisés pas la loi, à savoir :

• en cas de commun accord des parties ;

• en cas de faute grave ou lourde de l'employeur, par le salarié (exemples : non-paiement des salaires, non-fourniture de travail, etc.) ;

• en cas de faute grave ou lourde du salarié, par l'employeur (exemples : absences injustifiées, abandon de poste, etc.) ;

• en cas de force majeure ;

• en cas d'embauche du salarié en contrat à durée indéterminée. Dans ce cas, le salarié peut rompre de manière anticipée son CDD. Sauf accord des parties, le salarié doit respecter un préavis dont la durée est calculée en fonction de la durée totale du CDD si celui-ci comporte un terme précis ou de la durée effectuée si le CDD est à terme imprécis, à raison d'1 jour par semaine dans la limite de 2 semaines ;

• en cas d'inaptitude du salarié dont le reclassement s'avère impossible.

En dehors de ces cas, la rupture anticipée du CDD est interdite. Dès lors, si l'employeur rompt un CDD en dehors de ces cas, le salarié pourra demander au juge de lui allouer :

• des dommages et intérêts d'un montant au moins égal aux rémunérations brutes qu'il aurait dû percevoir si le contrat avait été exécuté jusqu'à son terme ;

• l'indemnité de précarité calculée sur la base des rémunérations perçues et des dommages et intérêts correspondant aux salaires restant à échoir ;

• l'indemnité compensatrice de congés payés calculée sur les salaires perçus au cours de la période travaillée.

Si le salarié rompt de manière anticipée son CDD en dehors des cas cités ci-avant, l'employeur peut saisir le conseil de prud'hommes d'une demande en condamnation du salarié à lui verser des dommages et intérêts dont le montant est fixé par le juge en fonction du préjudice subi.

› Rupture conventionnelle du contrat de travail

La rupture du contrat de travail à durée indéterminée peut intervenir d'un commun accord entre l'employeur et le salarié, par le biais d'une convention librement négociée au cours d'un ou plusieurs entretiens préalables pendant lesquels les parties peuvent se faire assister.
La convention est ensuite soumise à homologation de la DREETS. Pour ce faire, il faut remplir un formulaire type (disponible auprès de la DREETS ou téléchargeable sur le site https://travail-emploi.gouv.fr). À compter de la date de signature de ce formulaire, chacune des parties dispose d'un délai de 15 jours calendaires pour se rétracter. À l'issue de ce délai, le formulaire doit être adressé à la DREETS. À compter de la réception de la demande d'homologation, la DREETS dispose d'un délai de 15 jours ouvrables pour s'assurer que les conditions de la rupture conventionnelle ont bien été respectées et que la liberté de consentement des parties est garantie. À défaut de notification par la DREETS de sa décision dans ce délai de 15 jours, l'homologation est réputée acquise.
Une fois l'homologation acquise, le contrat de travail peut être rompu au plus tôt, le lendemain de la décision explicite d'homologation ou le lendemain du jour où le délai de 15 jours précité prend fin.
Le salarié doit percevoir une indemnité de rupture qui ne peut être inférieure à l'indemnité légale de licenciement ou à l'indemnité conventionnelle, si son montant est plus élevé.
En cas de litige concernant la convention, son homologation ou le refus d'homologation, un recours peut être présenté devant le conseil de prud'hommes dans les 12 mois suivant le jour de l'homologation (ou du refus d'homologation).
Seule exception : lorsque la rupture conventionnelle a été conclue avec un **salarié protégé** (voir *Salariés protégés*, p. 181), le litige doit être porté devant le tribunal administratif (Cass. soc., 15.4.2015).

S

› Salaire

Le salaire peut être fixé librement par l'employeur sous réserve de certaines limites :
- l'employeur ne peut rémunérer un salarié à un taux inférieur au SMIC ;
- il doit également respecter les minima professionnels prévus par les conventions collectives ;
- il est tenu de respecter l'**égalité professionnelle** (voir *Égalité salariale*, p. 150) entre les salariés de son entreprise ;
- les pratiques discriminatoires en matière de salaire sont interdites (voir *Discrimination*, p. 149).

Les salaires doivent être payés une fois par mois, à date fixe, sur les lieux et pendant les heures de travail, obligatoirement par chèque ou virement pour les salaires supérieurs à 1 500 € nets par mois.

Tout retard peut être sanctionné par des intérêts de retard au taux légal et des dommages et intérêts*.
En cas de retard réitéré ou important ou de défaut de paiement, le salarié est aussi autorisé à rompre son contrat de travail immédiatement. Dans ce cas, l'employeur doit lui verser les indemnités dues en cas de licenciement, mais peut également être poursuivi pour **licenciement sans cause réelle et sérieuse** (voir *Licenciement sans cause réelle et sérieuse (ou abusif)*, p. 159).

ATTENTION
Le salarié dispose d'un délai de 3 ans pour réclamer les salaires qui lui sont dus.

Le paiement du salaire doit être accompagné de la remise d'un **bulletin de paie** (voir *Bulletin de paie*, p. 139).

› Salariés protégés

Les salariés protégés sont notamment :
- les conseillers prud'hommes salariés ;
- les défenseurs syndicaux, chargés de représenter ou d'assister les salariés auprès des conseils de prud'hommes et des cours d'appel ;
- les délégués syndicaux, les représentants syndicaux au comité d'entreprise et les représentants de sections syndicales ;
- les délégués du personnel ;
- les membres du comité social et économique et représentants de la proximité ;
- les salariés demandant à leur employeur d'organiser des élections professionnelles dans l'entreprise ;
- les salariés mandatés par les syndicats pour négocier un accord collectif (accord d'entreprise dans les PME dénuées de représentants du personnel, par exemple) ;
- les conseillers du salarié* chargés d'assister les salariés lors des entretiens préalables de licenciement ;
- les représentants des salariés dans le cadre d'une procédure de sauvegarde, de redressement judiciaire de l'entreprise ;
- les membres du groupe spécial de négociation et les membres du comité d'entreprise européen ;
- les administrateurs salariés des caisses de sécurité sociale ;
- les représentants des salariés aux chambres d'agriculture ;
- les assesseurs des tribunaux maritimes ;
- les membres des commissions paritaires régionales interprofessionnelles (CPRI) chargées de représenter les salariés des entreprises de moins de 11 salariés ;
- les salariés exerçant la fonction de président ou vice-président ayant délégation de l'exécutif d'un conseil régional ou départemental, les maires ainsi que les adjoints au maire des communes de plus de 10 000 habitants.

ATTENTION

La Cour de cassation a précisé que cette protection ne peut s'appliquer aux salariés titulaires d'un mandat extérieur à l'entreprise (conseiller prud'hommes, administrateur d'une caisse de sécurité sociale, par exemple) s'ils n'en ont pas informé leur employeur au plus tard lors de l'entretien préalable de licenciement (décision du 14.9.2012).

Les salariés protégés ne peuvent être licenciés sans que l'employeur ait demandé au préalable l'autorisation de l'inspecteur du travail.

Si l'autorisation est accordée, l'intéressé peut contester cette décision dans un délai de 2 mois en formant un recours hiérarchique devant le ministre du Travail. Il est également possible d'exercer un recours gracieux devant l'inspecteur du travail ou un recours contentieux devant le tribunal administratif.

- Les salariés protégés licenciés sans demande d'autorisation ou dont l'autorisation a été ultérieurement annulée sur recours peuvent demander leur **réintégration dans l'entreprise** (voir *Réintégration dans l'entreprise*, p. 175) en référé. S'ils ne demandent pas leur réintégration, ils ont droit à une indemnité de 6 mois de salaire minimum, à une indemnité spécifique égale aux salaires qu'ils auraient perçus entre leur licenciement et la fin de leur période de protection. L'indemnité est limitée à 12 mois de salaire pour les délégués syndicaux et les représentants de la section syndicale. Elle est plafonnée à 30 mois de salaire dans les autres cas. Cette indemnité spécifique est accordée uniquement aux salariés qui présentent leur demande avant la fin de la période de protection. Si un salarié présente sa demande après l'expiration de sa période de protection, il ne peut prétendre qu'à des dommages et intérêts, en fonction du préjudice qu'il a subi (Cass. soc., 14.6.2013).
- Les salariés protégés licenciés et dont l'autorisation a ultérieurement été annulée peuvent demander leur réintégration dans un délai de 2 mois à compter de la notification de la décision annulant l'autorisation. Lorsque l'annulation de la décision d'autorisation est devenue définitive, le salarié a droit à une indemnité correspondant au préjudice qu'il a subi entre son licenciement et sa réintégration effective ou s'il n'a pas demandé sa réintégration, entre son licenciement et la fin du délai précité de 2 mois. L'évaluation de ce préjudice doit tenir compte des salaires que le salarié aurait perçus entre son licenciement et sa réintégration ou l'expiration du délai de 2 mois, selon les cas, déduction faites des salaires et/ou allocations perçus pendant cette même période. Si son licenciement est déclaré sans cause réelle et sérieuse par le conseil de prud'hommes, le salarié peut également demander une **indemnité pour licenciement sans cause réelle et sérieuse** (voir *Licenciement sans cause réelle et sérieuse (ou abusif)*, p. 159).

› Sanctions disciplinaires

L'employeur peut infliger une sanction disciplinaire à un salarié qui a commis une faute. L'échelle des sanctions va de l'avertissement jusqu'au licenciement en passant par la mise à pied disciplinaire, la mutation ou encore la rétrogradation. La nature et l'échelle des sanctions doivent être fixées dans le règlement intérieur de l'entreprise. Les amendes et autres sanctions pécuniaires (retenues sur salaires)

sont interdites. L'employeur ne peut notifier un avertissement ou commencer la procédure disciplinaire plus de 2 mois à compter du jour où il a eu connaissance de la faute. Un même fait ne peut pas non plus faire l'objet de plusieurs sanctions disciplinaires. En revanche, un fait similaire qui se reproduit dans un délai inférieur à 3 ans peut aggraver la nouvelle sanction infligée.
L'employeur est tenu de respecter la procédure prévue pour les sanctions disciplinaires : convocation à un entretien préalable, lettre de notification de la sanction dans un délai maximal d'1 mois suivant l'entretien…
Les juges prud'homaux peuvent annuler une sanction injustifiée ou disproportionnée à la faute commise.
Si la sanction est irrégulière (non-respect de la procédure), les juges peuvent l'annuler ou accorder une indemnité en réparation du préjudice subi.

› Sauvegarde, redressement ou liquidation judiciaires de l'entreprise

Les salariés des entreprises mises en sauvegarde, en redressement ou en liquidation judiciaires doivent observer une procédure particulière pour récupérer les dettes qui leur sont dues.
En cas de sauvegarde ou de redressement judiciaire (l'entreprise fonctionne encore mais est soumise à une période d'observation suivie d'un plan de sauvegarde ou de redressement, selon le cas arrêté par le tribunal de commerce), le salarié doit assigner devant le conseil de prud'hommes non seulement son employeur mais également l'administrateur judiciaire*, le mandataire judiciaire*, le commissaire à l'exécution du plan* et l'AGS.
En cas de procédure de sauvegarde, l'AGS n'intervient pas automatiquement. Pour qu'elle se charge d'avancer les créances, le mandataire judiciaire doit justifier de l'insuffisance caractérisée des fonds disponibles de l'entreprise.
Si l'entreprise est déjà en liquidation judiciaire (ses biens sont alors mis en vente), l'employeur est alors dessaisi de ses biens et l'action doit être engagée contre le liquidateur et l'AGS.
L'affaire doit être portée directement devant le bureau de jugement, l'employeur étant dans l'impossibilité de concilier. Aucune procédure de référé n'est possible.
L'AGS gérée par France Travail (ex-Pôle emploi) est chargée de verser au salarié :
- les sommes dues à la date du jugement d'ouverture de la procédure de sauvegarde, de redressement ou de liquidation judiciaires (salaires, indemnités de congés payés…) ;
- les sommes résultant de la rupture du contrat de travail intervenant pendant la période d'observation, pendant le mois suivant le jugement arrêtant le plan de sauvegarde ou de redressement et, en cas de liquidation, au cours des 15 jours (ou 21 jours lorsqu'un plan de sauvegarde de l'emploi est élaboré) suivant le jugement de liquidation, puis, le cas échéant, pendant le maintien provisoire de l'activité autorisé par ce jugement et les 15 jours (ou 21 jours lorsqu'un plan de sauvegarde de l'emploi est élaboré) suivant la fin de ce maintien provisoire lorsque celui-ci n'a pas abouti à l'arrêté d'un plan de cession.

L'AGS réglera ainsi les condamnations prononcées par le conseil de prud'hommes (indemnité pour licenciement abusif, par exemple), mais attention :

1) les sommes réglées par l'AGS sont limitées à un certain montant :

- 61 824 € en 2024 si le contrat de travail a été conclu moins de six mois avant la date du jugement d'ouverture ;
- 77 280 € en 2024 si le contrat de travail a été conclu 6 mois au moins mais moins de 2 ans avant la date du jugement ;
- 92 736 € en 2024 si le contrat de travail a été conclu au moins 2 ans avant la date du jugement d'ouverture ;

2) l'AGS peut, dans ces limites, acquitter les sommes principales, mais elle ne peut être tenue au versement des astreintes, des intérêts légaux ni à participer au remboursement des frais prévu par l'article 700 du Code de procédure civile ;

3) le versement ne peut intervenir qu'à partir du moment où le jugement est devenu définitif et que toutes les voies de recours sont épuisées, y compris le recours en cassation. On ne peut donc, dans ce cas, obtenir l'exécution provisoire du jugement.

T

› Transfert d'entreprise

Voir *Modification de la situation juridique de l'employeur*, p. 166.

› Travailleurs clandestins

Les étrangers embauchés sans titre de travail valable bénéficient de la même protection que les salariés régulièrement engagés.

L'employeur est tenu de leur régler leur salaire dans les 30 jours à compter de la constatation de l'infraction et de leur délivrer leurs bulletins de paie. En cas de rupture du contrat, il doit respecter leur préavis et leur remettre leur certificat de travail.

S'ils sont licenciés, ils ont droit à une indemnité spécifique égale à 3 mois de salaire minimum.

Les syndicats peuvent engager une action devant le conseil de prud'hommes à la place de l'intéressé.

U

› Usage

Un usage d'entreprise est une pratique de l'employeur qui confère un avantage aux salariés (exemple : prime de Noël, etc.).

Pour que cette pratique soit qualifiée d'usage, elle doit présenter les caractères de généralité (applicable à l'ensemble des salariés ou à une catégorie déterminée de salariés), constance (l'avantage doit avoir été attribué à plusieurs reprises) et fixité (les conditions d'octroi et les modalités de calcul de cet avantage sont fixées selon des critères objectifs et déterminés).

L'usage d'entreprise doit s'appliquer tant qu'il n'a pas été régulièrement dénoncé par l'employeur. Pour que la dénonciation soit régulière, l'employeur doit :

- informer (s'il y en a dans l'entreprise) les représentants du personnel de cette dénonciation ;
- informer individuellement les salariés de la suppression de l'avantage, étant précisé qu'un simple affichage dans l'entreprise ou la diffusion d'une note interne est insuffisant ;
- respecter un délai de prévenance entre l'information donnée de la suppression de l'usage et la fin de son application et ce, afin que les représentants du personnel et l'employeur puissent négocier les conséquences de la suppression de l'usage.

L'employeur n'a pas à motiver sa décision de mettre fin à l'avantage. Toutefois, s'il le fait ou si les salariés démontrent que cette dénonciation repose sur un motif illicite (exemple : suppression d'un avantage à la suite d'une grève), la procédure de dénonciation sera déclarée irrégulière. L'usage perdurera tant que l'employeur ne commencera pas une nouvelle procédure de dénonciation régulière.

Si la procédure de dénonciation est irrégulière, l'usage reste en vigueur et les salariés peuvent demander au conseil de prud'hommes de condamner leur employeur à leur verser l'avantage dont la suppression était envisagée. Il appartiendra à l'employeur de recommencer la procédure de dénonciation s'il souhaite supprimer l'avantage accordé.

V

› Vente de l'entreprise

Voir *Modification de la situation juridique de l'employeur*, p. 166.

› VRP

Voir *Clause de non-concurrence*, p. 140, *Commissions*, p. 140 et *Indemnité de clientèle*, p. 157.

Lexique

A

Administrateur judiciaire

Personne désignée par le tribunal de commerce suite à une procédure de sauvegarde ou de redressement judiciaire pour administrer les biens de l'entreprise.

Appelant

Partie qui conteste un jugement devant la cour d'appel.

Arrêt

Décision rendue par la cour d'appel ou la Cour de cassation.

Assignation

Acte de commissaire de justice par lequel le demandeur somme son adversaire de comparaître devant un tribunal. On utilise l'assignation en référé ou lorsque la convocation expédiée par le tribunal est revenue avec la mention « non réclamée » ou « n'habite pas à l'adresse indiquée ».

Avocat au conseil

Formule abrégée pour désigner les avocats au Conseil d'État et à la Cour de cassation. Ces avocats spécialisés sont chargés de représenter les parties devant ces juridictions.

Ayant droit

Personne qui détient des droits d'une autre personne, appelée « auteur ». Les héritiers sont ainsi ayants droit d'un parent décédé. Les ayants droit bénéficient des mêmes droits que leur auteur vis-à-vis des tiers.

B

Barreau

Ordre des avocats inscrits à chaque tribunal judiciaire.

Bâtonnier

Avocat élu à la tête du barreau.

Bulletin de renvoi

Imprimé établi par le greffe du conseil de prud'hommes pour renvoyer une affaire examinée par le bureau de conciliation et d'orientation au bureau de jugement.

C

Caducité de la citation

Extinction du droit à assigner le défendeur devant les prud'hommes en cas d'absence à l'audience du demandeur.

Chef de la demande

Prétention chiffrée, portant sur un point précis, formulée devant une juridiction par le demandeur. Les différents chefs de la demande doivent être précisés dans la requête introductive devant le conseil de prud'hommes.

Chose jugée

Autorité attachée à une décision de justice permettant de la faire exécuter et faisant obstacle à ce que la même affaire soit à nouveau jugée. Lorsque toutes les voies de recours sont épuisées, on ne parle plus d'autorité de la chose jugée, mais de force de la chose jugée.

Commissaire à l'exécution du plan

Personne désignée par la justice afin de contrôler l'exécution du plan de sauvegarde ou de redressement judiciaire d'une entreprise.

Commissaire de justice

Nouveau nom de l'huissier de justice depuis le 1er juillet 2022.

Compétence d'attribution

Compétence d'une juridiction pour connaître un litige en fonction de la nature de l'affaire.

Compétence territoriale

Compétence d'une juridiction pour connaître un litige en fonction de sa localisation géographique.

Conclusions

Acte de procédure par lequel chacune des parties expose de façon détaillée le fondement de ses demandes et/ou ses moyens de défense.

Connexité

Lien existant entre deux demandes en justice empêchant de les juger séparément.

Conseiller du salarié

Personne inscrite sur une liste départementale chargée d'assister les salariés lors de leur entretien préalable de licenciement dans les entreprises dépourvues de représentants du personnel. La liste des conseillers du département est consultable en mairie ou à l'inspection du travail dont relève l'employeur.

Convention collective

Accord conclu entre une ou plusieurs organisations syndicales de salariés et d'employeurs pour fixer les conditions de travail. Les conventions collectives accordent généralement des droits plus importants que ceux prévus par le Code du travail.

D

Débats

Phase de l'audience réservée aux plaidoiries des parties. Chacune d'entre elles expose verbalement ses prétentions et ses arguments.

Défendeur

Personne contre laquelle est engagé un procès.

Délai de prévenance

Le délai de prévenance se situe avant la date de fin de contrat de travail contrairement au préavis qui, lui, se situe après la rupture du contrat de travail.

Délibéré

Phase de la procédure au cours de laquelle les juges se concertent avant de prendre leur décision. Le délibéré intervient après que les pièces du dossier aient été examinées et les plaidoiries des parties entendues.

Demande en compensation

Il s'agit d'une catégorie particulière de demande reconventionnelle selon laquelle une personne assignée en justice pour le paiement d'une créance invoque une créance qu'elle détient contre son adversaire, afin de se libérer de son engagement.

Exemple : j'ai été condamné à verser 1 000 € à Monsieur X. Mais comme celui-ci me devait 500 € qu'il ne m'a jamais remboursé, je demande à n'être condamné qu'au versement d'une somme de 500 €.

Demande reconventionnelle

Demande formée par le défendeur qui attaque à son tour son adversaire pour obtenir sa condamnation.

Demandeur

Personne qui prend l'initiative d'un procès. Son adversaire est appelé défendeur.

Déni de justice

On parle de déni de justice lorsque les juges refusent de répondre aux requêtes, de statuer, sous prétexte du silence, de l'obscurité ou de l'insuffisance de la loi, ou encore négligent de juger une affaire en état de l'être.

Dommages et intérêts

Somme d'argent destinée à compenser le préjudice subi par une personne.

Les indemnités ayant le caractère de dommages et intérêts échappent à l'impôt et aux cotisations sociales sous certaines conditions.

Dossier

Ensemble des documents, actes de procédure et jugements relatifs à un litige. Tous les dossiers traités par un conseil de prud'hommes sont réunis dans le répertoire général tenu par le greffe.

E

Effet suspensif

Recours empêchant l'exécution d'un jugement. L'appel et l'opposition ont ainsi un effet suspensif pendant le délai imparti pour leur exercice. Si la partie condamnée exerce effectivement ce recours, l'effet suspensif se prolonge durant le temps nécessaire à l'examen de ce recours.

Exécution

Fait d'exécuter effectivement les dispositions d'un jugement.

F

Fin de non-recevoir

Moyen de défense par laquelle une partie soutient que le non-respect d'un point de procédure rend l'action intentée irrecevable sans préjuger de son bien-fondé sur le fond.

Fond

Le fond est constitué par l'objet du litige (ses raisons, les éléments de droit et de fait en jeu) par rapport à la forme constituée par les règles de procédure.

Force exécutoire

Se dit d'un acte de justice qui peut être exécuté (voir *Exécution*).

G

Greffe

Services administratifs d'une juridiction.

Grosse

Copie du jugement revêtu d'une formule permettant de le faire exécuter.

I

Interprétation du jugement

Une des parties (ou les deux conjointement) peut demander par requête au conseil de prud'hommes qui a rendu une décision, d'expliquer les passages dont le sens est obscur ou qui peuvent donner lieu à des lectures différentes. Si le jugement est déjà frappé d'appel, la demande d'interprétation est irrecevable devant le bureau de jugement. C'est à la cour d'appel qu'il appartient d'interpréter la décision.

Intervention forcée

Fait, pour le demandeur ou le défendeur, d'appeler un tiers au procès afin de l'impliquer dans la décision du tribunal.

Intervention volontaire

Fait, pour un tiers, d'intervenir de son plein gré dans une procédure afin de défendre ses propres intérêts dans le litige en cours.

Intimé

Nom donné au défendeur devant la cour d'appel.

Irrecevabilité

Est irrecevable une demande en justice à laquelle il n'est pas possible de donner suite parce qu'elle n'a pas été formulée selon les règles ou dans les délais prévus. Une action est irrecevable, par exemple, quand la demande est atteinte par la prescription*.

J

Jugement avant-dire droit

Il s'agit d'un jugement pris à titre accessoire, par un juge déjà saisi, afin de préparer ou attendre la solution du litige principal.

Il existe deux types de jugements avant-dire droit :

– le jugement qui ordonne une mesure provisoire ;

– le jugement qui ordonne les mesures d'instruction nécessaires à la résolution du litige principal.

Un jugement avant-dire droit ne tranche pas le litige principal ; ce qui signifie que le juge n'est pas dessaisi et qu'il n'a pas autorité de la chose jugée au principal (art. 482 et 483, CPC).

Pour ce qui est des voies de recours, en principe, le jugement avant-dire droit ne peut être frappé de recours qu'avec le jugement définitif. Il ne peut donc pas faire l'objet d'un recours immédiat (art. 545 et 608, CPC). Il existe toutefois quelques exceptions limitativement énumérées (art. 150 et 272, CPC).

Jurisprudence

Interprétation d'un point de droit suggéré par un ensemble de décisions concordantes rendues par une juridiction (le plus souvent, la Cour de cassation). Cette interprétation sera généralement suivie par les tribunaux ayant à juger un litige similaire.

M

Mandataire judiciaire

Personne chargée de recevoir les déclarations des créances et de les vérifier en cas de sauvegarde ou de redressement judiciaire de l'entreprise.

Lorsque la liquidation est prononcée, c'est elle qui devient généralement mandataire liquidateur.

Mandataire liquidateur

Personne chargée de procéder au paiement des créanciers lors des opérations de liquidation judiciaire d'une entreprise.

Manœuvres dilatoires

Actions exercées dans le seul but de retarder la solution du procès afin de gagner du temps et d'échapper à ses obligations. De telles manœuvres constituent un abus de procédure.

Marchandage

Fourniture de main-d'œuvre, à but lucratif, ayant pour but de causer un préjudice au salarié ou d'empêcher l'application des dispositions régissant le droit du travail.

Mémoire

Document obligatoire à remettre par le demandeur à la Cour de cassation et à son adversaire et contenant les raisons du pourvoi. Le défendeur doit répondre en produisant à son tour un mémoire.

Mesures conservatoires

Mesures ayant pour but de conserver une preuve, un droit ou un bien. Les juges peuvent, par exemple, ordonner que des documents soient déposés au greffe afin d'éviter qu'ils ne disparaissent ou soient falsifiés ultérieurement.

Mesures d'instruction

Mesures ordonnées par le juge afin d'établir la réalité ou l'exactitude des faits en cas de litige. Il peut, à ce titre, désigner un expert ou encore entendre des témoins.

Minute

Original d'une décision de justice revêtu de la signature du président du tribunal et du directeur des services de greffe judiciaires.

N

Notification

Formalité par laquelle une décision de justice est portée à la connaissance des intéressés. Lorsque cette formalité est effectuée par un commissaire de justice, on parle de signification.

P

Partie

Personne qui participe au procès. La partie qui déclenche le procès est appelée le demandeur* et celle contre qui l'action est dirigée le défendeur*.

Partie civile

Partie lésée par une infraction qui se joint à un procès pour obtenir réparation.

Péremption d'instance

Extinction d'une procédure lorsque le demandeur a laissé passer un délai de 2 ans sans accomplir aucune diligence.

Plaidoirie

Exposé oral à l'audience des prétentions et arguments de chacune des parties.

Prescription

Présomption dont l'effet est tantôt extinctif d'un droit, tantôt créatif d'un droit. La prescription extinctive est un mode d'extinction d'un droit résultant de l'inaction par son titulaire de ce droit pendant un certain temps. Exemple : la prescription est de 3 ans en matière de salaire.

Principe du contradictoire

Règle selon laquelle l'adversaire doit être informé des faits qui lui sont reprochés et de tous les arguments qui lui seront opposés dans un délai suffisant pour lui permettre d'assurer sa défense.

Procédure accélérée au fond

Depuis le 1er janvier 2020, la procédure accélérée au fond est venue remplacer la procédure en la forme des référés. Il s'agit d'une procédure rendue de manière accélérée sur le fond du litige, dans les cas prévus par la loi.

R

Radiation du rôle

Décision de justice sanctionnant le défaut de diligence d'une partie à la procédure. L'affaire radiée n'est plus inscrite sur le registre des affaires en cours (le rôle) de la juridiction concernée.

Reçu pour solde de tout compte

Reçu signé par le salarié au moment de la rupture de son contrat de travail par lequel il reconnaît que son employeur lui a bien versé les sommes qu'il lui devait.

Remise en état

Mesure consistant à annuler une décision afin de rétablir la situation antérieure.

Requête

Acte de procédure écrit, adressé à une juridiction, ayant effet de la saisir. Les requêtes auprès des conseils de prud'hommes peuvent être rédigées sur un formulaire spécifique.

Ressort

1) Étendue de la compétence d'une juridiction du point de vue territorial (voir *Compétence territoriale*) ou de la nature de l'affaire (voir *Compétence d'attribution*) ;

2) Condition permettant d'exercer une voie de recours. Un jugement rendu en premier ressort est susceptible d'appel, un jugement en dernier ressort peut être contesté uniquement devant la Cour de cassation.

Rôle

Registre sur lequel sont inscrites toutes les affaires portées devant une juridiction.

S

Sauvegarde, redressement et liquidation judiciaires
La sauvegarde et le redressement judiciaire sont des procédures déclenchées par le tribunal de commerce pour permettre d'assurer la pérennité des entreprises en difficulté. Si elles échouent, l'entreprise passe alors par la procédure de liquidation judiciaire destinée à mettre fin à son activité.

SMIC
Salaire minimum interprofessionnel de croissance. Il constitue la rémunération minimale en dessous de laquelle aucun salarié ne peut être payé.

Sursis à statuer

Décision du juge accordant la suspension provisoire du procès lorsqu'il estime qu'un certain délai doit être observé.

Suspicion légitime

Motifs permettant de penser que les juges ne sont pas en situation de se prononcer avec impartialité. En cas de suspicion légitime invoquée par une partie, l'affaire est renvoyée devant un autre tribunal.

Les adresses de vos interlocuteurs

Ces adresses étant susceptibles de changer entre deux éditions du guide, nous vous conseillons donc d'effectuer une vérification sur Internet avant tout envoi de courrier.

Adresses des conseils de prud'hommes

Vous pouvez trouver les coordonnées de tous les conseils de prud'hommes sur Internet et notamment sur le site www.annuaires.justice.gouv.fr.
Pour savoir auquel d'entre eux vous adresser, voir *De quelle section relevez-vous ?*, p. 48.

Adresses des sièges des principales confédérations syndicales

- CFDT
  4, boulevard de la Villette 75955
  Paris Cedex 19
  Tél. : 01 42 03 89 00
  www.cfdt.fr

- CFTC
  45, rue de la Procession
  75015 Paris Cedex 15
  Tél. : 01 57 42 42 00
  www.cftc.fr

- CFE-CGC
  42, avenue de la Porte de Clichy
  75017 Paris
  Tél. : 01 55 30 12 12
  www.cfecgc.org

- CGT
  263, rue de Paris
  93516 Montreuil Cedex
  Tél. : 01 55 82 81 00
  www.cgt.fr

- CGT-FO
  141, avenue du Maine
  75014 Paris
  Tél. : 01 40 52 84 55
  www.force-ouvriere.fr

- UNSA
  21, rue Jules Ferry
  93177 Bagnolet Cedex
  Tél. : 01 48 18 88 00
  www.unsa.org

- SOLIDAIRES
  31, rue de la Grange aux Belles
  75010 Paris
  Tél. : 01 58 39 30 20
  https://solidaires.org

- MEDEF
  55, avenue Bosquet
  75007 Paris
  Tél. : 01 53 59 19 19
  www.medef.com

Modèles de lettres et de documents

Accord transactionnel

ENTRE :

La société (*nom de la société, forme de la société, n° RCS*), dont le siège social est à (*adresse*), représentée par M. (*nom du représentant*), dûment habilité à cet effet.

D'une part

ET

(*Nom du salarié(e)*) né le (*date de naissance*) à (*lieu de naissance*), de nationalité (*à compléter*), demeurant à (*adresse*)

D'autre part

IL A ÉTÉ PRÉALABLEMENT EXPOSÉ CE QUI SUIT :

Après avoir effectué différentes missions d'intérim du 1er février 2017 au 31 mars suivant au sein de la société (*nom*) employant plus de 11 salariés, Madame (*nom de la salariée*) était embauchée, sous contrat écrit à durée indéterminée, en qualité de standardiste et hôtesse d'accueil, catégorie employée, niveau II, échelon 3 de la convention collective du Commerce de gros de l'habillement.

Rapidement, Madame (*nom de la salariée*) allait occuper le poste d'assistante de direction, moyennant une rémunération mensuelle brute, heures supplémentaires, primes et 13e mois inclus, de 2 337,27 € à la date de rupture de son contrat de travail, soit au 31 octobre 2020, date à laquelle Madame (*nom de la salariée*), dans le cadre d'une procédure de licenciement pour motif économique, adhérait à la convention de reclassement personnalisée, proposée le 1er octobre 2020, lors de l'entretien préalable à son licenciement.

Contestant le bien-fondé de son licenciement, Madame (*nom de la salariée*) saisissait, dès le 7 décembre suivant, le conseil de prud'hommes de (*ville*) aux fins de voir la société (*nom*) condamnée à lui verser les sommes suivantes :
– À titre de reliquat d'indemnité légale de licenciement, la somme de 155,90 € ;
– À titre d'indemnité compensatrice de préavis, la somme de 4 674,56 € ;
– À titre de congés payés y afférant, la somme de 467,45 € ;

– À titre de dommages et intérêts pour licenciement sans cause réelle et sérieuse, en application de l'article L. 1235-3 du Code du travail, la somme de 9 349 € ;
– Au titre de l'article 700 du Code de procédure civile, la somme de 2 000 €.
Aux termes de ses conclusions devant le conseil de prud'hommes de (*ville*), Madame (*nom de la salariée*) faisait valoir :
– Qu'il lui est dû un reliquat au titre de l'indemnité légale de licenciement qui devait être calculée au regard de son ancienneté acquise avec les missions d'intérim ;
– Que la rupture de son contrat de travail devait s'analyser en un licenciement sans cause réelle et sérieuse et produire les effets d'un tel licenciement puisqu'au moment de son adhésion à la convention de reclassement personnalisé, il ne lui avait pas été indiqué les motifs économiques de la rupture de son contrat de travail ;
– Que l'envoi d'une lettre lui indiquant ces motifs, postérieurement à son adhésion et à la saisine du conseil de prud'hommes de (*ville*) ne pouvait régulariser cette omission ;
– Qu'enfin, la société (*nom*) ne justifie pas avoir respecté son obligation de reclasser Madame (*nom de la salariée*) au sein de la société ou dans toutes sociétés appartenant au groupe.

La société (*nom*) s'est opposée aux demandes de Madame (*nom de la salariée*) en faisant notamment valoir que la proposition d'adhérer à une convention de reclassement s'inscrivait bien dans une procédure de licenciement pour motif économique dont les difficultés étaient réelles et sérieuses.

En cet état, les parties étant, toutefois désireuses, de mettre un terme à cette procédure contentieuse, ont engagé des discussions et, après négociations et concessions réciproques, ont décidé de régler leur différend de manière transactionnelle dans les termes et conditions ci-après.

CECI EXPOSÉ, IL A ÉTÉ CONVENU ET ARRÊTÉ CE QUI SUIT :

ARTICLE 1 : INDEMNITÉ TRANSACTIONNELLE

La société (*nom*) alloue ce jour à Madame (*nom de la salariée*), qui l'accepte, la somme transactionnelle forfaitaire, globale et définitive de 6 000 € nette de CSG-CRDS, à titre de dommages et intérêts.

Le règlement de cette somme transactionnelle sera effectué au jour de la signature des présentes, par un chèque établi par la société (*nom*) à l'ordre de Madame (*nom de la salariée*).

ARTICLE 2 : RECONNAISSANCE - RENONCIATION

Madame (*nom de la salariée*) reconnaît que cette somme transactionnelle la remplit de tous ses droits à quelque titre que ce soit à l'encontre de la société (*nom*).

Madame (*nom de la salariée*) renonce expressément à tout droit ou action qu'elle pourrait avoir à l'encontre de la société (*nom*).

ARTICLE 3 : QUITUS

Sous réserve de la bonne exécution des présentes, les parties se donnent mutuellement quitus total et définitif de tous leurs droits, réclamations ou obligations respectifs.

ARTICLE 4 : INDIVISIBILITÉ

Le présent accord constitue une transaction indivisible en tous ces éléments.

Toute réclamation complémentaire ou supplémentaire de l'une quelconque des parties, ainsi que toute contestation, inexécution ou mauvaise exécution par elle de l'un quelconque des éléments du présent accord équivalent, au gré de l'autre, à une remise en cause de l'ensemble du présent accord.

ARTICLE 5 : DÉSISTEMENT D'INSTANCE ET D'ACTION

Les parties déclarent se désister expressément de toute instance ou action née ou à naître de l'application, de l'exécution et de la rupture du contrat de travail.

ARTICLE 6 : CARACTÈRE TRANSACTIONNEL ET DÉFINITIF

Les parties reconnaissent que les dispositions ci-dessus ont été arrêtées à la suite de discussions amiables survenues postérieurement à la notification de la rupture du contrat de travail de Madame (*nom de la salariée*).

Sous réserve de l'exécution par chacune d'elles des obligations qui lui incombent, les parties réitèrent dès maintenant qu'elles n'ont plus aucune réclamation à formuler l'une contre l'autre du chef du contrat qui les a liées et pour les causes sus-indiquées, et déclarent que le présent accord transactionnel emporte renonciation à tous droits, actions, prétentions vis-à-vis de l'une ou l'autre, conformément aux articles 2044 et suivants du Code civil.

Les parties s'engagent à conserver aux présentes un caractère strictement confidentiel et à ne pas en faire état au sein de la Société ou à l'extérieur, sauf à les produire en cas de réquisition expresse devant les représentants des administrations fiscales, des organismes sociaux et devant les tribunaux.

Fait le *(date)*

En double exemplaire
Bon pour transaction

La société (*nom*)

Madame (*nom de la salariée*)

Convention de procédure participative

Entre les soussignés :
– Monsieur/Madame *(nom du salarié)*, né(e) le *(date)*, à *(lieu)*, de nationalité … , profession …, demeurant à *(adresse du salarié)*
Assisté(e) de Maître *(nom)*, avocat au barreau de *(lieu)*, domicilié *(adresse)*, d'une part et
– La société *(dénomination et forme sociale)*, dont le siège social est à *(adresse)*, immatriculée au registre du commerce et des sociétés sous le numéro…, représentée par son dirigeant en exercice *(nom)*, déclarant avoir tous pouvoirs afin de signer la présente, d'autre part.

Préambule

(Exposer les faits)

Les parties déclarent que leur différend n'a pas encore donné lieu à la saisine d'un juge ou d'un arbitre.

Ceci étant rappelé, il est convenu ce qui suit :

Article 1 – Objet de la convention

Les parties s'engagent à œuvrer conjointement et de bonne foi, assistées de leur avocat, à la résolution amiable du différend qui les oppose, dans le cadre d'une procédure participative régie par les articles 2062 et suivants du Code civil.

Article 2 – Durée de la convention

La présente convention est conclue pour une durée de *(indiquer la durée)* à compter de sa signature.
Elle prendra donc fin le *(date)*.
Toutefois, les parties peuvent convenir, par un avenant écrit, de la prolongation de la présente convention pour une durée déterminée.
Par ailleurs, la durée de la présente convention sera suspendue pendant la durée de la mission du technicien que les parties seraient amenées à désigner selon les modalités fixées à l'article 5-3.
Elle prendra fin de manière anticipée en cas d'accord mettant fin à l'entier litige, conclu selon les modalités fixées à l'article 6-1.

Article 3 – Objet du différend

(À compléter)

MODÈLES

Article 4 – Échanges des écritures et pièces

Les parties conviennent que pour œuvrer conjointement et de bonne foi à la résolution amiable du différend qui les oppose, il est indispensable que chacune précise et explique, dans des écritures, les moyens de fait et de droit venant étayer ses prétentions.
Pour l'échange des écritures et pièces, chaque partie donne mandat à l'avocat qui l'assiste de la représenter.

4-1. Pièces et informations nécessaires

Les parties conviennent que les pièces et informations nécessaires à la résolution de leur différend sont les suivantes :
(liste des pièces et informations)

4-2. Forme et contenu des écritures

Les écritures, rédigées par les avocats de chacune des parties, prendront la forme de conclusions.
Elles contiendront les moyens de fait et de droit invoqués par les parties à l'appui de leurs prétentions.
Elles doivent être récapitulatives et renvoyer aux numéros des pièces visées dans le bordereau annexé.

4-3. Calendrier de procédure

Les parties s'engagent à s'échanger leurs conclusions et pièces, listées dans un bordereau, selon le calendrier suivant :
– communication des conclusions et pièces de Monsieur *(nom du salarié)* avant le *(date) ;*
– communication des conclusions et pièces de la société *(nom de l'employeur)* avant le *(date) ;*
– communication des conclusions en réponse de la société *(nom de l'employeur)* avant le *(date) ;*
– communication des conclusions en réponse de Monsieur *(nom du salarié)* avant le *(date).*

Ces communications s'effectueront par l'intermédiaire des avocats assistant les parties, par tout moyen en usage et selon une voie officielle, s'agissant d'actes de procédure (courriers, télécopies, courriels...).
Chaque avocat se charge de porter à la connaissance de son client les écritures et pièces échangées.
Une réunion de discussions permettant de confronter les points de vue de chacune des parties se tiendra, en présence de leur avocat, le *(date)* à *(lieu).*

La date et le lieu de cette réunion pourront être modifiés par courrier officiel entre avocats, les parties leur donnant entiers pouvoirs à cette fin. De la même manière, les avocats pourront prévoir des réunions supplémentaires si nécessaire. Les négociations pourront également se poursuivre par échanges confidentiels entre avocats.

Article 5 – Effets de la convention

5-1. Suspension de la prescription

À compter de la signature de la présente convention et pendant toute la durée de son exécution, le cours de la prescription est suspendu. La prescription reprendra son cours au terme de la convention, pour une durée qui ne peut être inférieure à 6 mois.

5-2. Recours au juge

Tant qu'elle est en cours, la convention de procédure participative rend irrecevable tout recours au juge pour qu'il statue sur le litige objet de la convention, sous réserve de l'inexécution par l'une des parties d'une obligation dont elle est débitrice au titre de la présente convention. Dans ce cas, le juge saisi par l'autre partie statuera sur le litige, la présente convention se trouvant alors résiliée de plein droit.

En cas d'urgence, la convention ne fait pas obstacle à ce que des mesures provisoires ou conservatoires soient demandées par les parties.

5-3. Recours à un technicien

Les parties peuvent recourir à un technicien indépendant qu'elles choisissent d'un commun accord.
Elles déterminent l'objet et la durée de sa mission et l'autorisent à se faire communiquer toute information ou document détenu par des tiers qui y consentent.
Pendant la durée des opérations techniques, la présente convention de procédure participative est suspendue.

Il appartient au technicien avant d'accepter sa mission de révéler toute circonstance susceptible d'affecter son indépendance. Si une telle circonstance existe, les parties doivent désigner un autre technicien sauf accord exprès en faveur du maintien du technicien initialement choisi.

Le technicien est rémunéré par les parties selon les modalités dont elles conviennent.
Il accomplit sa mission avec conscience, diligence, objectivité et impartialité dans le respect du principe du contradictoire.

Les parties communiquent au technicien les documents nécessaires à l'accomplissement de sa mission.
En cas de carence d'une partie, le technicien sollicite celle-ci aux fins de communiquer les documents qu'elle détient.
Lorsque l'inertie d'une partie empêche le technicien de mener à bien sa mission, il convoque l'ensemble des parties en leur indiquant les diligences qu'il estime nécessaires. Si la partie ne défère pas à la demande du technicien, ce dernier poursuit sa mission à partir des éléments dont il dispose.

Le technicien doit prendre en considération les observations ou réclamations des parties et, lorsqu'elles sont écrites et sur demande, les joindre à son rapport.
Il doit faire mention dans son rapport des suites qu'il aura donné aux observations ou réclamations présentées.
À l'issue des opérations, le technicien remet aux parties un rapport écrit qui pourra être produit en justice.

Article 5-4. Confidentialité

Les conclusions et pièces échangées ne sont pas confidentielles et pourront être, le cas échéant, produites en justice en l'absence d'accord total mettant fin au différend au sens de l'article 6-1.

En revanche, le contenu des éventuelles négociations, entre les parties ou par l'intermédiaire des avocats, demeure confidentiel.

Par ailleurs, les règles relatives à la confidentialité des correspondances échangées entre avocats sont applicables à la présente procédure participative.

Article 6 – Extinction de la procédure participative

En dehors du terme de la procédure participative fixé à l'article 2, la procédure participative s'éteint par :
– la conclusion d'un accord mettant fin en totalité au différend,
– l'établissement d'un acte constatant la persistance de tout ou partie du différend.

Article 6-1. En cas d'accord total

L'accord mettant fin en totalité au différend est constaté dans un écrit signé par les parties, assistées de leurs avocats qui contresigneront l'acte. Il sera conclu sous la forme d'une transaction au sens des articles 2044 et suivants du Code civil et mettra un terme définitif au litige.

La partie la plus diligente a la possibilité de faire homologuer ladite transaction afin de lui faire conférer force exécutoire, et ce conformément aux dispositions de l'article 1441-4 du Code de procédure civile.

Article 6-2. En l'absence d'accord total

En cas d'absence d'accord total mettant fin au différend au terme de la présente procédure participative, Monsieur *(nom du salarié)* retrouvera une totale liberté de saisir le conseil de prud'hommes pour qu'il tranche le litige.

En cas d'accord partiel, celui-ci sera conclu dans les formes prévues à l'article 6.1, le conseil de prud'hommes étant saisi des questions non résolues amiablement.

Article 7 – Contreseing d'avocat

Maître *(nom)* intervient en qualité de rédacteur et contresignataire du présent acte sous seing privé, en qualité d'avocat de Monsieur *(nom du salarié).*

Maître *(nom)* intervient en qualité de rédacteur et contresignataire du présent acte sous seing privé, en qualité d'avocat de *(nom de l'employeur).*

Les avocats contresignataires du présent acte attestent avoir vérifié l'identité des parties signataires.

Les parties signataires reconnaissent que les rédacteurs des présentes leur ont donné lecture exhaustive du présent acte, ont répondu à l'ensemble de leurs questions, leur ont donné tous les conseils et informations utiles, les ont éclairées sur les conséquences juridiques dudit acte, ce dernier relatant fidèlement leur commune intention.

Il est précisé que les obligations d'information et de conseil des avocats contresignataires ne portent que sur les aspects strictement juridiques du présent acte et en aucun cas sur l'opportunité de sa conclusion, ni sur les valorisations librement négociées entre les parties.

Chaque avocat assume seul la responsabilité professionnelle, au titre de l'obligation d'information et de conseil, à l'égard de la partie qui l'a désigné en qualité de contresignataire du présent acte.

Article 8 – Honoraires

Chacune des parties garde à sa charge les honoraires de son avocat.

Fait à *(lieu)*, le *(date)*

En *(nombre)* exemplaires

(Signatures)

Requête aux prud'hommes

MINISTÈRE DE LA JUSTICE

Nous sommes là pour vous aider

N° 15586*09

cerfa

Requête aux fins de saisine du conseil de prud'hommes par un salarié

(Articles 57 du code de procédure civile et L. 1411-1 et suivants, R. 1452-1 et suivants du code du travail)

Ne pas remplir - Cadre réservé au conseil de prud'hommes

Numéro RG : ***Requête reçue le :***

Section :

Chambre :

Audience :

Vous êtes salarié ou apprenti et vous souhaitez saisir le conseil de prud'hommes.

Nous vous invitons à lire attentivement la notice n° 52117 avant de remplir ce formulaire. Tout au long de la procédure, veillez à informer le greffe de la juridiction de toute modification à apporter aux informations vous concernant ci-dessous.

Votre demande :

Vous souhaitez être convoqué devant :

☐ le **bureau de conciliation et d'orientation**

☐ le **bureau de jugement** (pour les cas prévus par le code du travail)

☐ la **formation de référé**

☐ **la formation de procédure accélérée au fond** (article 1455-12 du code du travail)

Cette demande est faite devant le conseil de prud'hommes de : ____________________

Avez-vous déjà déposé un dossier concernant la même affaire devant ce conseil de prud'hommes ?

☐ Oui ☐ Non

Si oui, sous quel numéro a-t-il été enregistré : ____________________

Votre identité :

☐ Madame ☐ Monsieur

Votre nom de famille (nom de naissance) : ____________________

Votre nom d'usage (exemple : nom d'époux / d'épouse) : ____________________

Vos prénoms : ____________________

Vos date et lieu de naissance : |__|__|__|__|__|__|__|__|

à ____________________

Votre nationalité : ____________________

Votre profession/emploi lors du litige : ____________________

Vous étiez : ☐ Cadre et VRP ☐ Non cadre ☐ Apprenti

Votre adresse : ____________________

Complément d'adresse : ____________________

Code postal |__|__|__|__|__| Commune : ____________________

Pays : ____________________

Votre adresse électronique : ____________________

Votre numéro de téléphone : |__|__|__|__|__|__|__|__|__|__|

Si vous êtes un : ☐ **mineur non émancipé** ☐ **majeur protégé** (tutelle, curatelle...)

Préciser l'identité de votre représentant légal :

☐ Tuteur, curateur ou personne habilitée ☐ Père ou mère

Nom de famille : ____________________

Prénoms : ____________________

Adresse : ____________________

Complément d'adresse: ____________________

Code postal |__|__|__|__|__| Commune : ____________________

Pays : ____________________

Assistance ou représentation :

Si vous êtes assisté(e) ou représenté(e), vous devez renseigner les rubriques ci-dessous.

☐ Madame ☐ Monsieur ☐ Maître

Son nom : ____________________

Son prénom : ____________________

Sa qualité : ☐ avocat ☐ défenseur syndical ☐ salarié de la même branche d'activité
☐ conjoint ☐ partenaire de PACS ☐ concubin

Son adresse : ____________________

Complément d'adresse : ____________________

Code postal |__|__|__|__|__| Commune : ____________________

Page 2 sur 9

Pays : ______________________________

Son adresse électronique : ____________________@______________

Son numéro de téléphone : I__I__I__I__I__I__I__I__I__I__I

Si vous bénéficiez de l'aide juridictionnelle : (joindre le cas échéant la décision à la présente requête)

Date de la demande I__I__I__I__I__I__I__I__I

Date de la décision I__I__I__I__I__I__I__I__I Taux : ______ %

N° de la décision (18 caractères) : ______________________________

Tribunal judiciaire dont elle émane : ______________________________

A l'audience, pour suivre les débats et vous exprimer, avez-vous besoin de l'assistance d'un interprète en langue des signes :

☐ Oui ☐ Non

Identité de votre adversaire :

Son code IDCC (Identifiants des conventions collectives) : I__I__I__I__I

Son n° SIRET : I__I__I__I__I__I__I__I__I__I__I__I__I__I__I (facultatif)

Sa convention ou accord collectif : ______________________________

Son activité principale : ______________________________Son code APE : I__I__I__ I__I__I

Son adresse électronique : ______________________________

Son numéro de téléphone : I__I__I__I__I__I__I__I__I__I__I

S'il s'agit d'une personne morale :

Sa forme juridique (SA, SARL, SAS, SNC, EURL, Association, ...) : ______________________________

Sa dénomination : ______________________________

L'adresse de son siège social : ______________________________

Code postal I__I__I__I__I__I Commune : ______________________________

Pays : ______________________________

Le cas échéant veuillez préciser l'adresse de l'établissement où est accompli le travail :

Adresse : ______________________________

Complément d'adresse: ______________________________

Code postal I__I__I__I__I__I Commune : ______________________________

Pays : ______________________________

Son représentant légal (nom, prénom) : ______________________________

Page 3 sur 9

S'il s'agit d'une personne physique :

☐ Madame ☐ Monsieur

Son nom de famille (nom de naissance) : ____________

Son nom d'usage (exemple: nom d'époux / d'épouse) : ____________

Ses prénoms : ____________

Ses date et lieu de naissance : I__I__I__I__I__I__I__I__I à ____________

Son adresse : ____________

Complément d'adresse : ____________

Code postal I__I__I__I__I__I Commune : ____________

Pays : ____________

Nombre de salariés dans l'entreprise : ☐ moins de 11 ☐ de 11 à 49 ☐ de 50 à 499 ☐ 500 et plus

Employeur faisant l'objet d'une procédure collective ou de liquidation amiable

Si votre employeur fait l'objet d'une procédure de sauvegarde, de redressement ou de liquidation amiable ou judiciaire veuillez renseigner les informations ci-dessous relatives à la procédure en cours :

Type de procédure :

☐ Redressement judiciaire ☐ Liquidation judiciaire ☐ Procédure de sauvegarde

☐ Plan de continuation

par : ☐ le tribunal de grande instance ou ☐ le tribunal judiciaire ou ☐ le tribunal de commerce de ____________

Décision rendue le: I__I__I__I__I__I__I__I__I

☐ Liquidation amiable du I__I__I__I__I__I__I__I__I (s'il s'agit d'une dissolution de la société par les actionnaires)

Partie(s) à la procédure :

☐ Administrateur judiciaire (le cas échant pour un redressement ou une sauvegarde) ☐ Liquidateur amiable

☐ Maître (uniquement pour l'administrateur judiciaire) ☐ Madame ☐ Monsieur

Son nom : ____________

Son prénom : ____________

Son adresse : ____________

Complément d'adresse : ____________

Code postal I__I__I__I__I__I Commune : ____________

Pays : ____________

☐ Commissaire à l'exécution au plan.

☐ Mandataire judiciaire (s'il s'agit d'un redressement ou d'une liquidation judiciaire).

Page 4 sur 9

Maître (nom) : ____________________

Son prénom : ____________________

Son adresse : ____________________

Complément d'adresse : ____________________

Code postal I__I__I__I__I__I Commune : ____________________

Pays : ____________________

☐ UNEDIC/ A.G.S. C.G.E.A. : ____________________

Si un ou deux autres administrateurs judiciaires ont été désignés :

☐ Maître (uniquement pour l'administrateur judiciaire)

Son nom : ____________________

Son prénom : ____________________

Son adresse : ____________________

Complément d'adresse : ____________________

Code postal I__I__I__I__I__I Commune : ____________________

Pays : ____________________

☐ Maître (uniquement pour l'administrateur judiciaire)

Son nom : ____________________

Son prénom : ____________________

Son adresse : ____________________

Complément d'adresse : ____________________

Code postal I__I__I__I__I__I Commune : ____________________

Pays : ____________________

Renseignements complémentaires :

Disposez-vous d'un contrat de travail écrit : ☐ Oui ☐ Non

Date du début d'exercice de vos fonctions : I__I__I__I__I__I__I__I__I

Date de cessation de vos fonctions : I__I__I__I__I__I__I__I__I

Motif du départ : ____________________

(démission, prise d'acte de rupture, licenciement, rupture conventionnelle...)

MODÈLES

Demandes :

Cocher les cases correspondant à votre demande en précisant vos réclamations. Pour les demandes chiffrées, indiquez le montant en brut pour les créances salariales. Si vous devez ajouter des demandes, vous pouvez utiliser les lignes « Autres demandes » ou les mentionner sur une feuille que vous joindrez à ce document.

DEMANDES LIÉES A LA PROCÉDURE :
Réinscription après ☐ Retrait du rôle ☐ Radiation ☐ Demande de relevé de caducité ☐ Irrecevabilité
☐ Rectification ☐ Omission ☐ Interprétation d'une décision en date du I__I__I__I__I__I__I__I__I
☐ Liquidation de l'astreinte ordonnée par décision du : I__I__I__I__I__I__I__I__I

ÉVÈNEMENTS OU DEMANDES LIÉS AU LITIGE :
☐ Contestation d'un licenciement ☐ à caractère économique
☐ Requalification de la prise d'acte de la rupture en licenciement ☐ Démission Intervenue le I__I__I__I__I__I__I__I__I
☐ Nullité du licenciement ☐ Demande de réintégration
☐ Contestation : ☐ sans rupture d'un contrat de travail ☐ suite à la rupture d'un contrat de travail Intervenue le I__I__I__I__I__I__I__I__I
☐ Demande de résiliation judiciaire du contrat : ☐ d'apprentissage ☐ de travail
☐ Requalification en CDI : ☐ d'un CDD ☐ d'une mission d'intérim ☐ d'un stage
☐ Contestation des éléments de nature médicale émis par le médecin du travail (procédure accélérée au fond) ☐ Rupture conventionnelle collective
☐ Annulation d'une sanction disciplinaire en date du I__I__I__I__I__I__I__I__I Nature : ______________________
Autre demande (non chiffrée) : ______________________

DEMANDES CHIFFRÉES (en absence de montant le conseil ne pourra pas prendre en compte votre demande) **Les créances salariales suivies d'un (*) doivent être chiffrées en brut**	MONTANT
☐ Indemnité pour non-respect de la procédure de licenciement	€
☐ Indemnité pour licenciement sans cause réelle et sérieuse	€
☐ Indemnité de licenciement ☐ légale ☐ conventionnelle ☐ spéciale	€
☐ Dommages et intérêts pour rupture anticipée du C.D.D.	€

Page 6 sur 9

DEMANDES CHIFFRÉES (en absence de montant le conseil ne pourra pas prendre en compte votre demande) **Les créances salariales suivies d'un (*) doivent être chiffrées en brut**	**MONTANT**
☐ Indemnité compensatrice pour rupture anticipée du C.D.D. liée à un cas de force majeure	
☐ Indemnité compensatrice de préavis (*)	€
☐ Indemnité compensatrice de congés payés sur préavis (*)	€
Indemnité (*) de requalification en CDI : ☐ d'un CDD ☐ d'une mission d'intérim Indemnité (*) de requalification en CDI : ☐ d'un stage	€
☐ Indemnité de fin de contrat (*)	€
☐ Dommages et intérêts (préciser la nature) :	€
☐ Autre indemnité (préciser la nature) :	€
☐ Indemnité de congés payés (*) (période) :	€
☐ Salaires (*) (période) :	€
☐ Congés payés sur salaire (*) (période) :	€
☐ Prime (*) (nature et période) :	€
☐ Indemnité de repas (*) (dates) :	€
☐ Indemnité de déplacement (*) (lieu et date) :	€
Heures (*) ☐ supplémentaires ☐ complémentaires (Nombre d'heures) :	€
☐ Commission (*) :	€
☐ Remboursement de frais professionnels (détails) :	€
☐ Article 700 du code de procédure civile :	€
☐ Exécution provisoire ☐ Intérêts au taux légal ☐ Capitalisation des Intérêts ☐ Dépens	€
☐ Autre demande :	€

DEMANDE DE REMISE DE DOCUMENTS (indiquer les périodes concernées)	
☐ Lettre de licenciement :	☐ sous astreinte journalière de : ______ €
☐ Bulletin(s) de paie :	☐ sous astreinte journalière de : ______ €
☐ Certificat de travail :	☐ sous astreinte journalière de : ______ €
☐ Certificat pour la caisse de congés payés (pour les salariés du bâtiment, docker ...) :	☐ sous astreinte journalière de : ______ €
☐ Attestation Pôle emploi :	☐ sous astreinte journalière de : ______ €
☐ Attestation destinée à la sécurité sociale :	☐ sous astreinte journalière de : ______ €
☐ Reçu pour solde de tout compte :	☐ sous astreinte journalière de : ______ €
☐ Autres documents :	☐ sous astreinte journalière de : ______ €

Page 7 sur 9

Il est indispensable que vous indiquiez les pièces sur lesquelles se fondent votre demande :

BORDEREAU DES PIECES DE LA REQUETE

Pièce n° 1 :

Pièce n° 2 :

Pièce n° 3 :

Pièce n° 4 :

Pièce n° 5 :

Pièce n° 6 :

Pièce n° 7 :

Pièce n° 8 :

Pièce n° 9 :

Pièce n° 10 :

Si le nombre de pièces est supérieur vous devez les numéroter à la suite en complétant la liste du présent bordereau sur papier libre qui devra être joint à la présente requête.

Indication sur les modalités de comparution devant la juridiction

Vous, demandeur, devez comparaître à l'audience, à défaut votre requête peut être déclarée caduque.

Le défendeur, pour sa part, doit comparaitre, sans quoi, vous pourriez obtenir qu'un jugement soit rendu à son encontre sur les seuls éléments fournis par vous (articles R. 1452-2 du code du travail, 54 et 57 du code de procédure civile)

Vous devez comparaître en personne. Vous pouvez également vous faire assister ou représenter à l'audience, outre par un avocat, par :

Le défendeur, pour sa part, doit comparaître, sans quoi, vous pourriez obtenir qu'un jugement soit rendu à son encontre sur les seuls éléments fournis par vous (articles R. 1452-2 du code du travail, 54 et 57 du code de procédure civile)

Vous devez comparaître en personne. Vous pouvez également vous faire assister ou représenter à l'audience, outre par un avocat, par :

1° Les salariés ou les employeurs appartenant à la même branche d'activité ;

2° Les défenseurs syndicaux ;

3° Votre conjoint, votre partenaire lié par un pacte civil de solidarité ou votre concubin.

L'employeur peut également se faire assister ou représenter par un membre de l'entreprise ou de l'établissement fondé de pouvoir ou habilité à cet effet.

Le représentant, s'il n'est pas avocat, doit justifier d'un pouvoir spécial. Devant le bureau de conciliation et d'orientation, cet écrit doit l'autoriser à concilier au nom et pour le compte du mandant, et à prendre part aux mesures d'orientation.

ATTESTATION SUR L'HONNEUR

Je soussigné(e) (prénom, nom) : ____________________

certifie sur l'honneur que les renseignements portés sur ce formulaire sont exacts.

J'ai bien pris note que ma requête doit être accompagnée des pièces justifiant mes demandes et que je dois déposer au greffe la requête en autant d'exemplaires que d'adversaires outre un exemplaire pour la juridiction (voir notice).

J'ai bien pris note que je dois adresser à mon (mes) adversaire(s) ces mêmes pièces accompagnées du bordereau avant la première séance ou audience. (voir notice).

Fait à : ____________________ **Le** |__|__|__|__|__|__|__|__|

Signature

Avis sur le consentement à la transmission électronique

Il vous est possible de consulter en ligne l'état d'avancement de votre dossier et de recevoir par communication électronique les avis, récépissés et convocations transmis par le greffe en lettre simple. Pour cela, vous devez joindre à votre demande le formulaire cerfa n°15414 « Consentement à la transmission par voie électronique ».

Le règlement général sur la protection des données (RGPD) et la loi n°78-17 du 6 janvier 1978 relative à l'informatique, aux fichiers et aux libertés modifiée vous garantit dans le cadre du présent traitement un droit d'accès et de rectification des données à caractère personnel auprès des organismes destinataires de ce formulaire.
Pour les dossiers ouverts dans l'application Portalis, les informations recueillies sur cet imprimé font l'objet d'un traitement informatisé destiné à la gestion de votre demande. Pour en savoir plus sur la gestion de vos données dans ce nouveau traitement et vos droits, vous pouvez vous connecter à l'adresse : https://www.justice.fr/donnees-personnelles/portalis-cph

Page 9 sur 9

Pouvoir de représentation devant le conseil de prud'hommes

Je soussigné *(nom, profession, domicile)*
donne pouvoir à Monsieur *(nom, profession, domicile)* agissant en qualité de[1]
de se présenter en mon nom devant le conseil de prud'hommes de *(lieu)*,
section *(préciser la section compétente)*
dans le litige qui m'oppose à *(nom, profession, domicile ou raison sociale et adresse de l'adversaire)*
pour se présenter en conséquence à toutes audiences, enquêtes, expertises, comparutions devant les conseillers-rapporteurs, avec mission de défendre mes intérêts, de concilier et de prendre part aux mesures d'orientation[2], de transiger[3], de présenter des demandes additionnelles ou de répondre à des demandes reconventionnelles, de recevoir toutes sommes et d'en donner quittance.

À *(Lieu)*, le *(Date)*

Bon pour acceptation du pouvoir[4]

(Signature)

Commentaire : il n'est pas nécessaire de produire un tel pouvoir lorsque le représentant choisi est avocat.

---

(1) Préciser selon le cas :
- défenseur syndical,
- salarié appartenant à la même branche d'activité,
- conjoint, concubin ou partenaire de PACS du soussigné.

(2) Cette mention est obligatoire en cas de représentation devant le bureau de conciliation et d'orientation.
(3) Attention : cette mention signifie qu'on donne pouvoir au mandataire pour abandonner ou réduire le montant de certaines demandes. Il ne faut donc pas faire figurer cette mention si l'on n'est pas d'accord pour transiger.
(4) Cette mention doit être manuscrite.

Exemple de modèle de conclusions

Monsieur le président
et Messieurs les conseillers
du conseil de prud'hommes de Rodez
Section du commerce

Audience du bureau de jugement du 13 avril 2023, à 13 heures

Madame Charpin Mireille,
domiciliée 14, rue du Maréchal-Leclerc, 12000 Rodez,
Demanderesse,

Contre la société anonyme Communication Technique Aveyronnaise, dont le siège social est situé 32, route Bouldoire, 12310 Laissac, représentée par son directeur général, Monsieur Richard,
Défenderesse,

Plaise au conseil de prud'hommes,

Rappel des faits

Madame Charpin a été embauchée par contrat à durée indéterminée le 2 novembre 2012, par la SA Communication Technique Aveyronnaise, en qualité d'aide-comptable.
Elle a ensuite été promue au poste de comptable depuis le 15 septembre 2015.
Son dernier salaire mensuel brut s'élevait à .... €.
Alors qu'elle était arrêtée par son médecin traitant en raison d'un trouble lié à sa grossesse depuis le 20 mai 2022, elle recevait à son domicile le 3 juin 2022 sa lettre de licenciement pour faute grave en raison d'absence injustifiée.
Le 6 juin, Madame Charpin a expédié une lettre recommandée avec avis de réception à son employeur l'informant de sa grossesse et lui demandant par conséquent d'annuler le licenciement qu'il avait prononcé.

Sans réponse de sa part et après avoir pris conseil, Madame Charpin saisissait le conseil de prud'hommes pour demander à ce que l'annulation de son licenciement soit prononcé et que la Société Communication Technique Aveyronnaise soit condamnée à lui régler le paiement de ses salaires pendant la période du 20 mai au 31 octobre 2022, ses indemnités de licenciement, de préavis et de congés payés, une indemnité pour non-respect de la procédure de licenciement ainsi que des dommages et intérêts pour le préjudice que lui a causé ce licenciement.
Aucune conciliation n'étant intervenue à l'audience de conciliation du 4 novembre 2022, les parties ont été renvoyées devant ce bureau de jugement.

Discussion

Sur la nullité du licenciement :

Selon l'article L. 1225-4 du Code du travail, le licenciement d'une femme enceinte n'est possible qu'en cas de faute grave non liée à son état de grossesse, ou d'impossibilité de maintenir le contrat de travail.
Madame Charpin, étant enceinte à la date de son licenciement le 3 juin 2022, bénéficiait donc bien de cette protection.
L'argument développé par Monsieur Richard lors de la séance de conciliation selon lequel il n'était pas au courant de l'état de grossesse de Madame Charpin lors de l'envoi de la lettre de licenciement et qu'il était donc en droit de faire grief à la salariée de son absence dès lors qu'il en ignorait le motif est inopérant.
En effet, Madame Charpin a informé Monsieur Richard de sa grossesse 3 jours après la notification de son licenciement par lettre recommandée avec avis de réception à laquelle étaient jointes une fiche d'état civil ainsi qu'une attestation de la Sécurité sociale. Ce faisant, elle a donc bien respecté le délai de 15 jours prévu par l'article L. 1225-5 du Code du travail et son licenciement devait par conséquent être annulé.
Selon la Cour de cassation, en effet, « le délai de quinze jours prévu par l'article L. 1225-5, s'applique à la salariée enceinte, licenciée par un employeur ignorant son état de grossesse, afin de lui permettre d'en informer cet employeur en vue de l'annulation de la décision de licenciement » (Cass. soc., 20 juin 1995, SARL Sétranord Littoral c/ Leleu).

Sur la validité des justificatifs :

Il a également été reproché à Madame Charpin de n'avoir pas respecté les modalités d'information prévues par l'article R. 1225-1 du Code du travail, à savoir remise contre récépissé ou par lettre recommandée avec avis de réception d'un certificat médical attestant de son état de grossesse.
Madame Charpin considère cet argument comme non fondé, ce document précis n'étant pas substantiel pour bénéficier de la protection édictée par l'article L. 1225-4, selon une jurisprudence bien établie, notamment :
– Cass. soc., 16 juin 1998, Cugnoli c/ SARL Setas La Trattoria, ayant considéré ces mêmes documents (fiche d'état civil et attestation de sécurité sociale) comme valables ;
– ou encore Cass. soc., 6 juillet 1982, SA Bertault c/ Delabarre, ayant jugé suffisant un certificat de présomption de grossesse.
Pour ces raisons, Madame Charpin demande à ce que son licenciement soit annulé par le conseil de prud'hommes.

Sur les demandes :

1. Rappel de salaires
Le licenciement de Madame Charpin étant annulé, celle-ci demande en conséquence le paiement d'une indemnité correspondant à ses salaires pour la période couverte par la nullité, soit du 3 juin (date du licenciement) au 31 octobre 2022 (4 semaines après la fin du congé de maternité de l'intéressée), conformément à l'article L. 1225-71 du Code du travail.
Madame Charpin rappelle que le fait qu'elle ait touché des indemnités journalières de l'assurance maternité durant cette période est sans conséquence sur les sommes dues par l'employeur (voir en ce sens, Cass. soc., 10 avril 1991, Bull. Cass. 91-V-176, et Cass. soc., 15 janvier 1997, TPS 1997, comm. 73).
Madame Charpin ne désirant pas être réintégrée dans l'entreprise, demande également :

2. Indemnité de licenciement
Madame Charpin est également fondée à réclamer le montant de son indemnité de licenciement, la faute grave, privative de l'indemnité de licenciement, invoquée dans sa lettre de licenciement ne pouvant être retenue.
Conformément à l'article R. 1234-2 du Code du travail, cette indemnité doit être évaluée conformément à l'article R. 1234-2 du Code du travail, cette indemnité doit être évaluée à 8/4 de mois (¼ × 10 ans d'ancienneté), soit .... €, Madame Charpin comptabilisant 10 années d'ancienneté dans l'entreprise à la fin de son préavis.

MODÈLES

3. Indemnité compensatrice de préavis

Selon l'article L. 1234-5 du Code du travail, le salarié qui n'est pas licencié pour faute grave ou lourde a droit, en cas de dispense de préavis, à une indemnité compensatrice.

Le moyen soulevé par Monsieur Richard selon lequel cette indemnité ne serait pas due en la circonstance du fait que Madame Charpin était dans l'impossibilité de travailler au moment où elle aurait dû effectuer son préavis est inopérant (voir Cass. soc., 12 mars 1991, Bull. Cass. 91-V-119).

Madame Charpin a donc bien droit à une indemnité compensatrice égale à 2 mois de salaire, soit .... €.

4. Indemnité compensatrice de congés payés

La période couverte par la nullité du licenciement étant assimilée à du travail effectif (Cass. soc., 10.11.1993, n° 89-42.302, Bull. civ., n° 262), Madame Charpin demande également que lui soit versée une indemnité compensatrice au titre des congés payés dont elle n'a pu bénéficier durant la période du 20 mai au 31 octobre 2022, soit .... €.

5. Dommages et intérêts

Selon les dispositions de l'article L. 1235-3-1 du Code du travail, Madame Charpin, ne désirant pas être réintégrée dans l'entreprise, est fondée à réclamer des dommages et intérêts pour le préjudice qu'elle a subi du fait de non-respect des règles de protection de la maternité, ceux-ci ne pouvant, en tout état de cause, être inférieurs à 6 mois de salaire brut (Cass. soc., 17.12.2002, n° 3912 RJJ 3/03 n° 337).

Pour chiffrer précisément cette demande, il faut considérer le fait que Madame Charpin a dû s'inscrire au chômage depuis le 1er octobre 2022 et l'est encore à ce jour, la situation du marché dans la région ne lui offrant que peu d'espoir de retrouver un travail.

Il faut également tenir compte du choc moral que Madame Charpin a subi du fait de son licenciement intervenant de façon particulièrement brutale à un moment où son état de santé tant physique que moral était très affecté par une grossesse particulièrement difficile comme en témoignent les diverses pièces versées au dossier (attestations en date du 20 mai, du 15 juin et du 1er juillet 2022 de son médecin traitant).

Madame Charpin évalue à une somme globale de .... € la réparation des différents préjudices qu'elle a subis du fait de ce licenciement.

6. Sur les autres demandes
Considérant qu'il serait inéquitable, compte tenu des situations économiques respectives des parties, de laisser à Madame Charpin la charge des frais qu'elle a dû avancer pour assurer sa défense, il est justifié de demander à ce qu'il lui soit alloué une somme au titre des frais réellement exposés, selon l'article 700 du Code de procédure civile, soit :
– frais postaux ;
– frais de photocopie et de constitution de dossier ;
– frais de déplacement pour se rendre au conseil de prud'hommes.
Somme chiffrée et arrêtée à .... €.

Par ces motifs,

Il est demandé au conseil de prud'hommes de condamner la Société Communication Technique Aveyronnaise à payer à Madame Charpin :
– .... € à titre de rappel de salaires ;
– .... € à titre d'indemnité de licenciement ;
– .... € à titre d'indemnité compensatrice de préavis ;
– .... € à titre d'indemnité compensatrice de congés payés ;
– .... € à titre de dommages et intérêts ;
– .... € au titre de l'article 700 du CPC ;

et d'ordonner l'exécution provisoire du jugement.

Sous toutes réserves.

(Signature)

Attestation de témoin

Nous sommes là pour vous aider

Liberté • Égalité • Fraternité
RÉPUBLIQUE FRANÇAISE
MINISTÈRE DE LA JUSTICE

cerfa

n° 11527*03

Attestation de témoin

(Articles 200 à 203 du code de procédure civile, article 441-7 du code pénal)

Votre identité :

☐Madame ☐Monsieur

Votre nom (de naissance): ____________

Votre nom d'usage (ex. nom d'épouse) ____________

Vos prénoms : ____________

Votre date et lieu de naissance : |_|_|_|_|_|_|_|_| à ____________

Votre profession : ____________

Votre adresse : ____________

____

Code postal |_|_|_|_|_| Commune: ____________

Pays: ____________

Lien de parenté, d'alliance, de subordination, de collaboration ou de communauté d'intérêts avec les parties : Oui ☐ non ☐

Si oui, précisez lequel : ____________

____

Sachant que l'attestation sera utilisée en justice et connaissance prise des dispositions de l'article 441-7 du code pénal réprimant l'établissement d'attestation faisant état de faits matériellement inexacts ci-après rappelés :

« Est puni d'un an d'emprisonnement et de 15000 euros d'amende le fait d'établir une attestation ou un certificat faisant état de faits matériellement inexacts ».
(cette phrase doit être écrite, ci-dessous, entièrement de votre main)

____

____

____

1

Indiquez ci-dessous les faits auxquels vous avez assisté ou que vous avez constatés personnellement :

Pièce à joindre :

- Un original ou une photocopie d'un document officiel justifiant de votre identité et comportant votre signature.

ATTESTATION SUR L'HONNEUR

Je soussigné(e) __________________ certifie sur l'honneur que les renseignements portés sur ce formulaire sont exacts.

Fait à: ______________________________ **Le** I_I_I_I_I_I_I_I_I

Signature

La loi n°78-17 du 6 janvier 1978 relative aux fichiers nominatifs garantit un droit d'accès et de rectification des données auprès des organismes destinataires de ce formulaire.

2

Déclaration d'appel

Cour d'appel de (lieu), chambre sociale

Déclaration d'appel

Appelant

Nom :
Prénoms :
Nationalité :
Date et lieu de naissance :
Profession :
Adresse :

Représenté devant la cour par :

Nom :
Adresse :
Téléphone :

et pour qui domicile est élu

Intimé

Forme juridique :
Dénomination sociale :
Adresse :
N° RCS :

Décision attaquée

Jugement au fond n° RG ....
Du *(date)*
Rendu par le Conseil de prud'hommes de *(ville)* - section
(*à compléter*)

Objet de l'appel

Appel partiel : le jugement dont appel est critiqué en ce qu'il a : (*préciser les chefs du jugement que vous critiquez*).

Rappel des règles de comparution

Article R. 1461-1, alinéas 2 et 3, du Code du travail : « ... À défaut d'être représentées par la personne mentionnée au 2° de l'article R. 1453-2, les parties sont tenues de constituer avocat.

Les actes de cette procédure d'appel qui sont mis à la charge de l'avocat sont valablement accomplis par la personne mentionnée au 2° de l'article R. 1453-2. De même, ceux destinés à l'avocat sont valablement accomplis auprès de la personne précitée. »

Article R. 1453-2 du Code du travail : « Les personnes habilitées à assister ou à représenter les parties sont :

...

2° Les défenseurs syndicaux

...

Le représentant, s'il n'est pas avocat, doit justifier d'un pouvoir spécial. Devant le bureau de conciliation et d'orientation, cet écrit doit l'autoriser à concilier au nom et pour le compte du mandant, et à prendre part aux mesures d'orientation. »

Article 54 du Code de procédure civile : « [...] faute pour le défenseur de comparaître, il s'expose à ce qu'un jugement soit rendu contre lui sur les seuls éléments fournis par son adversaire. »

(Signature)

P.J. : copie du jugement

Commentaire : ce modèle papier est utilisé par les défenseurs syndicaux. Les avocats remplissent directement en ligne les déclarations d'appel sur le site « E-Barreau ».

Demande d'aide juridictionnelle

MINISTÈRE
DE LA JUSTICE
Liberté
Égalité
Fraternité

cerfa
16146*03

Nous sommes là pour vous aider

Formulaire de demande d'aide juridictionnelle

PARTIE RÉSERVÉE UNIQUEMENT À L'AVOCAT DÉSIGNÉ OU COMMIS D'OFFICE

Maître (nom et prénom) : ______

Inscrit au barreau de : ______

Adresse : ______

Courriel : ______

Dans l'affaire n° : ______

Dont est saisie la juridiction : ______

Fait à : ______

Le : ___/___/___

Signature :

COMMIS OU DÉSIGNÉ D'OFFICE PAR :

☐ Le bâtonnier de l'ordre des avocats

☐ Le président de la juridiction saisie

Date de la commission d'office

Le : ___/___/___

☐ En matière pénale (Précisez)

☐ En matière civile (Précisez)

☐ En matière de contentieux des étrangers (Précisez)

IMPORTANT - À LIRE AVANT DE REMPLIR LE FORMULAIRE

Nous vous demandons de lire attentivement la notice relative à la demande d'aide juridictionnelle (CERFA N°52347#03) disponible sur www.justice.fr avant de remplir ce formulaire.

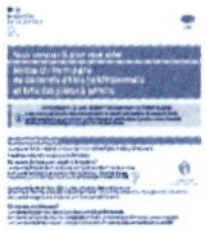

Cette notice comporte notamment la liste des pièces justificatives que vous devrez obligatoirement joindre à votre demande.

Attention si votre dossier n'est pas complet cela entraînera un traitement plus long voire la **caducité*** de votre demande (rejet sans possibilité de recours).

VÉRIFIEZ SI VOUS AVEZ UNE PROTECTION JURIDIQUE QUI PEUT PRENDRE EN CHARGE UNE PARTIE OU LA TOTALITÉ DES FRAIS LIÉS A VOTRE AFFAIRE

→ *consulter la notice page 2*

1 - VOTRE IDENTITÉ ET VOTRE SITUATION

☐ Madame ☐ Monsieur

Votre nom de famille (nom de naissance) : ______

Votre nom d'usage (exemple : nom d'époux / d'épouse) : ______

Vos prénoms : ______

Date et lieu de naissance : ___/___/___ à ______

Votre nationalité : ______

Pour en savoir plus, vous pouvez consulter les articles 37 et 39 du décret 2020 - 1717 du 28 décembre 2020 relatif à l'aide juridictionnelle et l'arrêté du 5 janvier 2022 relatif au modèle de formulaire de demande d'aide juridictionnelle et au modèle de notice de présentation fixant la liste des pièces à joindre.

Formulaire de demande d'aide juridictionnelle 1/6

Vous pouvez réaliser une simulation pour savoir si vous êtes éligible à l'aide juridictionnelle : https://www.aidejuridictionnelle.justice.fr/simulateur

Le vocabulaire utilisé vous semble parfois complexe ? Vous pouvez consulter le lexique administratif et juridique en page 6 de la notice. Les termes qui comportent un astérisque (*) sont définis dans ce lexique.

Vous pouvez, si vous souhaitez bénéficier d'informations ou de conseils juridiques : contacter le numéro unique de l'accès au droit en composant le 3039. La communication est gratuite et vous permettra d'être orienté vers le point-justice le plus proche de votre domicile.

Si vous êtes de nationalité étrangère ressortissant d'un État autre que de l'Union européenne, vous devez justifier de votre résidence régulière et habituelle sur le territoire français, sauf si vous êtes dans l'une des situations ci-dessous.

◆ **Dans ce cas, veuillez cocher la case correspondante.**

PROCÉDURES PÉNALES / PROCÉDURES CIVILES	
☐ Je suis mineur	☐ Je bénéficie d'une ordonnance de protection en raison de violences conjugales
☐Je suis poursuivi* dans une procédure pénale	☐ Je suis condamné*
	☐ Je suis partie civile*

PROCÉDURES CONCERNANT LE DROIT AU SÉJOUR DES ÉTRANGERS		
☐ Je fais l'objet d'une prolongation du maintien en zone d'attente	☐ Je suis convoqué pour une procédure devant la commission du titre de séjour	☐ Je fais l'objet d'une procédure de prolongation du maintien en rétention administrative
☐ Je fais l'objet d'une obligation de quitter le territoire français ou d'une interdiction de retour sur le territoire français	☐ Je fais un recours devant les juridictions administratives contre une décision de transfert vers l'État responsable de l'examen de ma demande d'asile	☐ Je suis convoqué(e) pour une procédure devant la commission d'expulsion

2 - VOTRE SITUATION FAMILIALE

☐ Célibataire ☐ Marié(e) ☐ Divorcé(e) ☐ Pacsé(e) ☐ Concubin(e) ☐ Veuf(ve)

Combien de personnes composent votre foyer fiscal* ? ______

Veuillez les identifier ci-dessous :

Nom et prénom	Date de naissance jj/mm/aaaa	Lien avec le demandeur (ex. époux, partenaire d'un PACS, fils, nièce, etc.)

Si vous manquez de place pour répondre à certaines questions du formulaire, vous pouvez ajouter des informations complémentaires sur papier libre et le joindre en annexe.

3 - VOS COORDONNÉES

Votre adresse : ______

Complément d'adresse : ______

Code postal : ☐☐☐☐☐

Commune : ______

Pays : ______

Numéro de téléphone : ☐☐ ☐☐ ☐☐ ☐☐ ☐☐

Courriel : ______ @ ______

N° d'allocataire de la Caisse d'allocations familiales (CAF) : ☐☐☐☐☐☐☐

Quelle est votre situation professionnelle ?

☐ CDI, fonctionnaire	☐ Retraite	☐ Études
☐ CDD, stage, intérim	☐ Chômage	☐ Autre, précisez :
☐ Artisan, commerçant, profession libérale	☐ Apprentissage	______

◆ ***Si la demande est faite par ou au nom d'un majeur protégé ou au nom d'un enfant mineur***

☐ Madame ☐ Monsieur

Nom et prénom du représentant légal ou du curateur : ______

Statut du représentant légal ou du curateur:

☐ Parent ☐ Tuteur ☐ Curateur ☐ Administrateur légal

☐ Autre : précisez ______

Adresse du représentant légal ou du curateur : ______

Code postal : ☐☐☐☐☐ Commune : ______

Pays : ______

Numéro de téléphone : ☐☐ ☐☐ ☐☐ ☐☐ ☐☐

Courriel : ______

4 - CAS PARTICULIERS :

DANS CERTAINES SITUATIONS, L'AIDE JURIDICTIONNELLE PEUT ÊTRE ACCORDÉE SANS EXAMEN DES CONDITIONS DE RESSOURCES ET DE PATRIMOINE

◆ **Êtes-vous concerné par l'une des situations suivantes ?**
Si oui, cochez la case concernée (*voir notice page 3*).

A. ☐ Vous êtes victime ou ayant droit* d'un des crimes considérés comme étant les plus graves (meurtre, tortures ou actes de barbarie, actes de terrorisme, viol, etc.). Vous devez justifier de cette situation par la production d'un avis à victime ou d'une ordonnance de renvoi ou de tout autre document justifiant de la qualité de victime.

B. ☐ Vous avez déjà bénéficié de l'aide juridictionnelle pour votre affaire et votre adversaire a fait appel de la décision rendue en votre faveur. Par contre, si vous avez obtenu l'aide juridictionnelle partielle en première instance et que vous souhaitez demander l'aide juridictionnelle totale, vous devez remplir tout le formulaire.

C. ☐ Vous formez un recours devant la Cour nationale du droit d'asile (CNDA).

D. ☐ Votre procès concerne un contentieux au titre de l'article L. 711-1 du code des pensions militaires d'invalidité et des victimes de guerre (exemple : pension militaire d'invalidité...).

E. ☐ Vous avez déjà bénéficié de l'aide juridictionnelle pour mener des pourparlers transactionnels* qui ont échoué et vous engagez une instance à la suite de ces pourparlers.

→ Si vous êtes concerné par une de ces situations (A, B, C, D, E), vous n'avez pas besoin de remplir les rubriques 5 et 6 « Vos ressources » et « Votre épargne et votre patrimoine immobilier ».
Vous devez alors ajouter une pièce justificative de votre situation dans votre dossier (*voir notice page 4*).

◆ **Si vous n'êtes pas concerné par ces situations, vous devez remplir tout le formulaire.**

Formulaire de demande d'aide juridictionnelle **3/6**

5 - VOS RESSOURCES

◆ **Veuillez indiquer le revenu fiscal de référence (RFR*) qui figure sur votre avis d'imposition le plus récent :** ☐☐☐☐☐☐ €

◆ **Si vous êtes concerné(e) par l'une des trois situations suivantes (1, 2, 3), veuillez cocher la ou les cases correspondantes et remplir le tableau ci-après :**

1. ☐ Depuis votre dernière déclaration d'impôts, il y a eu un changement dans votre situation.

Dans ce cas, quelle est la nature de ce changement ? (Cochez la case correspondante)

☐ Perte d'emploi
☐ Départ en retraite
☐ Nouvelle(s) personne(s) à charge (naissance, adoption etc.)
☐ Séparation
☐ Autre, précisez : ____
☐ Arrêt/accident de travail/invalidité

2. ☐ Vous ne disposez pas d'un avis d'imposition ____

3. ☐ Votre affaire vous oppose à un membre de votre foyer fiscal (époux, partenaire de PACS, parent, enfant etc.) ?

Si oui, précisez le lien qui existe entre vous : ____

◆ **Si vous n'êtes pas concerné(e) par les situations ci-dessus 1, 2, 3, vous pouvez passer à la rubrique numéro 6 « Votre épargne et votre patrimoine immobilier »**

ATTENTION

- **Si vous avez coché une des trois cases (1, 2, 3) ci-dessus, veuillez renseigner le tableau ci-après en indiquant le montant total des ressources de tous les membres de votre foyer fiscal pour les six derniers mois.**
- Vous ne devez pas déclarer les aides sociales et les prestations sociales (RSA, AAH, allocations logement etc.). Seules vos ressources imposables seront prises en compte dans l'examen de votre demande *(voir notice page 3).*

Les ressources de votre foyer fiscal* pour les six derniers mois autres que les aides sociales et prestations sociales.
Les montants renseignés doivent être arrondis à l'euro inférieur.

	Vos ressources	**Les ressources de votre époux ou de votre partenaire de PACS**	**Les ressources de votre (vos) enfant(s) mineur(s) ou majeur(s)**
Salaires ou traitements nets imposables, pensions, retraites, rentes et préretraites			
Revenus agricoles, industriels, commerciaux ou non commerciaux.			
Pensions alimentaires ou prestations assimilées perçues			
Ressources imposables à l'étranger			
Tout autre revenu locatif ou du capital			
Autre : précisez			

6 - VOTRE ÉPARGNE • • VOTRE PATRIMOINE IMMOBILIER

◆ **Vous disposez d'une épargne sur un livret A, une assurance vie, un PEL, un compte courant, etc.**

☐ Oui ☐ Non

Si oui, veuillez indiquer son montant total : ☐☐☐☐☐☐ €

◆ **Êtes-vous propriétaire d'un ou de plusieurs bien(s) immobilier(s), appartement(s), maison(s) ou terrain(s), etc ?** ☐ Oui ☐ Non

Si oui - veuillez préciser combien : ____

L'un de ces biens est-il votre résidence principale* ? ☐ Oui ☐ Non

Veuillez préciser l'adresse, la nature et la valeur de ces biens à l'exception de celui vous servant de résidence principale, qu'ils soient en France ou à l'étranger : ....

7 - VOTRE AFFAIRE - LA PROCÉDURE

◆ **Cochez la case correspondant à votre situation parmi les six propositions suivantes :**

1. ☐ **Vous souhaitez aller devant un juge,** si possible indiquez lequel (juge aux affaires familiales, juge de l'exécution, juge des tutelles, juge administratif, conseil des prud'hommes*, etc.).

2. ☐ **Un juge est déjà saisi de l'affaire ?**

Numéro de dossier :

Si vous êtes convoqué à une audience, indiquez la date de l'audience :

Vous êtes ?

☐ Le demandeur (y compris si vous êtes partie civile)

☐ Le défendeur

Précisez la juridiction* saisie :

Précisez la nature de l'affaire :

3. ☐ **Votre affaire a déjà été jugée**

Vous avez déjà bénéficié de l'aide juridictionnelle pour cette affaire ?

☐ Oui ☐ Non

Si oui, précisez la nature de la procédure (divorce, tribunal pour enfants, tribunal administratif, etc.) et son numéro si vous en disposez :

Vous souhaitez vous défendre dans le cadre d'un recours exercé par votre adversaire contre une décision de justice qui a été rendue (pour une procédure d'appel ou un recours en cassation)

☐ Oui ☐ Non

4. ☐ **Vous souhaitez divorcer par consentement mutuel, par acte d'avocats, sans aller devant le juge.**

5. ☐ **Vous souhaitez conclure un accord amiable** dans une transaction ou une procédure participative.

6. ☐ **Vous souhaitez faire appliquer un titre exécutoire*.** Complétez la **rubrique 8.**

◆ **Exposez brièvement votre affaire**
(par exemple : je suis en conflit avec mon employeur ; je souhaite saisir le juge aux affaires familiales concernant les droits de visite et d'hébergement sur mon enfant, etc.).

◆ **Veuillez renseigner les informations suivantes concernant les autres parties (vos adversaires) dans cette affaire :**

Nom, prénom et adresse de l'adversaire 1 :

Nom, prénom et adresse de l'adversaire 2 :

À REMPLIR PAR LES AVOCATS

☐ Demandeur ☐ Défendeur

Nature précise de la procédure :

8 - LE OU LES AUXILIAIRES DE JUSTICE DONT VOUS AVEZ BESOIN (AVOCAT, HUISSIER, NOTAIRE ETC.)

Cochez les cases correspondant à votre situation et renseignez les champs correspondants.

◆ **Vous avez choisi un auxiliaire* de justice qui accepte de vous assister au titre de l'aide juridictionnelle et vous a remis une lettre d'acceptation :** Précisez sa profession et ses nom, prénom et coordonnées ci-dessous :

☐ Avocat ☐ Huissier de justice ☐ Notaire ☐ Commissaire-priseur ☐ Autre (commissaire de justice, etc.)

Nom, prénom et coordonnées :

Avez-vous déjà payé des honoraires ou des frais à votre auxiliaire de justice ?

☐ Non ☐ Oui, Dans ce cas, combien :

◆ **Vous n'avez pas choisi d'auxiliaire de justice et vous demandez la désignation d'un ou de plusieurs professionnels du droit, précisez :**

☐ Avocat ☐ Huissier de justice ☐ Notaire ☐ Commissaire-priseur ☐ Autre (commissaire de justice, etc.)

◆ **Vous souhaitez faire appliquer la décision de justice rendue ou tout autre titre exécutoire* ?** ☐ Oui ☐ Non

Si oui dans quelle commune :

Formulaire de demande d'aide juridictionnelle **5/6**

9 - VOTRE PROTECTION JURIDIQUE

◆ **Si vous êtes bénéficiaire d'une assurance de protection juridique*, prend-elle en charge vos frais de justice ?**

□ Oui **Dans ce cas, quel est le montant pris en charge par votre assurance ?** ____________

□Non

10 - INFORMATIONS IMPORTANTES

1. L'aide juridictionnelle peut vous être retirée notamment si vos ressources ont augmenté et si elles dépassent le plafond de ressources ou en cas de fausse déclaration.
   Vous pouvez vérifiez votre éligibilité* sur : **http://www.aidejuridictionnelle.justice.fr/simulateur**
   De même, si le juge décide que votre action en justice est dilatoire* ou abusive*, ou manifestement irrecevable, vous devez alors rembourser tout ou partie des dépenses avancées par l'État.
   L'aide juridictionnelle peut vous être retirée notamment si vos ressources ont augmenté grâce à la décision de justice et que par conséquent, elles dépassent le plafond d'éligibilité*.
2. Les sommes que vous avez payées au professionnel du droit (auxiliaire* de justice) avant la décision d'aide ne vous seront pas remboursées.
   Dans le cas où l'aide juridictionnelle totale vous a été accordée, aucun auxiliaire de justice ne doit vous demander de payer des honoraires pour votre affaire.
3. En cas d'aide totale, l'État paiera les professionnels du droit qui vous assistent, sauf les droits de plaidoirie (d'un montant de 13€) qui restent à votre charge devant certains tribunaux. Si vous obtenez une aide partielle, ces professionnels seront payés en partie par l'État et en partie par vous.
4. Même si vous avez obtenu l'aide juridictionnelle, le juge peut dans certains cas vous condamner aux dépens* (en cas de perte de procès). Dans ce cas l'aide juridictionnelle ne pourra pas prendre ces frais en charge.
5. Votre numéro fiscal et votre numéro d'allocataire de la Caisse d'allocations familiales (CAF) peuvent être utilisés pour vérifier la complétude et l'exactitude de vos déclarations.

ATTESTATION SUR L'HONNEUR

Je soussigné(e) (prénom, nom) : ____________

Certifie sur l'honneur que les renseignements portés sur cette demande d'aide juridictionnelle sont complets et exacts. Je m'engage à signaler tout changement qui les modifierait. Je prends connaissance que cette déclaration peut faire l'objet d'un contrôle auprès des services de l'État et notamment des services des impôts, des collectivités publiques, des organismes de sécurité sociale et des organismes qui assurent la gestion des prestations sociales. Elle peut également faire l'objet d'un contrôle auprès des sociétés d'assurance.

En cas de fausse déclaration, je peux être condamné(e) à un emprisonnement de deux ans et à une amende de 30 000 euros, en application de l'article 441-6 du code pénal. En outre, le bénéfice de l'aide juridictionnelle me sera retiré en tout ou partie, même après l'instance ou l'accomplissement des actes pour lesquels il aura été accordé, si ce bénéfice a été obtenu à la suite de déclarations inexactes.

Si vous vous êtes trompé, signalez-le dès que possible au bureau d'aide juridictionnelle où vous avez déposé votre demande. Ce bureau corrigera les informations dans votre dossier.

Je consens à communiquer avec le bureau d'aide juridictionnelle par voie électronique : □ Oui □ Non

Fait à : ____________ Le : ____________

Signature du demandeur ou de son représentant légal :

ATTENTION

Vous devez obligatoirement compléter votre dossier avec les pièces justificatives.
La liste de ces pièces figure dans la notice de demande d'aide juridictionnelle (cerfa n° 52347#03).

Les informations et données renseignées sur ce formulaire sont obligatoires dans le cadre de l'étude de votre demande.
Elles font l'objet d'un traitement informatisé, par le ministère de la justice. Ces informations sont utilisées pour traiter la gestion de votre demande d'aide juridictionnelle. Pour en savoir plus sur la gestion de vos données et sur vos droits «Informatique et Libertés», nous vous invitons à consulter la page suivante :
https://www.justice.fr/donnees-personnelles
Les coordonnées du délégué à la protection des données (DPD) sont :
Ministère de la justice, DPD, 13 place Vendôme, 75042 Paris ou dpd@justice.gouv.fr

Index alphabétique

A

B

C

D

E-F

INDEX

G-H

I-J

L-M